轨道交通的经济学：
土地利用、城市活力与环境质量

孙伟增　郑思齐◎编著

清华大学出版社
北京

内 容 简 介

本书集合了我们近些年在轨道交通与城市发展方面的系列研究成果。首先探讨了轨道交通对城市空间影响的最本质的经济机制——土地利用和轨道交通的互动关系(价格和数量双维度),以及相关联的轨道交通融资模式;其次讨论轨道交通如何影响城市中的经济活力,包括企业和居民的空间选址、经济活动和交通联系;最后分析轨道交通对城市环境的影响机制。希望本书能够为对城市轨道交通经济学分析感兴趣的学者提供一些借鉴和参考。

版权所有,侵权必究。举报: 010-62782989,beiqinquan@tup.tsinghua.edu.cn。

图书在版编目(CIP)数据

轨道交通的经济学: 土地利用、城市活力与环境质量/孙伟增,郑思齐编著.—北京: 清华大学出版社,2021.12(2023.1重印)
ISBN 978-7-302-59489-5

Ⅰ. ①轨… Ⅱ. ①孙… ②郑… Ⅲ. ①城市铁路—交通运输经济—研究 Ⅳ. ①F570.73

中国版本图书馆 CIP 数据核字(2021)第 231648 号

责任编辑: 张占奎 王 华
封面设计: 陈国熙
责任校对: 欧 洋
责任印制: 曹婉颖

出版发行: 清华大学出版社
    网　　址: http://www.tup.com.cn, http://www.wqbook.com
    地　　址: 北京清华大学学研大厦 A 座　　邮　　编: 100084
    社 总 机: 010-83470000　　邮　　购: 010-62786544
    投稿与读者服务: 010-62776969, c-service@tup.tsinghua.edu.cn
    质量反馈: 010-62772015, zhiliang@tup.tsinghua.edu.cn
印 装 者: 天津鑫丰华印务有限公司
经　　销: 全国新华书店
开　　本: 185mm×230mm　　印　张: 11.25　　字　数: 246 千字
版　　次: 2022 年 2 月第 1 版　　印　次: 2023 年 1 月第 2 次印刷
定　　价: 68.00 元

产品编号: 071188-01

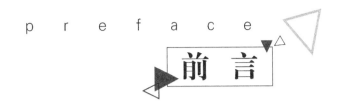

前 言

在世界各国的城市中,特别是在大城市,轨道交通、土地利用及经济活力的互动关系已经成为城市经济和空间增长的核心。截至2019年年底,全世界城市中的轨道交通总长度已经达到28 198km,分布在75个国家的520个城市中。2019年全年,全球城市轨道交通增加的总里程超过1776km。预计在未来5年,还会有很多城市(特别是发展中国家的城市)将快速建设大量的轨道交通基础设施。在一定的城市规模和产业结构下,城市的空间结构如何组织(反映为土地利用模式,即土地利用的性质和强度),决定了产业和居住活动的布局和强度,这些经济活动通过交通体系相连接,形成动态的互动关系。轨道交通作为城市交通系统中运量大、效率高和便捷性强的运输工具,在这些互动关系中处于核心位置。经济活动的集聚会带来边际收益递增,集聚经济(agglomeration economies)是城市形成、存在和增长的原动力,但同时带来偏高的拥堵成本和环境成本。这里的关键科学问题是如何更好地发挥轨道交通的优势,更有效地利用空间资源,在经济和社会收益以及社会成本之间进行有效的权衡。

在许多大城市中,多条轨道交通线路已经相互连接形成了轨道交通网络,并与其他交通线路(如高速公路、普通公路、公交线路等)进一步相连,有效提升了城市中各个空间位置的可达性。这样密集的交通网络能够提升人流、物流和信息传输的速度。从城市经济的空间组织角度,这有效降低了空间摩擦,从而增强集聚经济的强度和空间作用范围,提升城市生产和消费活力:交通网络节点附近的企业能够在更短的时间-距离内接近其他企业和更大的劳动力池,这为那些对集聚经济需求高的产业(如高技能的第三产业)带来更大的正向优势;消费者也能在更短的时间-距离内接近多元化的消费机会,这使得交通网络节点附近的消费者购买力强度显著提升,诱发更多消费机会供给(如零售店和餐饮店)的出现。当然这同时也引发了城市空间中土地利用和经济要素的重分布,可能导致城市内各区位间不平衡发展的加剧。这一系列的内生互动经济机制已经成为国际上城市经济学和交通经济学领域的研究热点。同时,随着城市环境问题的日益突出,以及可持续发展重要性的日益提升,更多研究已经将环境因素纳入这个体系当中,来探讨轨道交通的环境效应。

中国的城市空间正经历着迅速的扩张和重构:进入20世纪90年代以来,中国城市中原有的单位制下"职住合一"的模式被迅速打破,居民和企业在空间选址上都享有了更大的自由度,形成全新的产业、居住和交通空间匹配格局。目前,中国大量城市建成区快速扩张,交通设施供给大大改善,经济活动和居住用地的离心化趋势逐渐明显,多中心结构日益显现。同时,中国正在经历在世界上可以称为最大规模和最快速度的城市轨道交通建设时期,截至 2019 年年底,中国(不含港澳台地区)已有 40 个城市开通轨道交通线路,总运营里程 6736km,仅 2019 年运营里程就增加了 969km,规模和增速均为世界第一,并且这一发展趋势在未来还将持续。这些快速的动态演变使得轨道交通、土地利用和经济活力的耦合程度越来越强,其对环境的影响也日益明显。这使得中国城市成为研究轨道交通与城市空间增长的非常合适的研究案例,同时中国的经验也能够为世界上其他国家的轨道交通和城市空间规划提供很好的参考和借鉴,避免和减少由于无序城市扩张、空间功能错配和交通拥堵所导致的经济效率损失和环境问题。

传统经济学并不重视空间维度。但近些年来,经济活动的空间组织正逐渐成为经济学和城市研究的热点和前沿。从大的范畴上讲,本书的研究属于"城市空间结构"(urban spatial structure)的研究范围,涉及多个学科领域,主要包括城市经济学(urban economics)、交通经济学(transportation economics)、环境经济学(environmental economics)、城市规划(urban planning)、城市地理学(urban geography)等。因此,我们在本书中的研究选择以城市经济学为基本学科角度,同时吸收相邻学科的有益方法和观点。

本书集合了课题组近些年来在轨道交通与城市发展方面的系列研究成果。就本书章节的逻辑体系而言,我们将首先探讨轨道交通对城市空间影响的最本质的经济机制——土地利用和轨道交通的互动关系(价格和数量双维度),以及相关联的轨道交通融资模式(第一章至第四章);其次讨论轨道交通如何影响城市中的经济活力,包括企业和居民的空间选址、经济活动和交通联系(第五章至第八章);最后分析轨道交通对城市环境的影响机制。

有许多学者和研究生参与了我们的这些轨道交通研究项目,这里一并表示感谢(姓氏拼音为序):丁嘉莹(中央财经大学)、何磊磊(中央财经大学)、胡晓珂(国寿投资控股有限公司)、雷敏(中央财经大学)、罗茜(深圳市发展和改革委员会)、龙奋杰(石家庄铁道大学)、孙聪(北京三快在线科技有限公司)、王锐(西交利物浦大学)、王江浩(中国科学院地理科学与资源研究所)、王守清(清华大学)、王轶军(中信建投证券股份有限公司)、徐杨菲(上海对外经贸大学)、于都(厦门博润资本投资管理有限公司)、张博(清华大学)、张晓楠(盛博香港有限公司)、张英杰(北京林业大学)。

真诚希望本书能够为对城市轨道交通经济学分析感兴趣的学者提供一些借鉴和参考。目前,我们还在继续这方面的研究工作,特别是将本书所建立的研究框架和方法思路,更广泛地应用在国际上其他城市当中,进行国际比较研究。这样能够让我们更有效地看出,哪些是广泛适用的一般意义上的经济机制,哪些与城市本地的社会、经济和自然环境有密切关联,这可以帮助我们更好地完善轨道交通经济学分析的理论方法体系和实证研究技术。我们希望能够与更多感兴趣的学者和学生合作,在这个有很大潜力的研究方向做更多更好的研究。

孙伟增　郑思齐

2021 年 10 月

目录

第一章 轨道交通与土地利用的互动关系 ·· 1
  1.1 轨道交通对土地利用的影响机制分析 ···································· 1
    1.1.1 轨道交通与土地利用的关系 ··· 1
    1.1.2 轨道交通对土地利用的影响机制 ····································· 2
  1.2 轨道交通对房地产价格的影响：溢价效应 ································ 4
    1.2.1 轨道交通对房地产价格影响的关键问题概述 ··························· 4
    1.2.2 轨道交通溢价效应的国际经验研究回顾 ······························· 5
    1.2.3 轨道交通溢价效应的国内经验研究回顾 ······························· 7
    1.2.4 轨道交通溢价效应的时间节点 ······································· 8
  1.3 轨道交通对土地利用强度的影响：数量效应 ······························ 9
  1.4 土地利用与交通互动衍生的环境问题 ··································· 11
  参考文献 ·· 12

第二章 轨道交通对周边房地产溢价效应的测算方法与应用 ················· 16
  2.1 研究方法介绍 ·· 16
    2.1.1 特征价格法 ··· 17
    2.1.2 重复交易法 ··· 18
    2.1.3 空间计量的应用 ··· 19
  2.2 轨道交通溢价测算方法的应用与比较 ··································· 22
    2.2.1 数据介绍 ··· 22
    2.2.2 基于特征价格方法的实证分析 ······································· 25
    2.2.3 基于重复交易方法的实证分析 ······································· 28
    2.2.4 小结 ··· 30
  2.3 轨道交通溢价的跨市场比较 ··· 31
    2.3.1 实证方法和数据 ··· 31
    2.3.2 轨道交通对土地价格的溢价效应测算与分析 ··························· 34

2.3.3 轨道交通对住房价格的溢价效应测算与分析 ……………………… 37
2.3.4 轨道交通对住房租金溢价效应的测算与分析 ………………… 39
2.3.5 轨道交通的"地价-房价-租金"跨市场比较分析 ……………… 42
2.4 结论及政策建议 …………………………………………………………… 43
参考文献 ………………………………………………………………………… 45

第三章 轨道交通与土地供给的互动影响 …………………………………… 49

3.1 轨道交通对土地开发格局的影响 ………………………………………… 50
   3.1.1 轨道交通对土地开发格局影响效应的定量测算 ……………… 50
   3.1.2 轨道交通对周边土地开发强度影响 …………………………… 53
   3.1.3 小结 ……………………………………………………………… 58
3.2 土地和住房供给弹性对轨道交通溢价的影响分析 ……………………… 58
   3.2.1 理论分析 ………………………………………………………… 58
   3.2.2 数据介绍 ………………………………………………………… 61
   3.2.3 郊区与城区的对比 ……………………………………………… 66
   3.2.4 基于 Hedonic-IV 方法的实证分析 ……………………………… 68
   3.2.5 基于重复交易方法的实证分析 ………………………………… 72
   3.2.6 小结 ……………………………………………………………… 73
3.3 结论及政策建议 …………………………………………………………… 74
参考文献 ………………………………………………………………………… 75

第四章 轨道交通建设的可持续发展融资模式 ……………………………… 77

4.1 轨道交通建设的受益者分析 ……………………………………………… 78
4.2 城市轨道交通溢价回收的理论基础和基本模式 ………………………… 80
4.3 中国城市在溢价回收上的实践道路与制度约束 ………………………… 82
4.4 总结 ………………………………………………………………………… 85
参考文献 ………………………………………………………………………… 85

第五章 轨道交通与城市空间中的职住平衡 ………………………………… 87

5.1 轨道交通对职住平衡影响的理论分析 …………………………………… 88
   5.1.1 经典城市经济学理论中的职住分离问题 ……………………… 89
   5.1.2 通勤成本与职住分离 …………………………………………… 91
5.2 轨道交通对职住平衡影响的实证分析 …………………………………… 93
   5.2.1 职住平衡指数的构建与计算 …………………………………… 93
   5.2.2 轨道交通对职住平衡指数的影响效应分析 …………………… 98

	5.3 总结	100
	参考文献	101

第六章 轨道交通建设与企业生产效率 104

- 6.1 轨道交通对企业生产效率的影响效应 104
  - 6.1.1 国内外相关研究进展与机制讨论 104
  - 6.1.2 数据与模型设定 106
  - 6.1.3 轨道交通对企业生产效率影响效果分析 109
- 6.2 通勤时间与时间挤出 111
  - 6.2.1 国内外研究进展 111
  - 6.2.2 数据和模型设定 113
  - 6.2.3 通勤时间对个人工作时间的影响效果估计 114
- 6.3 结论 115
  - 6.3.1 轨道交通对企业生产决策的影响 115
  - 6.3.2 轨道交通对企业劳动力结构的影响 116
- 参考文献 117

第七章 轨道交通对城市消费活力的带动作用 120

- 7.1 国内外相关研究进展 120
- 7.2 轨道交通对周边消费活跃度的带动效应 122
  - 7.2.1 背景与数据介绍 122
  - 7.2.2 轨道交通站点与周边区域的消费活跃性 127
  - 7.2.3 轨道交通站点与周边区域的消费多样性 135
- 7.3 消费活力对房地产价格提升的乘数效应 137
  - 7.3.1 数据介绍 137
  - 7.3.2 研究方法 140
  - 7.3.3 数据分析 141
- 7.4 结论 142
- 参考文献 143

第八章 轨道交通对沿线地区空气质量的改善作用 145

- 8.1 轨道交通与道路交通的替代与互补关系 146
  - 8.1.1 国内外相关研究进展 146
  - 8.1.2 政策背景、数据与描述性发现 148
  - 8.1.3 实证研究设计 151

　　　　8.1.4 小结 ··· 155
　8.2 轨道交通对沿线地区空气污染的影响效应 ·· 156
　　　　8.2.1 国内外相关研究进展 ·· 156
　　　　8.2.2 样本背景、模型设定与数据描述 ··· 158
　　　　8.2.3 轨道交通对沿线空气污染的影响效应测算 ··························· 162
　8.3 总结及政策建议 ··· 169
参考文献 ··· 169

轨道交通与土地利用的互动关系[*]

交通与土地利用的互动关系既是城市经济和空间增长的核心,又为城市发展和规划带来了诸多挑战。轨道交通作为城市交通系统中运量大、效率高和便捷性强的运输工具,与土地利用有着十分紧密的联系。其中,轨道交通对土地利用的影响主要体现在两方面:一是轨道交通带来土地和房地产增值的溢价效应(价格维度,本书第二章将围绕这一问题进行详细分析);二是轨道交通对土地利用强度(数量维度,包括土地的开发强度和开发概率)的影响(本书第三章重点关注的问题)。作为本书的开篇,本章将从经典的城市经济学理论和文献入手,对轨道交通与土地利用的互动关系进行论述。

1.1 轨道交通对土地利用的影响机制分析

1.1.1 轨道交通与土地利用的关系

交通既包含城市政府开展的交通基础设施的建设行为,也包含个体基于交通基础设施的出行行为。交通体系是城市空间中联系居住地与就业地的纽带,因此土地利用和城市交通之间的互动关系,一直以来都是城市规划、交通规划和城市经济学领域讨论的热点问题。Anas 等(1998)指出,交通方式的演进推动城市空间演化的形式和规模发生了巨大的变化。例如,小汽车的广泛使用使城市空间的扩张规模明显增大,出现了多中心、低密度的空间扩张方式;城市公共交通,如轨道交通建设、换乘枢纽建设等的发展则吸引了大量的城市居民

---

[*] 本章核心内容来源:[1]清华大学建设管理系房地产研究所.城市轨道交通对周边土地利用的影响机制研究:以北京市为例[M].内部资料,2014.[2]郑思齐,孙聪.城市经济的空间结构:居住、就业及衍生问题[J].南方经济,2011(8):18-31.

和企业向新的交通设施附近聚集,从而引导城市空间沿轴线方向带状发展。

从实践出发,已有较多成熟的理论,包括技术性理论(城市机动性系统理论)、经济性理论(竞租理论)和社会性理论(社会和城市空间理论),能够很好地阐述土地利用和交通互动的关系。总的来看,城市交通和土地利用相互联系表现为:交通主要通过改变初始地点与目的地之间的可达性(accessibility)影响土地利用,土地利用则通过影响交通出行需求影响交通设施的布局和建设(郑思齐等,2010)。图1-1呈现了城市交通和土地利用之间的循环互动关系。在一定的城市规模和产业结构下,城市的空间结构如何组织(反映为土地利用模式,即土地利用的性质和强度),决定了产业和居住活动的布局与强度,从而形成交通需求——居民通过交通系统往返于工作地与居住地之间。政府和私人投资形成交通设施供给,交通需求与交通供给的相互作用形成交通可达性,决定不同区位的交通便利程度;交通便利程度作为一种宜居性(amenity)特征将会改变土地和房地产价格,影响企业和居民的选址行为,从而改变土地利用模式。轨道交通作为城市交通的重要组成部分,以运量大、效率高和便捷性强为特征,与土地利用的关系更为紧密,特别是对房地产价格和土地利用格局(强度和开发概率)具有重要影响。

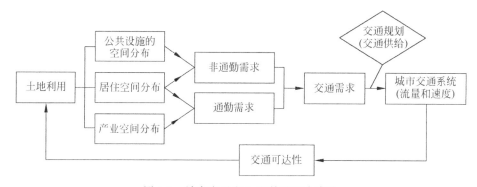

图 1-1 城市交通和土地利用互动关系

1.1.2 轨道交通对土地利用的影响机制

轨道交通对土地利用的影响过程包含四部分:①轨道交通设施的增加提高了可达性,进而影响不同群体对各类土地的竞租;②竞租变化导致土地市场价值变化;③市场价值变化导致土地利用性质和格局变化;④市场价值变化导致土地利用强度变化(郑思齐,2010)。由此可见,轨道交通对土地利用的影响效应主要体现在价格和数量两方面:①价格效应(也称"溢价效应"),轨道交通因提升了周边地块的可达性而降低交通成本,居民和相关企业愿意为轨道交通周边的区位支付更高的价格,从而使得轨道交通周边的地价、房价和房租上涨;②数量效应,地价和房价的上涨为土地和房地产开发带来利润激励,将刺激政府更多地沿轨道交通周边供地和开发商对周边地块进行高强度的开发,从而改变土地开发区位和利用强度的空间分布。图 1-2 对上述两方面影响效应进行了概括。现有研究主要集中在轨道交通的价格效应方面，或者更准确地说，现有关于轨道交通价格效应的实证研究主要集中于轨道交通建设对住宅和商业房产价格的影响，而关于轨道交通如何影响地价和房租以及轨道交通建设的数量效应（开发概率和开发强度）的研究仍然较少。

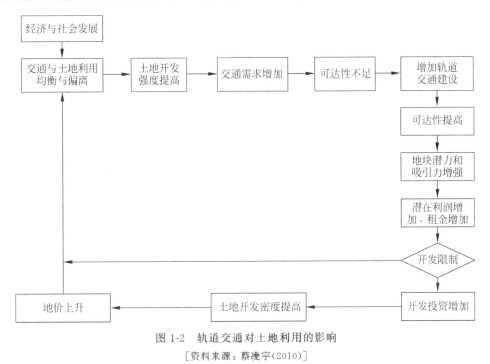

图 1-2　轨道交通对土地利用的影响

［资料来源：蔡凌宇（2010）］

"资本-土地"替代关系原理是分析轨道交通对土地利用影响的切入口，而地租和交通成本间的互补是交通和土地利用之间联系的实质。土地的租金（地价）水平与该地块到城市中心的距离和交通设施的便利性有关，轨道交通建设引起地租变化，地租变化将使原有资本与土地的替代关系发生变动。具体而言，轨道交通建成前，随着与市中心之间的距离越来越远，交通成本不断增加，相应地土地租金降低；轨道交通建成后，可达性提高，交通成本降低，相应地土地租金曲线向上移动，在城市中的任一点土地租金都较建成前有所增加（图 1-3）。假设城市边缘的土地租金不变，那么轨道交通投资建设带来土地租金提高，其实质是级差地租的提高。

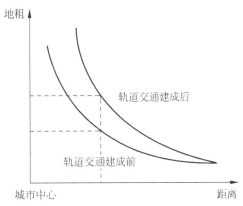

图 1-3　轨道交通建成前后地租曲线变化

轨道交通带来的地租上升将进一步导致土地和资本的投入关系发生变动。图 1-4 概括了土地开发过程中土地与资本投入的关系。其中，$H(K,L)$ 表示房地产生产函数[K：资本（投入）；L：土地（投入）]，B_1 和 B_2 为成本约束曲线，斜率表示土地与资本的相对价格。在 B_1 曲线上，土地价格为 r_1，资本价格为 i；在 B_2 曲线上，土地价格为 r_2（$r_2 < r_1$，离市中心越近，地价越高，即 B_1 离市中心更近），资本价格为 i（资本价格在空间上不变）。当成本曲线 B 与产出曲线 H 相切时，就实现了利润最大化的产出，将这些点连接起来即可得到土地开发曲线 S（住房供给曲线）。当土地价格上升时（越靠近城市中心），成本曲线从 B_2 变为 B_1，土地开发区曲线从 S_2 向 S_1 变动，此时开发商将会用更多的资本（价格相对便宜）代替土地进行生产，使得单位土地上的资本密度上升，在现实中表现为容积率增加。

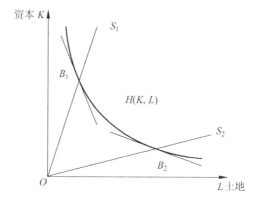

图 1-4　土地价格与资本价格之间关系对土地投入和资本投入的影响

[资料来源：Muth(1964)]

1.2　轨道交通对房地产价格的影响：溢价效应

1.2.1　轨道交通对房地产价格影响的关键问题概述

轨道交通对房地产市场和城市空间结构的影响一直都是城市经济学和城市交通等领域研究的热点。首先，交通设施和土地利用的关系构成了城市经济学理论发展的基础（张文忠，2001），这促使学者们通过实证研究对各种理论假设进行验证。其次，城市规划长期以来过于注重土地利用及居民出行对交通设施的需求，忽视了交通对于城市建设的引导作用。"交通引导开发"（transit oriented development，TOD）战略的提出正是对该问题的积极回应。这就需要深入理解轨道交通对土地价格和开发强度的可能影响。此外，在城市建设的实践中，如何对轨道交通的成本和效益进行评价，以及如何为高额的建设成本进行融资也是公共部门和私营企业讨论的热点问题。城市轨道交通所产生的效益主要体现为站点周边的土地增值和土地开发强度提高。因此，无论是从政策评估还是基础设施融资的角度，都需要对这种外部收益进行定量评估。

轨道交通能够带来周边土地和房地产价格的升值(溢价),其经济学机制是轨道交通不仅为站点附近居民出行提供了便利,增强了周边住宅的交通可达性,节约了居民的出行时间和出行成本,同时可达性提高和轨道交通站点周边人气的快速聚集也创造了各种商业机会,因此居民和相关企业(如商业娱乐业)都愿意为轨道交通周边的区位支付更高的租金(地价和房价),这都会带来地价和房价的升值(或称溢价)及土地开发密度的提升。因此,轨道交通的土地溢价本质上是交通成本降低为整个社会所带来的经济效率提升在土地价值上的体现,这也正是轨道交通产生的最重要的正外部性(positive externality)。

轨道交通的溢价效应在空间和时间上存在差异性,有时也将其称为空间效应和时间效应:前者指已建成的或在建的轨道交通项目对距离其站点或者线路不同范围内土地或住房价格的影响;后者指随着轨道交通项目的规划立项、建设、运营等时期的信息披露,周边住房价格也会随之发生变化。当然,空间效应和时间效应也不是相互独立的,可能存在交叉效应。例如,轨道交通在规划、建设、运营期间对土地价值影响的空间范围会存在差异。

1.2.2 轨道交通溢价效应的国际经验研究回顾

对于轨道交通的溢价效应,国际学者已开展大量实证研究,主要侧重于空间效应的研究。据不完全统计,自20世纪70年代以来至少有50篇关于该主题的研究(Duncan,2011)及十几篇文献综述(Bartholomew 和 Ewing,2011)。绝大多数研究表明,轨道交通建设改变了周边土地和住房的价值。这种改变大多时候体现为溢价,即土地和住房价值的增加(Voith,1993;Amstrong,1994;Benjamin 和 Sirmans,1996;McMillen 和 McDonald,2004;Cervero 和 Duncan,2002 等)。当然,并非所有的研究都得到轨道交通产生正向溢价的结论。其中一些研究发现轨道交通的资本化效应不明显(如 Gatzlaff 和 Smith,1993;Ryan,2005),有些甚至发现是负面影响(如 Nelson,1992),而且空间影响范围一般认为在1/4英里(0.40km)左右(Bowes 和 Ihlanfeldt,2001;Du 和 Mulley,2007),学者将其归因于交通设施(尤其是巴士和轨道交通)对附近社区带来的滋扰(如噪声、治安问题和拥堵)。表1-1总结了世界主要国家和地区的代表性研究。

然而,相比于轨道交通溢价效应的存在性以及正负影响,学者们更关注溢价效应的具体规模。研究发现,对于同一种物业类型,溢价规模往往处于一定的区间范围内。其中,轨道交通对住宅物业的溢价效应相对稳定,一般在5%~20%(Voith,1991;Al-Mosaind,1993;Chen,2008;Dueker 和 Bianco,1999;Weinstein 和 Clower,1999 等)。Debrezion 等(2007)对57项研究进行的汇总分析表明,与公交站的距离每减少250m,房屋价值将提高2.4%。一些学者针对物业属性做了更细致地区分(Cervero,2004;Duncan,2008;Weinstein 和 Clower,2001),发现在所有住宅类型中,轨道交通建设后,公寓的溢价最小,一般为5%~10%;独立住宅溢价最高,一般为15%以上。相比于住宅物业,学者们对商业物业的研究较少;已有的研究表明,轨道交通在商业物业的溢价更为显著(Debrezion 等,2007;Cervero,

2004；Weinstein 和 Clower,1999)。例如 Weinstein 和 Clower 的研究发现,零售物业的溢价规模是 29.7%,办公物业的溢价规模是 10.1%,而住宅物业溢价规模仅为 7.7%。

表 1-1 轨道交通溢价效应的代表性国际研究总结

作者(年份)	期刊或机构	研究城市	研究对象	溢价效应（基数为房地产价格）
Voith(1991)	Real Estate Economics	美国-宾夕法尼亚和新泽西州	住宅价格	6.0%
Al-Mosaind 等(1993)	Transportation and Land Use	美国-波特兰	住宅价格	10.6%
Dueker 和 Bianco(1999)	Transportation Research Board	美国-波特兰	住宅价格	6.5%
Weinstein 和 Clower (1999)	Australasian Journal of Regional Studies	美国-达拉斯	土地价格	居住 7.7% 零售 29.7% 办公 10.1%
Weinstein 和 Clower (2001)	Australasian Journal of Regional Studies	美国-达拉斯	住宅价格	办公物业 13.2% 单户家庭住宅 18.2% 多户家庭住宅 7.2%
Bollinger 等(1998)	Urban Studies	美国-亚特兰大	办公租金	7.0%
Bowes 和 Ihlanfeldt (2001)	Journal of Urban Economics	美国-亚特兰大	住宅价格	1/4 英里内：−2.4% 1/2 英里内：6.9% 1 英里内：3.1% 2 英里内：7.7% 3 英里内：6.6%
Cervero(2003)	Earlier Faculty Research，University of California Transportation Center,UC Berkeley	美国-圣迭戈	商业及住宅价格	多户家庭住宅 17.0% 公寓 6.4% 单户家庭住宅 17.0% 商业物业 71.9%～91.7%
Duncan(2008)	Transportation Research Record；Journal of the Transportation Research Board	美国-圣迭戈	住宅价格	单户家庭住宅 16.6% 公寓 5.7%
Agostini 和 Palmucci (2008)	Fiscal Studies	美国-圣迭戈	住宅价格/土地价格	地铁建成时：5.0%～7.4% 地铁开工时：3.8%～5.2%
Benjamin 和 Sirmans (1996)	Journal of Real Estate Research	美国-华盛顿	住宅租金	距站点每远离 0.1 英里下降 2.5%

续表

作者(年份)	期刊或机构	研究城市	研究对象	溢价效应（基数为房地产价格）
FTA(2000)	美国联邦交通管理局(FTA)	美国-华盛顿	商业物业价格	距站点每远离1000英尺(0.19英里)下降2.0%
Chesterton(2000)	University of Westminster	欧洲-英国-伦敦	住宅价格	42.0%～71.1%
Gibbons 和 Machin(2003)	LSE Department of Transport Report	欧洲-英国-伦敦	住宅价格	距站点每远离1km下降1.5%
Du 和 Mulley(2007)	Transportation Research Record: Journal of the Transportation Research Board	欧洲-英国	住宅价格	－42.0%～50.0%
Laakso(1992)	Housing and Planning Research	欧洲-芬兰-赫尔辛基	住宅价格	3.5%～6.0%
Debrezion 等(2007)	Journal of Real Estate Finance and Economics	欧洲-荷兰	住宅价格	25.0%
Yankaya 和 Celik(2004)	Property Management	欧洲-土耳其-伊兹密尔	住宅价格	13.7%
Bae 等(2003)	Transport Policy	亚洲-韩国-汉城	住宅价格	2.6%～13.0%

注：1英里＝1.61千米。

1.2.3 轨道交通溢价效应的国内经验研究回顾

随着轨道交通建设在国内的迅速发展，国内学者围绕轨道交通溢价效应也开展了广泛的实证研究。根据不完全统计，在城市和交通相关的核心期刊上，2004年以来每年均有3～7篇相关论文，且多数采用特征价格模型（Hedonic model），研究城市主要聚焦于上海、北京、深圳、南京、杭州、西安等。大多数国内的研究发现靠近轨道交通站点的位置优势能够显著提升房地产的价格。相关代表性研究的归纳总结详见表1-2。

综合来看，国内学者对同一城市或同一线路轨道交通溢价的研究结果是相似的，如王霞等(2004)、何剑华和郑思齐(2004)、郑捷奋和刘洪玉(2005)、蔡蔚等(2006)、梁青槐等(2007)、张红等(2007)、刘贵文和彭燕(2007)、顾杰和贾生华(2008)、杨广武等(2008)、谷一桢和郭睿(2008)、尹爱青和唐焱(2008)、潘海啸和钟宝华(2008)、谷一桢和郑思齐(2010)等，研究结论一般认为邻近轨道交通站点带来的位置优势能够提升房地产价格，即溢价效应在国内各大城市普遍存在。其中，谷一桢和郑思齐(2010)验证了北京市轨道交通的"分市场效应",即轨道交通对郊区住宅价格的影响要大于城市中心区,同时发现站点周边对土地开发的强度明显提高。相比于美国的轨道交通溢价研究,由于数据可得性问题的存在,国内对于商业物业的溢价研究更少。绝大多数学者围绕住宅物业的溢价进行研究,且发现溢价范围在5%~25%,略高于美国和欧洲国家的城市研究结果。这可能是由于国内城市的人口密度明显高于欧美城市的,并且公共交通出行在所有出行方式中所占比重也是偏高的。

表1-2 轨道交通溢价效应的代表性国内研究总结

作 者	发表时间/年	期刊/学位论文	研究对象	溢价效应
谷一桢、郑思齐	2010	《地理学报》	北京-13号线-住宅价格	站点半径1km内房价比1km外房价高20.0%
梁青槐等	2007	《土木工程学报》	北京-13号线-住宅价格	2km内的楼盘平均每建筑平方米增值267元,增值为4.4%
冯长春等	2011	《地理学报》	北京-5号线-住宅价格	距离站点1km范围内溢价为4.7%
高晓辉、刘芳	2011	《城市问题》	上海市轨道交通周边住宅价格	内环距地铁站点10分钟、20分钟、30分钟步距轨道交通溢价分别为329.9元/m²、162.4元/m²、109.4元/m²
潘海啸、钟宝华	2008	《城市规划学刊》	上海市轨道交通周边住宅价格	内圈层楼盘每靠近站点100m,房价上升1.5%,中圈层房价上升1.9%,外圈层房价上升2.0%
郑捷奋、刘洪玉	2005	《铁道学报》	深圳地铁一期沿线住宅房价	站点400m半径范围内平均增值为23.0%;600m半径范围内平均增值为17.0%
马超群等	2010	《交通运输工程学报》	西安地铁2号线沿线住宅价格	站点周边房价溢价值平均为10.0%
刘贵文、彭燕	2007	《城市问题》	重庆轻轨1号线沿线住宅价格	大渡口区:距站点0.1~0.3km的范围内,房价平均涨幅为12.3%;九龙坡区:距站点0.1~0.3km内的房价平均涨幅为7.6%
张沈生等	2013	《建筑经济》	沈阳地铁1号线沿线住宅价格	800m半径范围内住宅溢价20.1%;400m半径范围内住宅溢价27.4%
杨鸿	2010	浙江大学	杭州市地铁1号线沿线住宅价格	站点500m半径内住房比500m半径外住房溢价9.4%;1km以内住房比1km以外住房溢价7.6%

1.2.4 轨道交通溢价效应的时间节点

轨道交通对房地产价格时间效应的分析重点在于"关键时点"的选择,即轨道交通规划设计、开工、竣工和正式通车等时间点的选择。有学者研究指出，轨道交通开工时间和正式通车时间相对重要，因为它们体现了轨道交通"从无到有""从建设到使用"的质变。但在实证结果方面，轨道交通对住房价格影响的时间效应却存在着不一致的结论。例如，Han(1991)发现韩国汉城地铁2号线和4号线中转站的开通使周边住房价格产生了明显的上涨变化；Filipovitch和Knaap(2010)发现轨道交通项目建设信息的发布会使沿线附近的土地和住房价值增加；Gatzlaff和Smith(1993)则发现美国迈阿密地铁项目的公告对住房价格的影响微弱；Henneberry(1998)的研究表明，英国谢菲尔德轻轨项目在施工阶段导致周边住宅价格下降，其原因可能在于对周围居民的干扰。

国内学者对此的研究相对较少。其中，何剑华(2004)针对北京市地铁13号线的研究表明，轨道交通在"动工"和"通车"两个时点前后对周边住宅价格的影响最大；顾杰和贾生华(2008)以杭州轨道交通为例，通过加入区位和时间交互项来衡量轨道交通的空间和时间影响，研究发现轨道交通对基础设施较薄弱的远郊区房地产价格的影响最为明显；而从时间效应来看，轨道交通立项传言和轨道交通规划批准使得远郊区和近郊区的住房价格有较大的上涨，而且轨道交通规划获得批准后的增值效应更为明显；谷一桢和郑思齐(2010)针对北京市地铁13号线周边房地产市场的实证研究结果发现，郊区轨道交通站点周边1km内的住宅价格要比1km外的高出近20%，但随着城市交通网络的完善，这一影响在开通两年后不再显著；聂冲等(2010)以深圳地铁为例，研究发现地铁建设期间对周边房地产价格具有明显的负向影响，而运营期内对房地产价格的影响效应为正，尤其是通车后第二年站点周边的房地产价格会大幅上涨；郑思齐(2012)以地铁开工时间作为时间效应的关键时点，通过对成都市地铁效应的研究发现，两条地铁线周边住房的价格梯度在开工后都显著低于开工前，表明地铁开工对房地产价格的时间效应显著。

1.3 轨道交通对土地利用强度的影响：数量效应

轨道交通投资和建设可通过改变可达性而影响土地开发利用。由于轨道交通设施建设改善了可达性和机动性，进而可以提高土地利用效率和经济回报，相应的土地利用格局（强度和开发概率）也将随之发生变化（丁成日，2007）。从理论上看，轨道交通对土地开发密度的影响机制和作用链为：轨道交通提高周边土地的可达性→降低城市交通成本和增加地块开发潜力→提升土地价格，引起土地和资本的替代→增大土地开发密度。

轨道交通发展是土地开发的重要推动力，国内外很多实例都说明轨道交通周边的土地相较其他位置的土地会优先得到发展并且集约利用程度也更高。而开发后的土地又将产生新的交通需求和出行流，如此形成轨道交通和土地利用的循环反馈关系，导致轨道交通周边的土地开发活动和强度不断增强。这意味着，用于基础设施建设的公共投资对用于房地产开发的市场投资起到了引导作用。Intriligator和Sheshinski(1986)以及Knaap等(1997)都分析了轨道交通的规划和建设在城市发展中的作用。在总结相关实证研究成果的基础上，

Huang(1996)指出,轨道交通系统确实对城市的土地开发利用模式(格局和强度)产生了显著的影响。Zheng 等(2013)对北京轨道交通的研究发现,轨道交通建设明显增加了其站点周边的住房和商业地产开发量。

从空间上看,轨道交通建设通过提升可达性,发挥集聚吸力,对土地开发区位和利用强度的空间分布产生影响。轨道交通带来的可达性提升使出行者在权衡总出行时间的前提下更倾向于优先选择轨道交通,进而提升了周边地块的市场潜力和价格,并吸引房地产开发商涌入来进行开发和投资,随着土地上居民数量的不断增加,高密度人口带来的巨大商业需求又带动各类商业配套的不断进入和完善,从而使周边地块的土地开发密度在轨道交通引发的集聚效应中得到提高。与小汽车交通方式相比,轨道交通带来的集聚效应和土地开发密度的提高作用更强。

从微观上看,就轨道交通站点而言,任一站点影响范围内的土地开发密度并非均衡对等,而是呈现一定的梯度差异。轨道交通站点对周边土地利用强度分布特点如图 1-5 所示。可见,随着离轨道交通站点中心距离的增加,相应的土地利用强度逐渐降低。至于具体的距离范围和阈值,与城市空间特征有密切关系。

从定量角度分析,容积率即项目用地范围内总建筑面积与项目总用地面积的比值,是反映土地开发密度的重要指标。根据国内外轨道交通发展的经验,轨道交通沿线周边

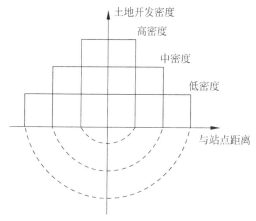

图 1-5 轨道交通站点土地利用强度空间分布

各类用地的容积率通常比其他一般地区同类型用地要高 30%～100%,具体城市的比较如表 1-3 所示。

表 1-3 轨道交通沿线周边与一般地区商业办公、居住用地容积率比较

城市	商业办公用地容积率		居住用地容积率	
	轨道周边	一般地区	轨道周边	一般地区
杭州	6	3～4	4	2
深圳	6	3～4	4	2～3
香港	8～15	5～8	5～9	3～4

资料来源:蔡凌宇(2012)。

从时间上看,轨道交通对土地利用强度的影响主要体现在轨道交通建设不同时期对周边地块土地开发格局和利用强度的影响(时间效应)。轨道交通从前期规划论证到后期投入运营,通常需要 5～8 年时间,不同时期对土地开发建设的影响也不同。参照国内外相关经验,主要可分为以下 3 种情况(蔡凌宇,2012):①前期规划及公示阶段,轨道交通建设的心

理预期不断提高,加速轨道沿线土地的开发进程,促进主要以住宅为主的地产企业迅速启动开发及加快旧城改造、更新的步伐;②建设施工阶段,启动公共服务及市政基础设施等配套设施建设,带动商业、办公等公建用地开发,为后续人口、产业集聚和城市功能完善奠定物质基础;③建成投入运营后,随着周边先期开发土地陆续开发完成,区域整体环境得到进一步改善,居住人口不断引入,产业和配套逐渐完善,新一批宅地和商地继续投入开发,周边地区土地利用强度和土地开发密度将得到进一步提高。以日本东京武藏野线(铁路)新浦安站对周边土地利用的影响为例,建成前,在新浦安站 0.5km 范围内,1974 年仅完成了大部分用地的土地平整工作;1979 年线路正式开通后,土地开发逐渐形成了以公共设施为主、住宅为辅的土地开发格局;开通 5 年后土地开发利用率达 80% 以上(高坚,2008)。

1.4 土地利用与交通互动衍生的环境问题

居住与就业的空间关系引发土地利用和交通的空间互动,同时也产生相应的环境影响。我国大城市目前面临的棘手问题是私家车数量的快速增加导致的城市交通体系不堪重负。然而,城市规划和管理者缺乏对未来不确定因素的考虑,规划被动地跟着发展走,城市无序扩张,空间功能错配加重了交通拥堵问题。伴随交通拥堵的是城市的环境污染问题。车速缓慢、汽油燃烧效率偏低等,都大大增加了城市的能源消耗、空气污染与碳排放量,城市交通的环境问题日益突出。根据中华人民共和国生态环境部发布的《中国移动源环境管理年报(2020)》,2019 年全国机动车 4 项污染物排放总量为 1603.8 万 t,其中,一氧化碳(CO)、碳氢化合物(C_xH_y)、氮氧化物(NO_x)、颗粒物(PM)排放量分别为 771.6 万 t、189.2 万 t、635.6 万 t、7.4 万 t。汽车尾气是污染物排放总量的主要来源,其排放的 CO、C_xH_y、NO_x 和 PM 均超过各类污染物排放总量的 90%。在居民生活水平迅速提高和汽车产业蓬勃发展的大背景下,中国城市中私家车拥有率必然会以较快的速度上升。试图通过维持私家车的低拥有率来解决交通拥堵和环境问题并不现实,需要探讨在"汽车社会"中,怎样的城市空间结构具有更好的缓解拥堵和改善环境的效果。

很多学者的实证研究表明,紧凑型的城市空间结构形式,往往伴随有居住地与就业地及公共服务设施之间较高的空间匹配程度,这有利于减少居民交通需求(包括降低私家车拥有率以及私家车使用强度),并会引导家庭使用能耗水平更低的汽车类型,最终实现减少城市交通能耗和污染物排放的目的(Newman 和 Kenworthy,1999;Ewing 和 Rong,2008)。Glaeser 和 Kahn(2008)通过对美国 66 个大城市进行研究发现:家庭居住在城市郊区要比居住在城市中心区更容易选择私家车出行,而且往往由于居住地与就业地的距离较长,增加了私家车的汽油消耗与污染物排放量。Kahn(2000)的研究同样表明,家庭规模和收入水平相当的家庭,住在郊区的年均驾驶量比住在中心城市的多 31%。

较西方国家城市而言,我国家庭私家车拥有率实际上还相对偏低。但是,随着家庭收入水平的提高,中国城市私家车拥有率的快速上升正成为必然的发展趋势。值得关注的是,这种趋势的发展是否会导致与西方国家城市类似的结果。郑思齐和霍燚(2000)利用北京市家庭微观调查数据分析,也发现当就业可达性较差(表现为通勤时间较长)且交通拥堵较为严重时,私家车碳排放水平都会显著提高。Zheng 等(2011)对中国 74 个城市的居民交通出行碳排放进行了分析,在控制微观层面的家庭特征后,发现城市经济发展水平与私家车碳排放之间显著正相关,并认为这可能与富裕城市往往建造更多的道路等基础设施有关,而城市人口密度与人均出租车碳排放和人均公交车碳排放都呈显著负相关关系。这可能是由于较短的平均出行距离或更有效的城市交通系统——与美国的情况相同——使紧凑型城市的发展有助于降低交通碳排放水平,发展高密度的大城市更有利于节能减排。

由此可见,打造紧凑型城市空间结构,有利于降低长距离的出行需求,减少私家车出行的概率,从而降低私家车的汽油消耗和碳排放量。但从更为全面的角度来思考,居住和就业的分离又是产业集聚的必然结果,可以说经济活动的集聚会带来集聚经济的正外部性,但同时也会带来拥堵和环境污染这些负外部性(Kahn,2008)。过度追求"职住平衡"以降低通勤量有可能以牺牲经济效率为代价,在市场力量主导的城市空间结构中往往难以实现。关键是如何在这两种外部性之间进行合理的平衡。而公共服务设施就不存在上述问题。如果城市公共服务设施的空间布局不合理,导致居民为了靠近这些设施而产生额外的通勤和能源消耗,对城市而言就形成了没有经济效率的额外环境成本,这部分能源消耗和碳排放是应该降低的。因此,城市公共品在空间上的合理和平衡配置,有利于降低过量的交通需求、能源消耗和碳排放,会对城市空间的可持续发展起到推动作用。作为计划经济的产物,中国城市中优质的公共服务设施大部分仍集中在中心城区,滞后于居住和产业的郊区化进程,因此对这一问题的关注就显得更为重要。

随着资源环境问题的日益突出和可持续发展理念的兴起,土地利用和交通互动体系的环境影响(集中在空气污染和碳排放两个方面)逐渐成为研究热点。城市人口和产业的空间布局和互动关系(如通勤/非通勤交通的距离与强度,道路通畅/拥堵状况,郊区/市区,以及高密度/低密度城市扩张模式)也直接影响能源消耗的水平和结构。能源消耗所产生的环境影响包括空气污染(如可吸入颗粒物、二氧化硫、氮氧化物等)和二氧化碳排放(简称碳排放)。环境质量的下降将会提升民众的环保意识并推动政府实施环境管制,而其中很多的管制措施是对土地的利用和交通的限制。

参 考 文 献

[1] 蔡凌宇.轨道交通对站点周边土地利用的影响分析[D].北京:北京建筑工程学院,2012.
[2] 蔡蔚,胡志晖,叶霞飞.城市轨道交通开发利益作用机理与影响范围研究[J].铁道学报,2006(4):27-31.
[3] 丁成日.城市空间规划:理论、方法与实践[M].北京:高等教育出版社,2007:164-188.
[4] 冯长春,李维瑄,赵蕃蕃.轨道交通对其沿线商品住宅价格的影响分析:以北京地铁 5 号线为例[J].地理学报,2011,66(8):1055-1062.

[5] 高坚.城市轨道交通与土地利用的集成及其应用[J].城市轨道交通研究,2008(8):17-19.
[6] 谷一桢,郭睿.轨道交通对房地产价值的影响:以北京市八通线为例[J].经济地理,2008(3):411-414,453.
[7] 谷一桢,郑思齐.轨道交通对住宅价格和土地开发强度的影响:以北京市13号线为例[J].地理学报,2010,65(2):213-223.
[8] 顾杰,贾生华.公共交通改善期望对住房价格及其价格空间结构的影响:基于杭州地铁规划的实证研究[J].经济地理,2008,28(6):1020-1024,1034.
[9] 何剑华,郑思齐.新建地铁能提升住宅价格吗:以北京地铁13号线为例[J].城市开发,2004(11):36-38.
[10] 梁青槐,孔令洋,邓文斌.城市轨道交通对沿线住宅价值影响定量计算实例研究[J].土木工程学报,2007(4):98-103.
[11] 刘贵文,彭燕.轨道交通对住宅房地产价值的影响:以重庆市为例[J].城市问题,2007(1):65-69.
[12] 马超群,杨富社,王玉萍,等.轨道交通对沿线住宅房产增值的影响[J].交通运输工程学报,2010,10(4):91-96.
[13] 聂冲,温海珍,樊晓锋.城市轨道交通对房地产增值的时空效应[J].地理研究,2010,29(5):801-810.
[14] 潘海啸,钟宝华.轨道交通建设对房地产价格的影响:以上海市为案例[J].城市规划学刊,2008(2):62-69.
[15] 王霞,朱道林,张鸣明.城市轨道交通对房地产价格的影响:以北京市轻轨13号线为例[J].城市问题,2004(6):39-42.
[16] 杨广武,孔令洋,梁青槐,等.北京地铁八通线对沿线住宅价值影响分析[J].北京交通大学学报,2008(3):37-41.
[17] 杨鸿.城市轨道交通对住房价格影响的理论与实证研究[D].杭州:浙江大学,2010.
[18] 尹爱青,唐焱.轨道交通对住宅价格的影响:以南京市地铁一号线为例[J].城市问题,2008(2):29-34.
[19] 张红,马进军,朱宏亮.城市轨道交通对沿线住宅项目价格的影响[J].北京交通大学学报,2007(3):10-13.
[20] 张沈生,张卫,张文芳.地铁对沿线住房价格的空间性影响及建议:以沈阳市地铁一号线为例[J].建筑经济,2013(8):83-85.
[21] 张文忠.城市居民住宅区位选择的因子分析[J].地理科学进展,2001(3):267-274.
[22] 郑捷奋,刘洪玉.深圳地铁建设对站点周边住宅价值的影响[J].铁道学报,2005(5):11-18.
[23] 郑思齐,霍燚,张英杰,等.城市空间动态模型的研究进展与应用前景[J].城市问题,2010(9):25-30.
[24] 郑思齐.城市经济的空间结构:居住、就业及其衍生问题[M].北京:清华大学出版社,2012:179-200.
[25] AGOSTINI C A, PALMUCCI G A. The anticipated capitalisation effect of a new metro line on housing prices[J]. Fiscal Studies,2008,29(2):233-256.
[26] AL-MOSAIND M A, DUEKER K J, STRATHMAN J G. Light-rail transit stations and property values:A hedonic price approach[M]. Washington:Transportation Research Board,1993.
[27] ANAS A,ARNOTT R, SMALL K A. Urban spatial structure[J]. Journal of Economic Literature,1998,36(3):1426-1464.

[28] ARMSTRONG R J. Impacts of commuter rail service as reflected in single-family residential property values[J]. Transportation Research Record,1994 (1466): 88-98.

[29] BAE C H C, JUN M J, PARK H. The impact of Seoul's subway Line 5 on residential property values[J]. Transport Policy,2008,10(2): 85-94.

[30] BARTHOLOMEW K, EWING R. Hedonic price effects of pedestrian-and transit-oriented development[J]. Journal of Planning Literature,2011,26(1): 18-34.

[31] BENJAMIN J D, SIRMANS G S. Mass transportation, apartment rent and property values[J]. Journal of Real Estate Research,1996,12(1): 1-8.

[32] BOWES D R, IHLANFELDT K R. Identifying the impacts of rail transit stations on residential property values[J]. Journal of Urban Economics,2001,50(1): 1-25.

[33] CERVERO R, DUNCAN M. Benfits of proximity to rail on housing markets: Experiences in santa clara county[J]. Journal of Public Transportation,2002,5(1): 1-18.

[34] CERVERO R. Effects of light and commuter rail transit on land prices: Experiences in San Diego county[J]. Journal of the Transportation Research Forum,2004,43(1): 1-19.

[35] CHEN F N. Commuting distances in a household location choice model with amenities[J]. Journal of Urban Economics,2008,63(1): 116-129.

[36] CHESTERTON P L C. Property market scoping report: Prepared for the jubilee line extension impact study unit[M]. London: University of Westminster,2000.

[37] DEBREZION G, PELS E, RIETVELD P. The impact of railway stations on residential and commercial property value: a meta-analysis[J]. The Journal of Real Estate Finance and Economics,2007,35(2): 161-180.

[38] DU H, MULLEY C. The short-term land value impacts of urban rail transit: Quantitative evidence from Sunderland, UK[J]. Land Use Policy,2007,24(1): 223-233.

[39] DUEKER K, BIANCO M. Light-rail-transit impacts in Portland: The first ten years [J]. Transportation Research Record Journal of the Transportation Research Board,1999,1685: 171-180.

[40] DUNCAN M. Comparing rail transit capitalization benefits for single-family and condominium units in San Diego, California[J]. Transportation Research Record,2008,2067(1): 120-130.

[41] DUNCAN M. The impact of transit-oriented development on housing prices in San Diego, CA[J]. Urban Studies,2011,48(1): 101-127.

[42] EWING R, RONG F. The impact of urban form on US residential energy use[J]. Housing Policy Debate,2008,19(1): 1-30.

[43] FILIPOVITCH T, KNAAP G J. Land market monitoring for smart urban growth (Cambridge, MA: Lincoln Institute of Land Policy,2001)[J]. Journal of Urban Affairs,2010,26(3): 403-404.

[44] GATZLAFF D H, SMITH M T. The impact of the miami metrorail on the value of residences near station locations[J]. Land Economics,1993,69(1): 54-66.

[45] GIBBONS S, MACHIN S. Rail access and house prices: an evaluation of the wider benefits of transport improvements[J]. Department of Transport Report,2003,11.

[46] GLAESER E L, KAHN M. The greenness of cities[J]. Rappaport Institute for Greater Boston/Taubman Center,2008: 1-12.

[47] HENNEBERRY J. Transport investment and house prices[J]. Journal of Property Valuation and Investment,1998,16(2): 144-158.

[48] HUANG H. The land-use impacts of urban rail transit systems[J]. Journal of Planning Literature, 1996,11(1): 17-30.

[49] INTRILIGATOR M D, SHESHINSKI E. Toward a theory of planning[J]. Social Choice and Public Decision Making,1986,1.

[50] KAHN M E, SCHWARTZ J. Urban air pollution progress despite sprawl: the "greening" of the vehicle fleet[J]. Journal of Urban Economics,2008,63(3): 775-787.

[51] KAHN M E. New evidence on trends in the cost of urban agglomeration[J]. Agglomeration Economics,2010: 339-354.

[52] KAHN M E. The environmental impact of suburbanization[J]. Journal of Policy Analysis and Management,2000: 569-586.

[53] KNAAP G J, HOPKINS L,DONAGHY K. Does planning matter? A framework for examining the logic and effects of land use planning[J]. Journal of Planning Education and Research,1997,18(1): 25-34.

[54] LAAKSO S. Public transport investment and residential property values in Helsinki[J]. Scandinavian Housing and Planning Research,1992,9(4): 217-229.

[55] MCMILLEN D P, MCDONALD J. Reaction of house prices to a new rapid transit line: Chicago's midway line,1983-1999[J]. Real Estate Economics,2004,32(3): 463-486.

[56] MUTH R F. Cities and Housing[M]. Chicago: The University of Chicago Press,1969.

[57] NELSON A C. Effects of elevated heavy-rail transit stations on house prices with respect to neighborhood income[J]. Transportation Research Record,1992 (1359): 127-132.

[58] NEWMAN P, KENWORTHY J. Sustainability and cities: overcoming automobile dependence[M]. Washington: Island Press,1999.

[59] RYAN S. The value of access to highways and light rail transit: evidence for industrial and office firms[J]. Urban Studies,2005,42(4): 751-764.

[60] VOITH R. Changing capitalization of CBD-oriented transportation systems: Evidence from Philadelphia,1970—1988[J]. Journal of Urban Economics,1993,33(3): 361-376.

[61] VOITH R. Transportation, sorting and house values[J]. Real Estate Economics,1991,19(2): 117-137.

[62] WEINBERGER R R. Light rail proximity: Benefit or detriment? the case of Santa Clara county, California[J]. Transportation Research Record: Journal of the Transportation Research Board, 2001,1747(1): 104-113.

[63] WEINSTEIN B L, CLOWER T L. The initial economic impacts of the DART LRT system[J]. Proceedings of the National Academy of Sciences of the United States of America,1999,104(51): 20629-20634.

[64] YANKAYA U, CELIK H M. Modelling the impacts of rail transit investment on the values of residential property: A hedonic price approach in the case of Izmir Subway,Turkey[J]. Report Izmir Institute of Technology,Department of Civil Engineering,2004: 1-20.

[65] ZHENG S Q, KAHN M E. Does government investment in local public goods spur gentrification? Evidence from Beijing[J]. Real Estate Economics,2013,41(1): 1-28.

[66] ZHENG S Q, WANG R,GLAESER E L,et al. The greenness of China: household carbon dioxide emissions and urban development[J]. Journal of Economic Geography,2011,11(5): 761-792.

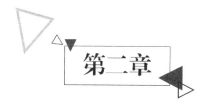

轨道交通对周边房地产溢价效应的测算方法与应用

轨道交通投资巨大,据估算,每千米轨道交通建设的成本约为 5 亿元[①]。同时,轨道交通的运营成本也很高。大多数情况下,单纯依靠运营期间的票价收入难以平衡运营成本,回收建设投资则存在更大困难。如何对城市建设中轨道交通的成本和收益进行评价,以及如何为高额的建设成本进行融资是公共部门和私营企业讨论的热点问题。实际上,轨道交通作为一种典型的地方公共品,其巨大的社会效益凝聚在周边的土地溢价上,形成典型的正外部性(positive externality)。如何准确地度量轨道交通对地价、房价和租金的溢价水平,并合理估计轨道交通带来的居民效用和社会总价值提升,有助于城市政府更准确和全面地进行轨道交通建设的成本效益分析。

本章 2.1 节将介绍近年来在实践中较为常用的两种轨道交通溢价的测算方法,分别是特征价格法和重复交易法;2.2 节使用北京市的租房成交数据对两种方法的操作过程进行详细论述和比较;2.3 节对北京市轨道交通在地价、房价和租金中的溢价进行测算、描述和对比;2.4 节为本章结论及政策建议。

2.1 研究方法介绍

早期关于城市轨道交通在房地产价值中资本化效应的研究主要来自美国和其他工业化

[①] 国际上,轨道交通造价平均在 4 亿~5 亿元/km;国内 20 世纪 90 年代,广州、上海和北京轨道交通综合平均造价均在 6 亿~8 亿元/km,当前国内综合评价造价在 5 亿~6 亿元/km,详见 http://gansu.gansudaily.com.cn/system/2012/12/07/013519032.html。

国家。这些研究通过将房地产价格与房地产和轨道交通站点的空间位置关系联系起来进行实证分析。根据房地产价格的形成及其变化规律，学者们主要采用特征价格法（Hedonic model approach）和重复交易法（repeat-sales approach）来估计轨道交通对周边房地产价格影响的大小。

2.1.1 特征价格法

与公立学校、绿地、空气质量等其他地方公共品类似，轨道交通本身不可以在传统的商品市场上进行交易。因此，这些公共品或者公共服务的价值无法被直接观测到，只能通过间接的方法度量。Rosen(1974)在他的开创性研究中解释了市场交易过程是如何揭示消费者对差异化产品的支付意愿的，从而可以基于显示性偏好理论（revealed preference theory）[①]反算出人们愿意为地方公共品支付的价格，也就是地方公共品在房地产价格中的资本化效应或者对房地产的溢价效应。

特征价格模型是测算公共品在房地产价格中的资本化效应的经典方法，常被用来估计公共品对住房市场的贡献。其核心思想是将房地产分解为众多不同的特征，例如住房面积、朝向、装修状况、区位环境（包括交通便捷性、环境质量、学区属性等）等，房地产价格则是所有这些特征的综合反映和表现，是由所有特征带给人们的效用决定的。由于各个特征的数量及组合方式不同，使得房地产的价格产生差异，因此，如果能够将影响房地产的价格的特征要素分解，求出各特征要素所隐含的价格，那么在控制其他房地产特征不变的情况下，就能将研究者关注的特征要素的隐含价格从众多因素中剥离出来。在发达国家和发展中国家都有较多研究使用特征价格方法测算各种公共品的隐含价格（如 Lee 和 Linneman，1998；Rosen，2002；Gibbons 和 Machin，2005；Berger 等，2008；Zheng 和 Kahn，2008；等）。

然而，最新的关于项目评估的经济理论和方法明确指出了截面数据特征价格模型的缺陷——遗漏变量（omitted variable）问题，即一些无法被研究者观测的经济特征或者消费者偏好因素，可能同时影响轨道交通等地方公共品的区位选择和住房价格，使得普通最小二乘法（ordinary least square，OLS）的误差项与解释变量相关，导致系数的估计结果有偏（Imbens 和 Wooldridge，2009）。举例来说，如果地方政府为了方便居住在高房价区域（如市中心）的居民出行而把轨道交通站点选址在房价更高的区域，但是这一选址决策又无法被研究者观察到，那么基于截面数据的实证测算将会高估轨道交通对房地产价格的提升效应；反之，如果政府为了推动落后地区的经济发展等因素将轨道交通选址在这些房价偏低的区域，那么利用特征价格模型方法就会低估轨道交通对房地产价格的提升效应。

[①] 显示性偏好理论的核心思想是：消费者在一定价格条件下的购买行为暴露了或显示了他内在的偏好倾向，因此研究者可以根据消费者的购买行为来推测消费者的偏好。这不是一种基于"偏好关系（效用函数）→消费者选择"的逻辑思路，而是一个相反的过程，即"消费者选择→偏好关系"。

2.1.2 重复交易法

为了减少传统截面数据模型中遗漏变量问题带来的测算结果偏差,提高特征价格估计的准确度,学者们从两个角度尝试来改善这一问题。其中应用最为广泛的一种方法是利用截面数据在不同时点的差异来剥离地方公共品在住房中的资本化价值。具体来说,就是通过对比轨道交通(站点)建设前后周边房地产价格的变化来测算轨道交通的溢价效应。这种基于同一区位在不同时点房地产价格比较的方法,可以很好地解决与区位相关的遗漏变量问题。近年来,许多关于轨道交通对本地房地产市场综合影响(如 McDonald 和 Osuji,1995;Baum-Snow 和 Kahn,2000)以及对微观住房价格影响(如 Gibbons 和 Machin,2005;Dubé 等,2013)的研究都是基于这种数据形式展开的。从整体来看,这些研究仍然发现轨道交通能够显著提升房地产价值,但是影响效果要比传统特征价格模型方法得到的数值要小[参见 Cervero 等(2005)和 Debrezion 等(2007)的综述]。尽管这种截面-时间序列数据能够较好地解决遗漏与区位特征相关的变量的问题,但是不同时间截面上成交的房地产产品仍然可能存在较大差异,这就又回到了之前的问题,即可能出现房地产个体层面的遗漏变量问题。举例来说,在轨道交通开通前,由于交通可达性较差,周边开发的可能都是一些低端物业,房地产价格较低;当地铁开通后,随着交通可达性的提升,许多高端物业在周边建设,房地产价格上升。这种情况下,房地产个体层面的遗漏变量将会导致轨道交通的资本化效应被高估。

相比于截面-时间序列数据,面板数据(panel data)在解决遗漏变量问题方面通常更具优势。在以城市、区县等空间地理单位为研究对象的实证研究案例中,面板数据通常较为容易获得,例如城市统计年鉴的数据。但是在以微观个体,包括住房、家庭等为研究对象的实证研究中,面板数据往往难以获取,需要花费大量的时间和精力对微观个体进行追踪。在与住房市场相关的研究中,面板数据通常也被称为重复交易(repeat-sale)数据,即在研究期内同一套住房有多次交易记录。近年来,随着人们对于测算精度要求的提升,越来越多的学者使用重复交易的住房数据来进行实证分析。

Gatzlaff 和 Smith(1993)使用 1971—1990 年期间美国迈阿密地铁站(1984 年开通)周边至少交易了两次的 912 套房屋交易数据进行了实证研究,结果发现位于地铁站点周边的住房价格增长速度要快于迈阿密大都市统计区域的平均房价指数。McMillen 和 McDonald(2004)分析了在 1983—1999 年期间,距离美国芝加哥 Midway Line(1993 年开通)1.5km 范围内的 4056 个独栋房屋重复销售样本,发现距离 Midway Line 更近的房屋价格增幅更大;这一结果与使用特征价格法对 17 034 个房屋交易样本的分析结论一致。Billings(2011)使用特征价格和重复交易方法对美国北卡罗来纳州夏洛特市 1994—2008 年期间,建造和规划的轻轨车站 1 英里(1.61km)内外的房地产交易进行分析,发现夏洛特南线(2007 年开通)使得独栋住宅和公寓的销售价格分别上涨了 4.0%和 11.3%,其中独栋住宅的特征价格模型和重复交易模型的结果较为类似,但公寓的重复交易模型估计结果要比特征价格模型估计的数值小得多,而且在统计上不显著。Billing 认为这可能是由于重复交易的房屋通常楼龄较大,也就是资产的折旧损耗大,在一定程度上抑制了房价的上涨。Chatman 等(2012)以及 Kim 和 Lahr(2014)针对美国新泽西州的轻轨,使用重复交易数据来分析站点周边物业的增值情况,并且都区分了施工、公告和开通的效应,但却得出了不同的结论。Chatman 等(2012)使用 1989—2007 年期间美国芝加哥 River Line 开通前后,31 470 个房屋[新站 1 英里(1.61km)内有 1922 套房屋]的交易数据分析发现,尽管站点周边低收入人口普查区的房屋和小型房屋有显著升值,但从平均影响来看,River Line 对自有住房价格具有中性甚至略微负面的影响。Kim 和 Lahr(2014)分析了美国曼哈顿的哈德逊河轻轨站约 2 英里(3.22km)范围内 13 599 个住宅物业的交易价格,研究结果表明,在站点 1/4 英里(0.402km)内存在显著的房屋溢价;而在 1991—2009 年期间,美国哈德逊-卑尔根(Hudson-Bergen)轻轨站(2000 年开通)附近的溢价距离为 1/2 英里(0.805km)。

总结来看,在评估轨道交通以及其他类似的公共品在房地产价格中的资本化效应时,重复交易方法的表现更加稳健,同时对房屋特征的依赖性更低(可以通过差分或者加入固定效应等方式进行控制),是目前较受青睐的研究方法。但是,重复交易数据也存在一定的局限性。尤其当使用更长时间跨度的交易数据(15～20 年)进行分析时,那些随时间变化的遗漏变量,如房屋结构改变或折旧、其他区位特征的变化等,都会造成测算结果的偏误。而且即使有 15～20 年的数据,重复交易特征的样本规模仍然可能是小且不具代表性的,因为选定的样本经常变更所有权。出于这些原因,较高频率的租赁交易数据可能是重复交易研究更合适的选择。

2.1.3 空间计量的应用

Straszheim(1974)指出,由于市场分割现象的存在,我们通常不能假设住房的特征价格在空间上保持不变。也就是说,住房市场是由许多空间上的子市场组成的,各子市场的供给和需求结构都存在异质性,从而导致不同住房属性的价格在子市场之前存在差异(Michaels 和 Smith,1990;Carruthers 和 Clark,2010)[①]。1990 年以来,空间数据可得性的提升及空间经济研究方法的逐渐成熟,使得对地方公共品隐藏价格的空间异质性度量更加可行(Can、1990、1992;Mulligan、Franklin 和 Esparza、2002;Fik、Ling 和 Mulligan、2010;Bitter、Mulligan 和 Dallerba,2007)[②]。

通常来说,经济学研究中涉及的空间效应主要有两个来源(Anselin,1988):空间异质

---

① 市场进入阻碍、信息不完整和(或)其他套利机会的限制都将带来区域市场分割。
② 子市场上隐含价格的空间变化有助于识别整个市场的住房和位置属性的需求函数(Bartik,1987;Epple,1987;Black,1999;Brasington,2000,2003;Taylor,2008)。对宜居性设施的隐含需求方程估计可认为是特征价格分析的第二阶段(Small 和 Steimetz,2012)。由于缺少估计需求函数时所需的家庭信息,本研究未深入介绍二阶段估计。相反,本研究专注于第一阶段的分析——研究土地可得性对宜居性设施隐藏价格空间异质性的作用。本研究结果可为未来二阶段需求函数分析提供有用的信息。

性(spatial heterogeneity)和空间依赖性(spatial dependence)。

对于空间异质性的空间计量模型一般有:空间扩展模型、地理加权回归模型(geographically weighted regression, GWR)。Bitter等(2007)运用GWR和空间扩展模型对亚利桑那州住房市场的空间异质性进行了分析,发现关键住房特征的边际价格随空间变化而变化。汤庆园(2012)运用地理加权回归模型,揭示上海小区房价的空间分异和不同影响因子的影响。研究发现,各影响因子对房价的影响程度从大到小依次为:建成时间、到中央商务区(central business district, CBD)距离、绿化率、到公园距离、到地铁站距离、到超市距离和到学校距离。龙莹(2010)采用地理加权回归模型分析我国房价波动的成因,并从区域差异的角度分析了各地区房价波动的空间异质性。研究发现,人均可支配收入和土地交易价格对全国的房价影响较为显著;东部地区居民人均可支配收入的提高成为推动房价上涨的一个重要因素,而经济发展相对较慢的中西部地区的房价更多依赖于当地经济基本面。周文兴和林新朗(2012)采用地理加权回归模型来表现城市化对住房价格的空间异质性,结果显示不同省域城市化对住房价格的推动效应存在差异。何鑫等(2017)利用空间扩展模型发现,流动人口对房价的影响在东西向存在显著的异质性;利用空间地理加权回归模型的结果显示,流动人口是使房价波动呈空间异质性的主要因素,其中,珠三角地区成为人口流动对房价影响最大的地区。

对于空间依赖效应的处理,主要以两种方式被引入模型(Turner, 2003):一是空间滞后相关性;二是空间误差相关性。基本的空间计量回归模型主要有:①空间滞后模型(spatial lag model, SLM),又称空间自回归模型(spatial autoregressive model, SAR);②空间误差模型(spatial error model, SEM),又称空间自相关模型(spatial autocorrelation model, SAC);③空间杜宾模型(spatial Dubin model, SDM)。Clapp和Tirtiroglu(1994)最先将空间效应引入房地产价格的动态分析中。Clapp和Tirtiroglu分析美国康涅狄格州哈特福德地区房地产市场数据发现,一个给定次级市场的房价不但受其滞后期价格影响,而且受相邻次级市场房价影响。Baumont(2007)运用空间自相关分析了法国COMADI的房地产价格。Ismail等(2008)利用空间计量经济学分析了2002—2006年MPKU地区的房地产价格。Brady(2011)在房价空间滞后模型中加入一个被解释变量的滞后一期项(Y_{t-1})来体现房地产价格的自相关,得到了反映房地产价格变动的空间动态面板模型,并利用OLS估计和工具变量(instrumental variables, IV)估计对加利福尼亚州房价进行了实证分析。结果发现,被解释变量的空间滞后因子与时间滞后因子的回归系数都显著,即该地区房价之间存在空间扩散效应和时间滞后效应。Holly等(2011)在空间误差模型的基础上得到了房地产价格的时空模型,并利用美国经济部分析局调查的房价数据和美国房价州际面板数据研究了美国的房地产价格空间相关性。研究结果表明,美国房价存在空间自相关效应。

国内关于空间计量应用的研究起步较晚,钱金保(2008)采用空间误差修正模型进行了中国房地产价格的泡沫检验和空间联动分析,发现城市化进程和空间扩散是短期内导致房价波动的两个重要因素。王岳龙(2011)利用空间滞后模型和空间误差模型,研究我国地价对房价影响程度,发现从全国来看地价每上涨1%,将导致房价上涨0.355%,同时这种地价弹性还存在着十分明显的区域差异。陈浪南和王鹤(2012)采用广义空间动态面板数据模型(generalized spatial dynamic panel data model,GSDPD)分析了我国房地产价格的区域互动,发现我国房地产价格互动存在空间滞后效应和时间滞后效应,而且城镇居民可支配收入、信贷扩张、土地价格等是影响我国房价的重要因素。同时发现,地理距离和经济距离的邻近性与地区间房价的相互影响程度正相关。王鹤(2012)结合全局自相关指标[莫兰指数(Moran's I)统计量]与局部空间自相关指标(LISA指标)发现我国房价存在空间自相关;并运用广义空间面板数据模型分析全国范围以及东、中、西部分区域房价,发现空间相关是影响我国房价的一个重要因素,在考虑了房价的空间相关性后,我国各区域房价的影响因素不尽相同。周文兴和林新朗(2012)利用空间滞后模型和空间误差模型来表现住房价格的空间依赖性,发现在考虑到住房价格的空间依赖性的情况下,城市化依然对住房价格有推动作用。刘志平和陈智平(2013),从空间计量经济学理论出发,将城市住房价格的研究视角深入到区域城市房价的互动关系层面;利用SLM发现,我国住房价格表现出不断加强的空间相关性;房价在全国范围内表现出弱的正扩散效应;人均可支配收入、居住用地价格和销售面积3个因素是导致区域房价差异的主要原因,并且不同时期各变量的显著程度和扩散效应存在明显差异。邓慧慧(2013)运用空间滞后双向固定模型方法,研究了在空间溢出视角下,财政分权、公共服务对住宅价格的影响,发现我国城市房价存在显著的空间正相关性,空间依赖性在一定程度上决定了房价,并且这种空间交互作用还显著影响了邻近城市的住房价格。姚丽等(2014)用特征价格模型、空间滞后模型、空间误差模型以及空间杜宾模型,重点分析了郑州市新建住宅价格影响因素的空间效应,发现郑州市新建住宅价格存在着明显的空间依赖性,并且空间相关模式具有区域异质性。李永友(2014)通过工具变量分位数回归(quantile regression of instrumental variables,IVQR)和空间计量分析,对中国全域性房价上涨现象进行研究,发现中国出现的全域性房价上涨,主要源于需求驱动和价格变化的自身惯性及其涟漪效应,但同一因素在不同分位点上的驱动力存在较大差异。王鹤等(2014)探究了区域房价的空间与时间扩散效应,运用时空动态面板数据模型的估计,得到空间脉冲响应函数,结果显示在考虑了房价区域相关后,体现经济基本面的各变量对房价的影响在时间长度和程度大小上皆变弱。姜松和王钊(2014)基于中国省际面板数据,构建动态空间面板模型展开城镇化与房地产价格变动的空间计量分析,研究发现城镇化对房地产价格变动影响显著为负。邻近省份的城镇化会带动区域房地产价格上涨,但受劳动力市场分割的约束,空间溢出效应并不显著。李拓和李斌(2015)运用空间自回归模型和空间杜宾模型发现,以房价负担表征的人口的经济饱和度对人口流动的影响具有门限效应。梁军辉等(2016)以2015年北京市六环内的居住小区二手房房价为研究对象,应用基于特征价格的空间计量模型,研究北京市公共服务设施配置对房价的影响,发现学区房、地铁站点、商场、休闲娱乐设施等公共基础设施对房价具有显著的正向效应。张谦等(2016)运用空间计量工具——莫兰指数,发现城市住房价格之间存在显著的正空间自相关性,而且城市房价的空间相关性随城市空间距离的增加而趋于减弱,但随时间的推移逐步增强;并通过构建空间动态面板模型实证研究城市房价在时间和空间上的特征,分析发现我国城市住房价格互动存在显著的时间滞后效应、空间溢出效应和空间滞后效应。由于一个地区的房价会对周围地区产生涟漪效应,王策和周博(2016)使用空间计量模型实证分析这种涟漪效应对预防性储蓄的影响。他们的实证结果表明,以房价与预期收入的交互效应为表现形式的房价波动能显著推高城镇居民的预防性储蓄。王鹤和周少君(2017)建立房地产价格的动态空间杜宾模型,考察城镇化影响房地产价格的程度及空间相关特征,实证结果表明:城镇化进程的加快,不但会导致当地房地产价格的上涨(直接效应),也会导致相关地区房地产价格的上涨(间接效应),两种效应随着空间距离的增大而减弱,而且与地理区位和城市规模密切相关。潘海峰和张定胜(2018)利用空间滞后模型和空间误差模型分析了信贷约束、房价与经济增长的关联性及空间溢出效应。冯珍(2019)运用空间计量模型,分析了区域创新要素对住宅商品房价分化的影响。余华义等(2020)通过空间面板杜宾模型,实证考察了房价变动对居民消费的跨空间影响,结果显示不同城市间房价对消费存在跨区影响。张超(2020)运用空间自回归模型和空间杜宾模型估计了房价对区域创新的抑制效应,并对空间效应进行多维度分解,识别出房价对创新抑制效应的空间差异。

2.2 轨道交通溢价测算方法的应用与比较

2.2.1 数据介绍

本章用于研究轨道交通溢价的数据为北京市 2005—2011 年的租房的重复交易数据。该数据来源于北京第二大房地产经纪公司——我爱我家(www.5i5j.com)[①]。原始数据共包含 1862 个住宅小区中的 11 966 个住房单元。在研究期内,这些住房累计交易 43 598 次,平均每套住房交易了 3.64 次。图 2-1 展示了这些住宅小区在北京城区的空间分布情况[②]。考虑到我爱我家公司在北京市租赁住房市场的占有量以及交易样本的空间分布情况,可以认为这些租房交易数据在北京市的住房市场上具有较好的代表性。此外,除了较高的交易频率之外,使用租房交易数据的另一个好处在于租房交易具有较强的实时性,不会同时受到地铁施工、公告和开通的效应的共同影响,便于更加直接地度量地铁开通在房地产价格中的资本化效应(McDonald 和 Osuji,1995)。

---

① "2012 年 6—10 月北京房地产经纪公司市场占有率研究"中国指数研究院(http://fdc.fang.com/report/6115.htm)。

② 北京行政区由 16 个区组成:2 个内城区(自 2010 年 7 月起,4 个内城区合并为西城区和东城区),4 个近郊区,10 个外城区。市政府和市民都把东城区、西城区、朝阳区、海淀区、丰台区、石景山区等 6 个区认为是"北京都市圈"(BMA),该区域面积约 960km²,其中不包括不适宜发展的山区。在 BMA 中,地面上的城市道路网几乎已经完工,地铁建设是缓解当前道路拥挤和满足预期乘客增长的重要途径(Zheng 和 Kahn,2013)。

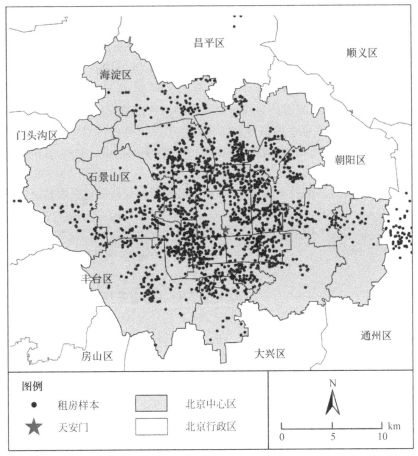

图 2-1 北京市住宅小区的空间分布情况(2005—2011 年)

针对每个交易样本，数据集中都给出了详细的交易日期、小区地址和房屋的物理属性，包括住房面积(s_h)、房间数量(n_h)、装修水平(h_d)以及建筑物楼层总数(f_1)等。其中，楼层数可用作房屋建筑质量的替代指标，通常来说，高层建筑的质量标准要更高。此外，为了反映交易样本的区位特征，我们基于住宅小区的地址信息，使用地理信息系统 ArcGIS 软件将其进行空间化处理，通过与北京市电子地图进行匹配计算得到了各个住宅小区到市中心[①]、邻近重点小学和邻近公园[②]的直线距离 d_c、d_e、d_p。同时，作为本研究的核心变量，我们计

[①] 与许多就业和城市人口都明显郊区化的发达城市不同(Glaeser 和 Kahn,2001)，在北京(以及其他大多数中国城市)，市中心为城市核心(Wang,2009,2010,2011；Zheng 和 Kahn,2008)。天安门广场以及周边传统的商业、文化和行政活动中心为北京市中心。2004 年，北京 43% 的就业集中在天安门广场 3 英里(4.83km)内。环绕天安门广场的 6 条环路由内向外依次建成，呈现出单中心的城市结构。

[②] 北京共有 40 个重点小学和 64 个城市规划的公园。

算了每个住宅小区在不同的交易时点与其邻近地铁站点的直线距离 d_s。

2000 年之前,北京市只有两条地铁线路(1 号线和 2 号线),全长约 54km。在 2001 年夏季,北京市取得了 2008 年夏季奥运会的主办权,从而极大地加快了地铁线路的建设。在 2000—2008 年期间,北京市共建成了 6 条地铁线(4 号线、5 号线、8 号线、10 号线、13 号线和八通线)。其中地铁 13 号线和八通线于 2004 年投入使用,5 号线、8 号线、10 号线在 2008 年夏季奥运会开幕前夕投入使用。这些早期建设的地铁主要在政府机构和学校较为集中的北部地区。2008 年之后,北京市的南部地区开始集中建设多条地铁线路。2010 年 12 月 30 日,包括 15 号线(一期)、昌平线、房山线、亦庄线、大兴线在内的 5 条郊区线开通运营,这使得北京市的地铁线路总里程增加了 108km,总规模扩大了近 50%。截至 2010 年年底,北京市的地铁线路总里程位居世界第四位[①]。图 2-2 展示了研究期内北京市地铁线路的空间分布情况。

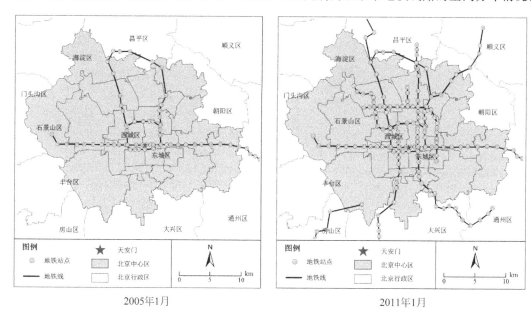

图 2-2 北京市地铁线路图(2005 年和 2011 年)

为了避免地铁施工过程对周边住房价格产生的负面影响(如噪声、路面交通管制等),本章在实证分析中剔除了租赁期内周边有新地铁站点开通的样本;这意味着如果某套住房在其出租期内与最近地铁站距离发生了变化,则该单位将被从样本中剔除[②]。经过样本筛选,我们共保留了 1840 个住宅小区共计 11 578 套房屋的 37 161 个交易记录。表 2-1 给出了样

---

① 2011—2013 年北京建造了 9 条新的或延长的地铁线路。华经产业研究院数据显示:2019 年北京地铁运营线路长度 669.5km,位居世界第二(第一为上海)。

② 在重复交易法分析(2.2.3 节)中,只有一个交易的单元在第一次差异化处理时(the first-differencing process)自然地被去除。因此,重复交易法分析使用的样本量要比截面特征价格模型(2.2.2 节)中使用的样本更小。

本数据指标的描述性统计量。根据统计结果,研究期内,出租房屋的平均面积为 61.41m², 最大为 190m², 最小为 10m²; 平均租金(r)为 2152 元/月①, 最多为 9082 元/月, 最少为 392 元/月; 平均租期(l)为 323.27 天, 最长租期为 730 天, 即 2 年左右, 最小租期为 30 天, 也就是短租天数至少为 1 个月; 每栋建筑的楼层数平均为 11.8 层, 最低的是 1 层, 最高为 39 层; 房间数量平均为 1.71 间; 平均装修水平为中等装修水平。从区位特征来看,本研究所使用的住房样本到城市中心的直线距离平均为 7.96km, 最远的为 21.83km, 最近为 0.69km; 到邻近重点小学和邻近公园平均的直线距离分别为 1.54km 和 1.44km; 到邻近地铁站点的平均距离为 1.72km。

从时间趋势来看,从 2005—2011 年,北京市的平均租金水平从 1613 元/月增加到 3015 元/月;而随着大规模地铁线路和站点的建设,住房到邻近地铁站点的距离从最初的 2.34km 下降到 1.02km, 地铁可达性提高了一倍多。

表 2-1 数据的描述性统计

变量名	定义	样本数	均值	标准差	最小值	最大值
r	月租金/元	37 161	2152.00	690.81	392.00	9082.00
s_h	住房面积/m²	37 161	61.41	17.10	10.00	190.00
f_l	楼层数/层	37 161	11.80	7.22	1.00	39.00
n_h	房间数/间	37 161	1.71	0.60	1.00	3.00
h_d	装修水平,其中 1 代表没有装修过;2 代表简单装修;3 代表中等级别的装修;4 代表完全装修好	37 161	2.69	0.99	1.00	4.00
l	租期/d	37 161	323.27	84.86	30.00	730.00
d_c	到天安门的距离/km	37 161	7.96	3.31	0.69	21.83
d_e	到最近的重点小学的距离/km	37 161	1.54	1.14	0.02	9.78
d_p	到最近的公园的距离/km	37 161	1.44	0.79	0.02	5.51
d_s	到最近的地铁站点的距离/km	37 161	1.72	1.41	0.02	13.56

2.2.2 基于特征价格方法的实证分析

(1) 模型设定

为了测算轨道交通对周边房屋价格/租金的影响,本节首先使用经典的特征价格模型来进行分析,具体的模型设定如下:

$$\ln r_i = \beta_0 + \lambda \ln d_{si} + \beta_1 x_i + \beta_2 z_i + \sum \gamma_j y_j + \sum \eta_k m_k + \varepsilon_i \tag{2-1}$$

---

① 一般而言,房东支付物业管理费和冬季取暖费,而租户支付水电费和其他费用。物业管理费和冬季取暖费的总和为总租金的 10%~15%。因此,可以粗略估计年度收益率为 2.8%~3.0%。

式中,d_{si}表示住房i与邻近地铁站点的距离;x_i和z_i分别表示住房i的物理特征变量和除地铁可达性之外的区位特征变量。模型中同时加入了年份(y)和月份(m)的虚拟变量,γ_j和η_k分别为相应虚拟变量的系数,$\sum \gamma_j y_j$为年份固定效应,$\sum \eta_k m_k$为月份固定效应,分别用来控制住房市场的时间趋势特征和季节性变化特征。β_0是常数项;β_1衡量了土地供给量在地铁对房价的溢价效应中发挥的作用大小,若$\beta_1>0$说明土地供给越多(即供给弹性越大),公共品的资本化效应越小,即具有抑制作用,β_1越大抑制作用越强;β_2为一系列控制变量对应的系数变量。ε为随机扰动项;考虑同一套住房的租金在不同时期存在较强的相关性,在实证估计时对标准误在住房层面进行聚类调整(Bertrand 等,2004)。

本章研究采用的是双对数模型形式,系数λ反映了住房租金与地铁站点距离的弹性;更具体地说,λ表示与邻近地铁站点距离每增加/减少1%,对应的住房租金将增加/减少λ%。如大多数研究发现,我们预期λ为负,即随着与邻近地铁站点距离的减少或者地铁可达性的提升,住房租金将会上升;反之,随着与邻近地铁站点距离的增加,房租将会下降。

由于地方公共品和社会人口特征在空间上具有集聚特征,住房租金也会表现出一定的空间相关性(Anseli 和 Bera,1998)。例如,在经济活动较为活跃的商业中心周边的住房租金普遍较高;而在人口密度较低的郊区则聚集了大量价格低廉的出租房。为了避免这种潜在的空间自相关问题给回归模型估计带来的影响,我们在实证研究中使用目前文献中应用较为广泛的空间误差模型(SEM)、空间自回归模型(SAR)和空间杜宾模型(SDM)来进行分析。

(2) 实证结果分析

表2-2报告了以住房租金的对数值作为被解释变量的特征价格模型回归结果。首先,第1列数据报告了使用OLS得到的估计结果。核心解释变量$\ln d_s$的系数为-0.070(标准误为0.002),并且在1%的统计水平下显著,说明随着与邻近地铁站点距离的减少,住房租金将会显著提高。具体来说,在给定住房物理特征和区位特征的情况下,与邻近地铁站点距离减少10%,相应的住房租金将会显著提高约0.7%。这一测算结果与 Zheng 等(2014)基于北京市2005—2008年新建商品住房销售数据的实证结果(-0.066)非常接近。

除了我们关心的与邻近地铁站点距离变量以外,其他特征变量系数的估计结果也都与现有文献的发现较为一致。在物理特征方面,房屋建筑面积和房间数量都与租金具有显著的正向关系;高层建筑和装修较好的房屋租金也较高;租期的长短对租金的影响也为正(统计上不显著),说明对于有长期租房意愿的租客,房东会希望收取更高的租金来弥补未来租金上涨带来的损失。在区位特征方面,靠近城市中心和重点小学的房屋租金明显更高。具体来说,与城市中心距离减少1km,住房租金将显著提高0.8%;与邻近重点小学的距离减少10.0%,相应的住房租金将会显著提高约0.5%。但是,房屋与公园的邻近性对租金的影响为负,即越靠近公园租金越低,这可能是因为北京市的许多公园都是重要的历史遗迹和旅游景点,大量游客的出入会给附近社区带来拥挤、噪声等滋扰,导致租客的租赁意愿不高。

整体来看,该模型的拟合优度(R^2)为 0.664,表明这些特征变量大概能够解释 2/3 的不同住房之间租金差异的现象,具有较强的解释能力。

表 2-2 的第 2~4 列数据分别报告了使用 3 种空间计量模型方法的估计结果。其中,第 2 列数据 SEM 在 R^2、对数似然比(log likelihood)、Akaike 信息准则(Akaike information criterion,AIC)和贝叶斯信息准则(Bayesian information criterion,BIC)等标准指标方面都比 SAR 和 SDM 表现更好;但 3 种空间计量模型得到的结果非常接近,而且与不考虑空间自相关的 OLS 结果基本一致,这表明住房租金的空间自相关并未给特征价格模型的估计结果带来严重影响。

表 2-2 基于 Hedonic 方法的北京市轨道交通溢价测算

(被解释变量:$\ln r$)

变量	(1) OLS	(2) SEM	(3) SAR	(4) SDM
$\ln d_s$	−0.070***	−0.069***	−0.070***	−0.069***
	(0.002)	(0.001)	(0.001)	(0.001)
$\ln s_h$	0.426***	0.425***	0.425***	0.425***
	(0.013)	(0.004)	(0.005)	(0.004)
f_l	0.003***	0.003***	0.003***	0.003***
	(0.000)	(0.000)	(0.000)	(0.000)
n_h	0.069***	0.069***	0.069***	0.068***
	(0.005)	(0.002)	(0.002)	(0.002)
$\ln d_p$	0.003	0.003*	0.003	0.003*
	(0.003)	(0.001)	(0.001)	(0.002)
年份哑元变量	是	是	是	是
月份哑元变量	是	是	是	是
常数项	5.142***	5.139***	5.140***	5.134***
	(0.047)	(0.005)	(0.005)	(0.001)
ρ			0.002**	0.436***
			(0.001)	(0.100)
λ		0.582***		
		(0.022)		
样本数	37 161	37 161	37 161	37 161
R^2	0.664	0.670	0.664	0.664
Log likelihood		24 204	23 929	24 177
AIC		−48 348	−47 798	−48 240
BIC		−48 092	−47 542	−47 754

注:括号内报告的是稳健标准误,并在住房层面进行聚类调整;***,**,* 分别表示 0.1%,1% 和 5% 的统计显著性水平。

2.2.3 基于重复交易方法的实证分析

(1) 模型设定

如前所述,特征价格模型的估计结果可能受到与地铁可达性相关的不可观测因素的影响。例如,如果不同收入水平或者支付能力的家庭在空间上的分布是由与地铁可达性相关的不可观测因素决定,或者新地铁站点的选址由某些不可观测的区位因素决定,那么模型(2-1)中的系数 λ 可能被高估或者低估。使用重复交易(repeat-sales)模型,即通过对比同一住房在不同时点的价格差异,可以在很大程度上避免这些区位不可观测因素带来的影响[①]。具体来说,使用重复交易方法的模型设定如下:

$$\Delta \ln r_i = \Delta \alpha_0 + \omega \Delta \ln d_{si} + \alpha_1 \Delta h_i + \sum \varphi_j \Delta y_j + \sum \mu_k \Delta m_k + \sigma_i \quad (2-2)$$

式中,Δ 表示各变量在当期与上期(即上次出租)观测时点的差。Δh 表示同一套住房的物理特征和区位特征在前后两次交易期间的差值。Δy 和 Δm 表示两次交易对应的时间哑元变量的差,此时这些时间变量不再是二元变量,可能取值 1,0 或 −1。同样,我们使用空间计量方法来处理模型(2-2)中可能面临的空间自相关问题。此外,为了避免残差项的序列相关问题,在实证估计时对标准误在住房层面进行聚类调整。

(2) 实证结果分析

表 2-3 报告了对重复交易模型(2-2)的估计结果。首先,第 1 列数据中仅加入了时间虚拟变量的差分项,此时模型的 R^2 为 0.470。表明时间趋势和季节性波动能够解释样本中 47.0% 的租金变化。年份虚拟变量的系数的估计结果显示,从 2005 年到 2011 年,北京市的平均租金水平变化了 87.4%($e^{0.628}-1$),其中 2009 年的租金增长幅度较小,与 2008 年的租金基本持平,这主要源自美国次贷危机引发的全球房地产市场发展放缓。月份虚拟变量的系数则表现出明显的季节性变化:在夏季和秋季,由于新生和毕业生/员工大量进入租房市场,需求增加导致租金上涨较快。而从 1 月开始的签约的租赁合同与其他月份相比价格明显更低,这可能是由于中国农历新年前后农村外出务工人员的流动(通常是 1 月中旬至 2 月中旬)造成的。

表 2-3 的第 2 列数据中加入了地铁可达性和租期时长两个随时间变化的房屋属性。其中与邻近地铁站点距离变量的系数显著为负,说明对于同一套住房,如果其地铁可达性发生变化(提高),那么其租金会显著提高。这与使用特征价格模型得到的结论一致,但是从系数值大小来看,使用重复交易模型得到的地铁资本化效应只有 0.02——与邻近地铁站点距离减少 10%,相应的住房租金将会提高约 0.2%,远小于使用特征价格模型估计得到的结果(0.7%)。这一结果表明,当排除了不可观测的区位因素影响后,地铁可达性提升带来的租

---

① 重复交易模型只能解决由不随时间变化的不可观测变量引起的偏误。对于随时间变化的不可观测变量,如果它们与误差相关,则回归结果仍会受到内生偏误影响。

金溢价将减少 2/3。另外值得注意的是,此时租期变量的系数显著为正,意味着长租期的租赁价格更高。鉴于研究期间北京市的房地产市场处于快速上升期,房东在合同谈判时需要通过收取更高的租金来弥补租金上涨预期导致的固定租金损失。

表 2-3 的后 3 列数据报告了使用空间计量方法后得到的模型估计结果。此时第 5 列数据 SDM 的统计表现要略好于 SEM 和 SAR;与表 2-2 类似,所有空间计量模型回归结果都与第 2 列数据使用 OLS 估计得到的结果类似。

表 2-3 基于重复交易方法的北京市轨道交通溢价测算

变量	估计方法				
	(1) OLS	(2) OLS	(3) SEM	(4) SAR	(5) SDM
$\Delta \ln d_s$		-0.020^{**}	-0.020^{***}	-0.020^{***}	-0.020^{***}
		(0.006)	(0.006)	(0.006)	(0.006)
$\Delta \ln l$		0.029^{***}	0.029^{***}	0.029^{***}	0.029^{***}
		(0.002)	(0.001)	(0.001)	(0.001)
Δy_{2006}	0.076^{***}	0.088^{***}	0.089^{***}	0.090^{***}	0.093^{***}
	(0.003)	(0.003)	(0.003)	(0.003)	(0.002)
Δy_{2007}	0.164^{***}	0.191^{***}	0.192^{***}	0.193^{***}	0.197^{***}
	(0.005)	(0.004)	(0.006)	(0.006)	(0.005)
Δy_{2008}	0.303^{***}	0.339^{***}	0.339^{***}	0.341^{***}	0.345^{***}
	(0.006)	(0.006)	(0.008)	(0.008)	(0.008)
Δy_{2009}	0.307^{***}	0.353^{***}	0.353^{***}	0.354^{***}	0.359^{***}
	(0.007)	(0.007)	(0.011)	(0.010)	(0.010)
Δy_{2010}	0.450^{***}	0.504^{***}	0.505^{***}	0.506^{***}	0.510^{***}
	(0.009)	(0.009)	(0.013)	(0.013)	(0.012)
Δy_{2011}	0.628^{***}	0.692^{***}	0.692^{***}	0.693^{***}	0.697^{***}
	(0.011)	(0.001)	(0.014)	(0.014)	(0.014)
Δm_2	0.157^{***}	0.158^{***}	0.158^{***}	0.158^{***}	0.158^{***}
	(0.003)	(0.003)	(0.002)	(0.002)	(0.002)
Δm_3	0.193^{***}	0.194^{***}	0.194^{***}	0.194^{***}	0.193^{***}
	(0.003)	(0.003)	(0.002)	(0.002)	(0.002)
Δm_4	0.202^{***}	0.203^{***}	0.203^{***}	0.203^{***}	0.203^{***}
	(0.003)	(0.003)	(0.002)	(0.002)	(0.002)
Δm_5	0.198^{***}	0.200^{***}	0.200^{***}	0.200^{***}	0.200^{***}
	(0.003)	(0.003)	(0.002)	(0.002)	(0.002)
Δm_6	0.254^{***}	0.257^{***}	0.257^{***}	0.257^{***}	0.257^{***}
	(0.003)	(0.003)	(0.002)	(0.002)	(0.002)
Δm_7	0.191^{***}	0.196^{***}	0.196^{***}	0.196^{***}	0.196^{***}
	(0.003)	(0.003)	(0.002)	(0.002)	(0.002)

续表

变量	估计方法				
	(1)	(2)	(3)	(4)	(5)
	OLS	OLS	SEM	SAR	SDM
Δm_8	0.246***	0.250***	0.250***	0.250***	0.250***
	(0.003)	(0.003)	(0.002)	(0.002)	(0.002)
Δm_9	0.276***	0.280***	0.280***	0.280***	0.280***
	(0.003)	(0.003)	(0.001)	(0.001)	(0.002)
Δm_{10}	0.252***	0.257***	0.257***	0.257***	0.258***
	(0.003)	(0.003)	(0.001)	(0.001)	(0.001)
Δm_{11}	0.259***	0.267***	0.267***	0.267***	0.267***
	(0.003)	(0.003)	(0.001)	(0.001)	(0.001)
Δm_{12}	0.268***	0.278***	0.278***	0.278***	0.278***
	(0.003)	(0.003)	(0.001)	(0.001)	(0.000)
常数项	−0.012***	−0.020***	−0.0194***	−0.019***	−0.019***
	(0.001)	(0.001)	(0.002)	(0.002)	(0.001)
ρ				−0.080***	−0.016**
				(0.013)	(0.005)
λ			0.071		
			(0.038)		
样本数	22 591	22 591	22 591	22 591	22 591
R^2	0.470	0.490	0.491	0.491	0.492
Log likelihood			31 380	31 382	31 402
AIC			−62 718	−62 722	−62 726
BIC			−62 549	−62 553	−62 413

注：括号内报告的是稳健标准误，并在住房层面进行聚类调整；***和**分别表示0.1%和1%的统计显著性水平。

2.2.4 小结

本节利用北京市租赁住房的重复交易数据，分别使用特征价格模型和重复交易模型测算了轨道交通在住房租金中的资本化效应。研究结果一方面证实了轨道交通建设对周边房地产价格显著的溢价效应；另一方面，通过比较两种方法的测算结果可以看出，如果不能较好地控制轨道交通可达性之外的其他区位特征变量，将会导致对轨道交通资本化效应的测算结果出现较大偏误。此外，基于空间计量模型的测算结果显示，在控制了影响住房价格的主要区位变量后，住房价格的空间相关性对于识别轨道交通的资本化效应影响较小。本节的研究结论对于未来继续开展与交通基础设施建设相关的财政和规划问题研究具有一定的启示意义。尤其在考虑是否建设交通基础设施，如地铁、公交线路时，地方财政的可行性方面是一个重要问题。在土地国有的制度背景下，轨道交通如何影响房地产价值是地方政府进行投资收入预测的核心。目前,中国城市的基础设施和房地产市场正以前所未有的速度扩张,这使得上述问题显得尤其重要。本研究表明,基于截面数据的测算可能严重高估了城市轨道交通带来的额外税务或土地租赁收入,这会使得地方政府以及私人投资者在进行财务可行性分析时出现偏差。

2.3 轨道交通溢价的跨市场比较

本部分以北京市轨道交通建设为例,借鉴国际上关于轨道交通与土地利用互动机制的前沿理论与研究方法,基于地理信息系统 ArcGIS 构建的"北京市轨道交通-房地产市场-土地利用"空间数据库,利用特征价格模型法测算分析轨道交通在房地产市场(土地市场、住房买卖市场、住房租赁市场)中的溢价效应。其中关于轨道交通溢价的跨市场比较分析是国内相关领域研究中较早的探索,轨道交通在不同市场的溢价差异有助于深入理解轨道交通的溢价机制,同时对于城市政府制定合理的土地出让策略以及回收公共投资成本具有重要的政策意义。

这部分的具体安排为:2.3.1节介绍实证方法和数据情况;2.3.2节介绍轨道交通对土地价格的溢价效应测算与分析;2.3.3节介绍轨道交通对住房价格的溢价效应测算与分析;2.3.4节介绍轨道交通对住房租金溢价效应的测算与分析;2.3.5节介绍轨道交通的"地价-房价-租金"跨市场比较分析;2.3.6节为结论及政策含义。

2.3.1 实证方法和数据

1. 计量模型设定和变量选择

在实证研究部分,我们采用经典的 Hedonic 模型分别对轨道交通在土地价格、住房买卖价格以及住房租赁价格中的溢价进行估计,具体的模型形式如式(2-3)所示:

$$\ln p = \alpha + \beta \ln d_s + \sum_{i=1}^{n} \gamma_i x_i + \sum_{j=1}^{m} \delta_j z_j + \varepsilon \tag{2-3}$$

其中被解释变量为土地/住房价格 p 的对数值,具体计算时我们分别采用单位面积地价,单位面积住房价格,以及单位面积的月租金作为度量指标。

在方程右边,我们重点关注轨道交通可达性变量 d_s,参照现有研究对于轨道交通可达性的度量方法,分别采用距离和影响范围来表征轨道交通的可达性。其中距离指该土地地块/房屋到最近地铁站的距离;对于轨道交通溢价的影响范围,目前学者在研究中往往选择0.5英里(0.81km)和1英里(1.61km)作为阈值来设置哑元变量,这与人们步行能够忍受的距离有关。本文参考此类划分标准设定 4 个阈值:<0.8km、0.8~<1.5km、1.5~<2.5km 以及≥2.5km,并以≥2.5km 作为基准组测算其他 3 个空间范围的溢价效应。此

外,在模型中我们同时控制了土地/住房的物理属性 x 和区位属性 z。

2. 数据来源

(1) 土地数据

本文所采用的土地数据来源为北京市国土资源局官方网站统计的"招拍挂"土地交易数据,时间范围为 2003—2012 年。其中位于北京市中心城区的住宅用地样本共有 311 个。利用 ArcGIS 软件将样本地块进行空间化处理,其空间分布如图 2-3 所示。

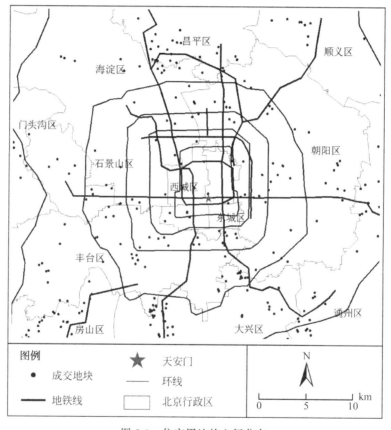

图 2-3 住宅用地的空间分布

(2) 住房数据

本文的房价和租金数据来源于"我爱我家"房地产经纪公司,时间范围是 2005—2012 年。经过数据筛选和整理,其中有效的二手房样本总计 63 299 个,租房样本总计 194 545 个。根据房屋所在住宅小区的地址信息利用 ArcGIS 软件对其进行空间化处理,二手房样本、租房样本和新房样本的空间分布情况分别如图 2-4～图 2-6 所示。

第二章 轨道交通对周边房地产溢价效应的测算方法与应用 33

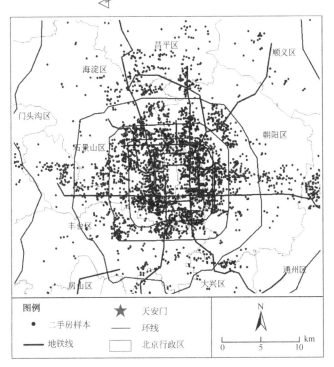

图 2-4 二手房样本空间分布

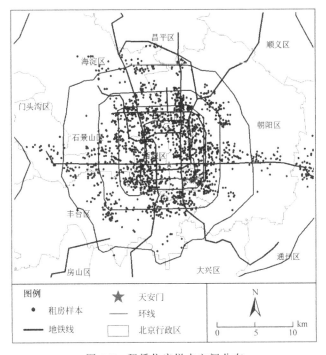

图 2-5 租赁住房样本空间分布

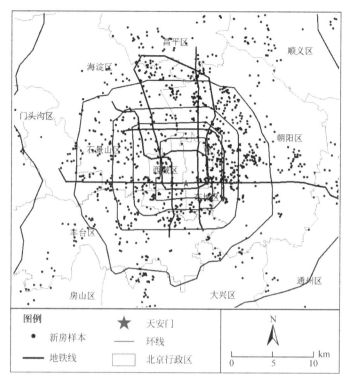

图 2-6 新房样本空间分布

2.3.2 轨道交通对土地价格的溢价效应测算与分析

图 2-7 首先给出了轨道交通站点周边不同范围内的平均土地价格情况。可以明显地看出,位于轨道交通站点周边 0.8km 范围内的土地平均价格最高,历年平均楼面地价高达 9447 元/m^2,之后随着离轨道交通站点距离的增加,土地价格快速衰减。

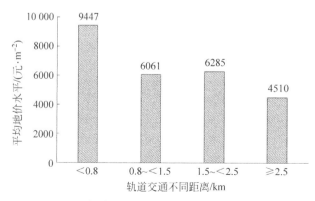

图 2-7 轨道交通不同距离内的平均地价水平

表 2-4 给出了轨道交通在土地价格中的溢价效应方程的回归结果。其中第 1 列数据采用地块与最近地铁站空间距离的连续变量作为轨道交通可达性的度量指标,结果发现在控制地块个体属性、区位属性以及年度趋势的条件下,与轨道交通站点的距离每增加 1%,土地价格将下降 0.1%。第 2 列数据中利用哑元变量测算其他各个空间范围内土地价格与 2.5km 外的基准组间的价格差异,即不同空间范围内的溢价效应大小。从回归结果中可以看出(图 2-8),相对于不受轨道交通影响(2.5km 以外)的地块,站点 0.8km 以内的地块平均地价呈现出显著的溢价效应,溢价率高达 17.10%,0.8~<1.5km 和 1.5~<2.5km 范围的地块溢价效应并不显著,但从系数来看,溢价率较低,分别为 2.26% 和 1.52%。

表 2-4　轨道交通的土地溢价效应空间差异

[被解释变量:$\ln p$(单位:元·m^{-2})]

变量	估计方法	
	(1)	(2)
$\ln d_s$	−0.062**	
	(0.029)	
0~<0.8km		0.171*
		(0.090)
0.8~<1.5km		0.023
		(0.094)
1.5~<2.5km		0.015
		(0.100)
$\ln s$	0.055	0.056
	(0.036)	(0.036)
$\ln d_c$	−0.712***	−0.731***
	(0.119)	(0.119)
其他土地属性	是	是
年度哑元变量	是	是
行政区哑元变量	是	是
常数项	8.691***	8.606***
	(0.548)	(0.557)
样本数	311	311
R^2	0.662	0.661

注:括号内报告的是稳健标准误,并在住房层面进行聚类调整;***、**、* 分别表示 0.1%、1% 和 5% 的统计显著性水平。

北京市已经成为全国轨道交通覆盖面最广的城市,在其建设规模不断推进的过程中,也经历了若干发展阶段。课题组采集了已经投入运营的 23 条轨道交通线路的开工和开通时间。通过分析发现,轨道交通的开工建设主要集中在 2007—2009 年,共有 13 条轨道交通线路开工,而开通时间则主要集中在 2010—2012 年,同样有 13 条线路投入运营。结合开工和

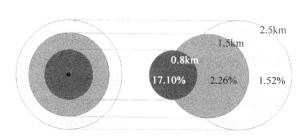

图 2-8 轨道交通对土地价格溢价率的空间差异

开通时间的密集时期,我们可以将北京市轨道交通发展分为 3 个阶段:①2006 年及以前:轨道交通建设起步期,此阶段投入运营的轨道交通较少,主要运力集中在 1 号线、2 号线、13 号线以及八通线;②2007—2009 年:轨道交通集中建设期,该阶段增加的线路主要包含 5 号线全线、10 号线一期、4 号线全线以及机场线;③2010—2012 年:轨道交通密集开通期,同时也是郊区线全面投入运营的阶段。房山线、大兴线、亦庄线、15 号线(顺义)、9 号线(连通房山线)均全线投入运营。

通过 3 个阶段的划分可以发现,轨道交通的覆盖面在不断扩大,而且有郊区化的趋势。不同阶段里轨道交通的影响范围不同,而人们对轨道交通的偏好水平也会发生结构性变化。为此,本节将样本按照时间划分为 3 个子集,并分别估计在不同时段中,轨道交通对土地的溢价效应(表 2-5、图 2-9)。

表 2-5 轨道交通对地价影响效应的阶段性差异

[被解释变量:$\ln p$(单位:元·m^{-2})]

变 量	2003—2006	2007—2009	2010—2012
$\ln d_s$	−0.221***	−0.117**	−0.030
	(0.048)	(0.050)	(0.033)
FAR	−0.042	−0.136*	−0.230***
	(0.069)	(0.073)	(0.070)
$\ln s$	0.095*	0.110**	−0.194***
	(0.048)	(0.046)	(0.057)
$\ln d_c$	−0.500***	−0.762***	−0.918***
	(0.115)	(0.133)	(0.114)
其他土地属性	是	是	是
年份哑元变量	是	是	是
地区哑元变量	是	是	是
常数项	7.805***	9.804***	14.500***
	(0.674)	(0.625)	(0.766)
样本数	106	134	147
R^2	0.607	0.460	0.434

注:括号内报告的是标准误;***、**、* 分别表示 1%、5% 和 10% 的统计显著性水平。

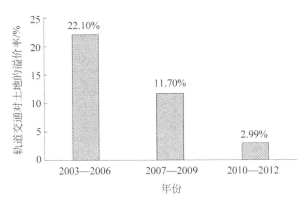

图 2-9 轨道交通对土地价格影响的时间差异

从表 2-5 的回归结果中可知,随着时间的推移,轨道交通对土地的溢价效应在逐步下降,而且其显著性也出现明显减弱的趋势。具体而言:

(1) 2006 年及以前,轨道交通对周边土地存在显著溢价效应,而且溢价率最大。该阶段,随着到轨道交通距离增加 10%,地价下降幅度高达 2.21%。这主要是因为 2006 年以前的轨道交通主要分布在中心城区(以地铁 1 号线和 2 号线为主),而中心城区的土地价值明显高于外围地块。虽然本模型控制了到市中心的距离,但仍可能遗漏一些表征市中心优越区位属性的变量,这有可能使得轨道交通的溢价率被高估了。

(2) 后面两个时间段(2007—2009 年,2010—2012 年),轨道交通对周边土地的溢价影响不显著。这可能有两个方面的原因。一方面,伴随着轨道交通向郊区延伸以及城市中心区域可开发土地的逐步减少,政府后续供地相对集中在郊区轨道交通站点周边。这样,轨道交通周边土地供应量的增加会减弱其优势效应,同时对照组的样本也减少了,这可能会导致溢价效应下降。另一方面,政府在出让郊区地铁站点周边的地块时,那里往往缺乏市政基础设施配套,"人气"不足。政府往往要求购地的开发商承担周边市政设施建设,这时就会以较低的土地价格作为一种激励,而开发商认为在人气不足时进入该区域开发具有较大风险,对土地的支付意愿也会较低(风险折价)。

2.3.3 轨道交通对住房价格的溢价效应测算与分析

采用同样的方法,表 2-6 给出了二手房价格和租金方程的回归结果。在表中的第 1 列数据和第 2 列数据给出了轨道交通在住房价格中的溢价估计结果,可以看到,随着距离轨道交通站点距离的增加,二手房价格显著下降,距离每增加 1%,二手房价格将下降 0.1%;将轨道交通影响范围分组来看(图 2-10),站点 0.8km 以内的溢价效应为 17.40%,0.8~<1.5km 内的溢价效应为 13.00%,1.5~<2.5km 内的溢价效应下降到 7.10%。可见,轨道交通对二手房价格的影响随着距轨道交通站点距离的增加而衰减。

表 2-6　轨道交通的二手房溢价效应空间差异

[被解释变量：$\ln p_h$（单位：元·m^{-2}）]

变量	(1)	(2)
$\ln d_s$	−0.072***	
	(0.001)	
0～<0.8km		0.174***
		(0.004)
0.8～<1.5km		0.130***
		(0.003)
1.5～<2.5km		0.071***
		(0.003)
$\ln s_h$	−0.044***	−0.046***
	(0.004)	(0.004)
A	−0.002***	−0.002***
	(0.000)	(0.000)
其他距离	是	是
其他住房属性	是	是
月度固定效应	是	是
常数项	10.41***	9.892***
	(0.0448)	(0.0457)
样本数	63 299	63 299
拟合优度	0.781	0.779

注：括号内报告的是标准误；*** 表示1%的统计显著性水平。

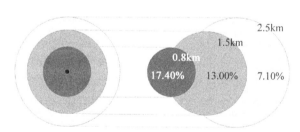

图 2-10　轨道交通对二手房价格溢价率的空间差异

同样地，我们将住房交易时间在3个时间段的样本进行子样本回归分析，回归结果见表 2-7 所示。由于本研究选取的是二手房交易样本，此类样本多集中在六环以内，而且每年交易的样本空间分布较为分散，因此数据间结构性变化较小。其溢价差异主要来自于轨道交通发展阶段的差异，以及不同时期人们的偏好的变化。从回归结果来看（图 2-11）：2006 年及以前，轨道交通覆盖面较小，人们的偏好尚未完全体现出来，其溢价率仅有 3.78%。2007 年以后，北京市轨道交通进入密集建设期，人们对轨道交通所带来的溢价的预期大幅上涨,进而影响房价,此时溢价水平高达8.14%。2010年以后,溢价率略有下降(可能与轨道交通供给已经较为丰富并趋向饱和有关),但仍然较高(7.48%)。

表2-7 轨道交通的二手房溢价效应时间差异

[被解释变量:$\ln p_h$(单位:元·m^{-2})]

变 量	2003—2006	2007—2009	2010—2012
$\ln d_s$	−0.038***	−0.081***	−0.075***
	(0.004)	(0.002)	(0.002)
$\ln s_h$	0.006	−0.034***	−0.065***
	(0.015)	(0.006)	(0.007)
$\ln d_c$	0.022	0.048***	0.052***
	(0.017)	(0.007)	(0.008)
其他距离	是	是	是
其他住房属性	是	是	是
月份哑元变量	是	是	是
常数项	10.950***	9.022***	10.180***
	(0.072)	(0.147)	(0.058)
样本数	3875	28 359	31 065
R^2	0.423	0.541	0.307

注:括号内报告的是标准误;*** 表示1%的统计显著性水平。

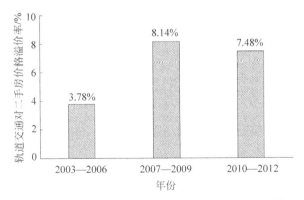

图2-11 轨道交通对二手房价格溢价率的时间差异

2.3.4 轨道交通对住房租金溢价效应的测算与分析

住房既是消费品,又是资产,住房价格中包含使用价值和投资价值。而在住房租赁市场中,交易的仅是空间的使用权,因此房租仅包含空间的使用价值。这意味着,租金能够更直接地反映轨道交通为当前居住者所带来的便利性,而房价中还蕴含着这种便利性所带来的未来现金流和资产增值预期。房价和租金中轨道交通溢价效应的另一个重要区别是,租赁住房者往往比自有住房者更为年轻,很多正处于刚刚工作的阶段,收入偏低,生活多元化程度也较低,往往更偏好租赁地铁周边的面积较小的住房,满足其上下班交通的基本需求。因此租房者对轨道交通可达性的偏好和支付意愿会更高,我们有可能在租金中发现更高的溢价效应。

表2-8的第1列数据和第2列数据分别给出了轨道交通在租赁住房价格中的溢价估计结果,其整体趋势与二手房类似,从具体的数值来看(图2-12),到轨道交通距离每增加1%,租金价格将下降0.1%;站点周边<0.8km租赁住房的租金平均溢价率为21.50%,0.8~<1.5km的租金平均溢价率为14.80%,1.5~<2.5km的溢价率下降到8.65%。

表2-8 轨道交通的租金溢价效应空间差异

[被解释变量:$\ln r$(单位:元·m^{-2}·月$^{-1}$)]

变量	(1)	(2)
$\ln d_s$	−0.085***	
	(0.001)	
0~<0.8km		0.215***
		(0.00262)
0.8~<1.5km		0.148***
		(0.00262)
1.5~<2.5km		0.0865***
		(0.00282)
$\ln s_h$	−0.266***	−0.270***
	(0.002)	(0.002)
A	−0.002***	−0.002***
	7.46×10^{-5}	7.48×10^{-5}
其他距离	是	是
其他住房属性	是	是
月度哑元变量	是	是
常数项	5.364***	4.667***
	(0.033)	(0.034)
样本数	194 545	194 545
R^2	0.365	0.365

注:括号内报告的是标准误;*** 表示1%的统计显著性水平。

同样地,我们将租赁住房在3个时间段内的样本进行了子样本回归分析,回归得到如下结果,见表2-9所示。分阶段的回归方程显示,轨道交通对租金的影响存在一定的阶段性差异,差异幅度较小(图2-13)。从轨道交通建设初期到轨道交通建设扩张期,轨道交通对于周边房屋租金水平的影响略有提升,随后又有所降低。这与前述的住房价格溢价效应随时间的变动趋势具有相似性。

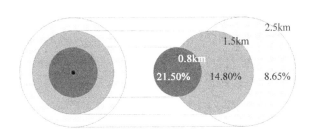

图 2-12　轨道交通对租金溢价率的空间差异

表 2-9　轨道交通的租金溢价效应时间差异

[被解释变量：$\ln r$（单位：元·m^{-2}·月$^{-1}$）]

变　　量	2003—2006	2007—2009	2010—2012
$\ln d_s$	−0.076***	−0.094***	−0.083***
	(0.003)	(0.002)	(0.001)
$\ln s_h$	−0.246***	−0.286***	−0.270***
	(0.006)	(0.004)	(0.003)
$\ln d_c$	0.070***	−0.085***	−0.100***
	(0.010)	(0.004)	(0.003)
其他距离	是	是	是
其他住房属性	是	是	是
月度哑元变量	是	是	是
常数项	4.512***	6.390***	6.828***
	(0.080)	(0.035)	(0.028)
样本数	25 527	63 016	115 668
R^2	0.171	0.258	0.271

注：括号内报告的是标准误；*** 表示 1% 的统计显著性水平。

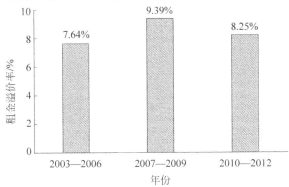

图 2-13　轨道交通的租金溢价率时间差异

2.3.5 轨道交通的"地价-房价-租金"跨市场比较分析

土地市场、住房买卖市场以及住房租赁市场之间存在着较强的互动关系。轨道交通在这3个市场中的溢价效应存在一些差异(图2-14)。租金的溢价效应最大(与最近地铁站的距离增加1%,租金下降0.09%),其次是二手房价格(0.07%),地价的溢价效应最小(0.06%)。

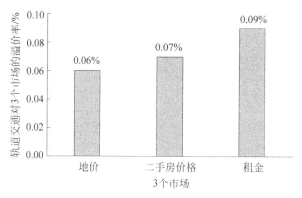

图2-14 轨道交通对土地、二手房、租金溢价率的空间差异

这里我们进一步分析3个溢价率之间存在差异的原因。房价和租金的溢价效应差异可能主要来源于购房者和租房者的人群特征差异。租赁住房者往往比自有住房者年龄更小,工作年限也更短,收入和生活多元化程度较低,所以更偏好租赁地铁周边面积较小的住房,满足其基本的通勤交通需求。因此租房者对轨道交通可达性的偏好和支付意愿都更高,形成了更高的租金溢价效应。

房价和地价的溢价效应差异主要源于价格形成机制不同。房价的溢价效应直接反映居民对地铁周边区位的偏好,而地价的溢价效应则是开发企业向地方政府购买地铁周边土地时所支付的额外成本。当然,如果信息充分透明,风险水平相当,土地市场存在充分竞争,地价形成遵循市场机制,那么房价的溢价效应会直接传导到地价上,但实际情况并非如此。第一,土地市场参与主体较少(一个地方政府与若干家开发企业,相比于住房市场千千万万的购房者而言是较少的),所以可能存在信息不完备问题,住房市场中居民的实际偏好可能无法完全传导到土地市场;第二,政府在出让郊区地铁站点周边的地块时,那里往往缺乏市政基础设施配套,"人气"不足。政府往往要求购地的开发商承担周边市政设施建设,这时就会以较低的土地价格作为一种激励。而开发商认为在人气不足时进入该区域开发具有较大风险,对土地的支付意愿也会较低(风险折价)。上述两个因素是地价的溢价效应较低的可能原因。

从溢价效应的空间差异来看,这三类溢价效应均随着与地铁站点距离的增加而递减,但空间梯度存在一些差异。如图2-15所示,首先,地价的衰减速度最快,房价和租金的衰减速度较慢。其次,从不同空间范围内的溢价效应大小来看,在0.8km以内,租金的溢价幅度最大,房价和地价的溢价效应相当;在 0.8~<1.5km 和 1.5~<2.5km 范围内,均表现为租金的溢价幅度最大,房价的溢价幅度其次,地价的溢价幅度最小。

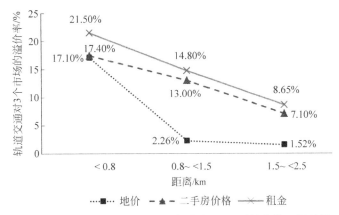

图 2-15　轨道交通对地价、二手房价格、租金溢价率的空间差异

分不同阶段对比三者的溢价效应差异,具体见图 2-16。首先,随着轨道交通建设和运营时间的推移,轨道交通对于地价、房价和租金的溢价效应有着显著的差别,地价溢价显著下降,而房价和租金的溢价则较为平稳且略有上升。前文对地价溢价效应随时间推移而下降的原因进行了深入剖析,此处不再赘述。

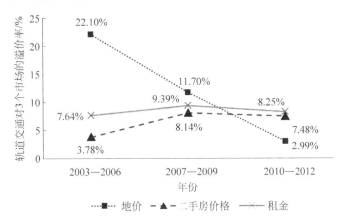

图 2-16　轨道交通对地价、二手房价格、租金溢价率的时间差异

2.4　结论及政策建议

1. 结论

轨道交通因其具有高度的交通可达性和经济集聚性,能够吸引居住和商业等房地产类

型向轨道站点周围集中，刺激站点周围土地的高密度开发，繁荣轨道交通沿线的经济，带动沿线土地和房地产的跳跃性升值。本章建立了北京市土地市场、住房买卖市场和住房租赁市场的交易样本微观空间数据库，利用 Hedonic 模型方法测度了轨道交通在 3 个市场中的溢价效应，实证研究结果发现，2003 年至 2012 年，北京市轨道交通站点周边 0.8km 内的租金、房价和地价溢价率平均分别为 21.50%、17.40% 和 17.10%。在各个市场中，该溢价率在空间范围以及时间阶段上都存在一定的差异性。一般而言，与轨道交通站点的距离越远，溢价水平越低。

通过对轨道交通的"地价-房价-租金"的跨市场比较分析表明，房价和租金的溢价效应差异可能主要来源于购房者和租房者的人群特征差异。第一，租赁住房者往往比自有住房者更为年轻，收入偏低，生活多元化程度也较低，往往更偏好租赁地铁周边的面积较小的住房，满足其上下班交通的基本需求。因此租房者对轨道交通可达性的偏好和支付意愿会更高，形成了更高的租金溢价效应。房价和地价的溢价效应差异主要源于价格形成机制不同。土地市场参与主体较少，所以可能存在信息不完备问题，住房市场中居民的实际偏好有可能无法完全传导到土地市场和土地供给者（地方政府）。第二，地方政府在出让郊区地铁站点周边的地块时，那里往往缺乏市政基础设施配套，"人气"不足。政府往往要求购地的开发商承担周边市政设施建设，这时就会以较低的土地价格作为一种激励。而开发商也认为在人气不足时进入该区域开发具有较大风险，对土地的支付意愿也会较低（风险折价）。上述两个因素是地价溢价效应较低的可能原因。

2. 政策建议

第一，政府应充分预估轨道交通周边土地溢价，合理调节土地出让时序。本课题的实证研究已经证实，轨道交通站点周边的地价、房价和租金都存在着显著的溢价效应。轨道交通是公共投资项目，土地溢价是其外部性的重要体现，是公共投资创造的社会效益。从理论上，应当"溢价归公"（value capture），这样也有助于回收轨道交通建设所投入的巨额资金。具体如何实施"溢价归公"，在不同的制度下有不同的形式，应把握的关键是需要将轨道交通建设的巨额成本与周边土地溢价的收益进行挂钩。在目前国内的土地出让制度下，城市政府应充分认识到轨道交通建设的巨大土地溢价效益是公共投资产生的，不能被私营企业全部无偿获取。因此，在土地溢价效应尚未完全显现时（如在轨道交通尚未开工建设时），出让周边土地应充分预估未来可能的溢价，在评估地价时将其考虑在内，并扩大信息宣传力度（本书的实证分析显示地价和房价溢价存在一定差距），努力在土地出让时实现溢价回收，以便弥补轨道交通建设成本。除此之外，城市政府还可保留轨道交通周边最有价值的部分地块，合理把握出让时点，待其产生更为充分的增值后再进行出让，以保证更充分地回收土地增值带来的收益。

第二，采用综合开发模式缓解城市政府轨道交通建设财政支出压力。在巨额的轨道交通投资面前，当前地方政府往往急于通过土地出让收入来弥补建设成本，这可能导致土地的出让价格相对偏低，而流失其应得的增值收益。根据香港地铁建设的经验，寻找同时具备地铁建设和房地产开发能力的企业修建地铁并开发周边附带的地块,地铁建设的成本由该企业全部或大部分承担,周边部分地块低价(甚至无偿)出让,开发企业在周边房地产的开发中获得收益足以弥补地铁建设的成本,还能为其带来较高的利润。但由于体制和政策障碍,这种模式虽未能大规模地推广和实施,但可允许一些地方先试行,缓解当地地铁开发的巨大成本压力,同时又可积累经验和降低风险。

第三,尝试建立轨道交通增值收益返还长效机制。在轨道交通建设和运营的过程中,若未能充分考虑其溢价效应,则土地溢价往往被私人获取(如开发商或私人业主)。而作为轨道交通建设投资和营运成本的承担者,政府或轨道交通建设企业却较少享受到这些收益。为使政府获得与轨道交通建设成本相匹配的增值收益,一些国家和地区建立了轨道交通增值收益返还机制。以美国为例,1983年加州议会认为地铁附近的房地产开发将从地铁中获利,因此授权当时的南加州捷运局在地铁周围划出"特别利益评税区"(benefit assessment districts,BAD),在此范围内征收特别财产税,用于偿还地铁建设发行的债券,征收时间长达20余年。在国内,也可考虑类似方式作为溢价回收的制度安排,使相关各方对轨道交通建设的投入和从轨道交通溢价效应中的获利实现更好的协调和匹配,以提高轨道交通这种城市公共服务的供给效率。

参 考 文 献

[1] 陈浪南,王鹤.我国房地产价格区域互动的实证研究[J].统计研究,2012,29(7):37-43.
[2] 邓慧慧,虞义华,龚铭.空间溢出视角下的财政分权、公共服务与住宅价格[J].财经研究,2013,39(4):48-56.
[3] 冯珍,谭立元,张所地.区域创新要素对房价的影响研究[J].经济问题,2019(8):99-104,120.
[4] 何鑫,田丽慧,楚尔鸣.人口流动视角下中国房价波动的空间异质性[J].人口与经济,2017(6):43-57.
[5] 姜松,王钊.中国城镇化与房价变动的空间计量分析[J].科研管理,2014,35(11):163-170.
[6] 李拓,李斌.中国跨地区人口流动的影响因素:基于286个城市面板数据的空间计量检验[J].中国人口科学,2015(2):73-83,127.
[7] 李永友.房价上涨的需求驱动和涟漪效应:兼论我国房价问题的应对策略[J].经济学(季刊),2014,13(2):443-464.
[8] 梁军辉,林坚,吴佳雨.北京市公共服务设施配置对住房价格的影响[J].城市发展研究,2016,23(9):82-87,124.
[9] 刘志平,陈智平.城市住房价格的空间相关性、影响因素与传递效应:基于区域市场关系层面的实证研究[J].上海财经大学学报,2013,15(5):81-88.
[10] 龙莹.空间异质性与区域房地产价格波动的差异:基于地理加权回归的实证研究[J].中央财经大学学报,2010(11):80-85.
[11] 潘海峰,张定胜.信贷约束、房价与经济增长关联性及空间溢出效应:基于省域面板数据的空间计量[J].中央财经大学学报,2018(11):82-95.
[12] 钱金保.中国房地产价格的泡沫检验和空间联动分析[J].南方金融,2008(12):17-20.

[13] 孙伟增,徐杨菲,郑思齐.轨道交通溢价的跨市场比较分析:以北京市为例[J].广东社会科学,2015(6):30-37.

[14] 汤庆园,徐伟,艾福利.基于地理加权回归的上海市房价空间分异及其影响因子研究[J].经济地理,2012,32(2):52-58.

[15] 王策,周博.房价上涨、涟漪效应与预防性储蓄[J].经济学动态,2016(8):71-81.

[16] 王鹤,潘爱民,赵伟.区域房价空间与时间扩散效应的实证研究[J].经济评论,2014(4):85-95.

[17] 王鹤,周少君.城镇化影响房地产价格的"直接效应"与"间接效应"分析:基于我国地级市动态空间杜宾模型[J].南开经济研究,2017(2):3-22.

[18] 王鹤.基于空间计量的房地产价格影响因素分析[J].经济评论,2012(1):48-56.

[19] 王岳龙.地价对房价影响程度区域差异的实证分析:来自国土资源部楼盘调查数据的证据[J].南方经济,2011(3):29-42.

[20] 姚丽,谷国锋,王建康.基于空间计量模型的郑州城市新建住宅空间效应研究[J].经济地理,2014,34(1):69-74,88.

[21] 余华义,王科涵,黄燕芬.房价对居民消费的跨空间影响:基于中国278个城市空间面板数据的实证研究[J].经济理论与经济管理,2020(8):45-61.

[22] 张超,张意博,魏学辉,等.高房价对区域创新的抑制效应及其空间分异研究[J].研究与发展管理,2020,32(6):103-113.

[23] 张谦,王成璋,王章名.中国城市住房价格的空间效应与滞后效应研究[J].统计研究,2016,33(7):38-45.

[24] 周文兴,林新朗.中国住房价格与城市化水平的关系研究:动态面板和空间计量的实证分析[J].重庆大学学报(社会科学版),2012,18(5):1-7.

[25] ANSELIN L,BERA A K. Spatial dependence in linear regression models with an introduction to spatial econometrics[J]. Statistics Textbooks and Monographs,1998,155:237-290.

[26] ANSELIN L. Lagrange multiplier test diagnostics for spatial dependence and spatial heterogeneity[J]. Geographical Analysis,1988,20(1):1-17.

[27] BARTIK T J,SMITH V K. Urban amenities and public policy[J]. Handbook of Regional and Urban Economics,1987,2:1207-1254.

[28] BAUMONT C. Neighborhood effects,urban public policies and housing values:A Spatial Econometric Perspective[J]. LEG-Document De Travail-Economie,2007,9:12-14.

[29] BAUM-SNOW N,KAHN M E. The effects of new public projects to expand urban rail transit[J]. Journal of Public Economics,2000,77:241-263.

[30] BERGER M C,BLOMQUIST G C,PETER K S. Compensating differentials in emerging labor and housing markets:Estimates of quality of life in Russian cities[J]. Journal of Urban Economics,2008,63(1):25-55.

[31] BERTRAND M,DUFLO E,MULLAINATHAN S. How much should we trust differences-in-differences estimates?[J]. Quarterly Journal of Economics,2004,119(1):249-275.

[32] BILLINGS S B. Estimating the value of a new transit option[J]. Regional Science and Urban Economics,2011,41(6):525-536.

[33] BITTER C,MULLIGAN G F,DALL'ERBA S. Incorporating spatial variation in housing attribute prices:a comparison of geographically weighted regression and the spatial expansion method[J]. Journal of Geographical Systems,2007,9(1):7-27.

[34] BLACK S E. Do better schools matter? Parental valuation of elementary education[J]. The Quarterly Journal of Economics,1999,114(2):577-599.
[35] BRADY R. Measuring the diffusion of housing prices across space and over time[J]. Journal of Applied Econometrics,2011,26(2):213-231.
[36] BRASINGTON J, LANGHAM J, RUMSBY B. Methodological sensitivity of morphometric estimates of coarse fluvial sediment transport[J]. Geomorphology,2003,53(3-4):299-316.
[37] BRASINGTON, DAVID M. Demand and supply of public school quality in metropolitan areas: The role of private schools[J]. Journal of Regional Science,2000,40:583-605.
[38] CAN A. Specification and estimation of hedonic housing price models[J]. Regional Science and Urban Economics,1992,22(3):453-474.
[39] CAN A. The measurement of neighborhood dynamics in urban house prices[J]. Economic Geography,1990,66(3):254-272.
[40] CARRUTHERS J I, CLARK D E. Valuing environmental quality: A space-based strategy[J]. Journal of Regional Science,2010,50(4):801-832.
[41] CERVERO R, MURPHY S,FERRELL C,et al. Transit-oriented development in the United States: Experiences,challenges and prospects[J]. Urban Planning Overseas,2005,8(1):1-7.
[42] CHATMAN D G, TULACH N K, KIM K. Evaluating the economic impacts of light rail by measuring home appreciation[J]. Urban Studies,2012,49(3):467-487.
[43] CLAPP J,TIRTIROGLU D. Positive feedback trading and diffusion of asset price changes: Evidence from housing transactions[J]. Journal of Economic Behavior and Organization,1994,24(3):337-355.
[44] DEBREZION G, PELS E, RIETVELD P. The impact of railway stations on residential and commercial property value: a meta-analysis[J]. The Journal of Real Estate Finance and Economics,2007,35(2):161-180.
[45] DUB M G, DUINKER P, GREIG L, et al. A framework for assessing cumulative effects in watersheds: An introduction to Canadian case studies[J]. Integrated Environmental Assessment and Management,2013,9(3):363-369.
[46] EPPLE D. Hedonic prices and implicit markets: estimating demand and supply functions for differentiated products[J]. Journal of Political Economy,1987,95(1):59-80.
[47] FIK T J, LING D C,MULLIGAN G F. Modeling spatial variation in housing prices: A variable interaction approach[J]. Real Estate Economics,2010,31(4):623-646.
[48] GATZLAFF D H, SMITH M. The impact of the Miami Metrorail on the value of residences near station locations[J]. Land Economics,1993,69(1),54-66.
[49] GIBBONS S, MACHIN S. Valuing rail access using transport innovations[J]. Journal of Urban Economics,2005,57(1):148-169.
[50] GLAESER E L, KAHN M E. Decentralized employment and the transformation of the American city[J]. NBER Working Paper No. w8117,2001:1-69.
[51] HOLLY S, PESARAN M H,YAMAGATA T. The spatial and temporal diffusion of house prices in the UK[J]. Journal of Urban Economics,2011,69(1):2-23.
[52] IMBENS G W, WOOLDRIDGE J M. Recent developments in the econometrics of program evaluation[J]. Journal of Economic Literature,2009,47(1):5-86.

[53] ISMAIL S, BUYONG T, SIPAN I, et al. Spatial Hedonic Modelling(SHM) for mass valuation[J]. [EB/OL]. (2008)[2021-08-01]. http://eprints.utm.my/5588/2008.

[54] KIM K, LAHR M L. The impact of Hudson-Bergen Light Rail on residential property appreciation [J]. Papers in Regional Science, 2014, 93(s1): S79-S98.

[55] LEE C M, LINNEMAN P. Dynamics of the greenbelt amenity effect on the land market-the case of Seoul's Greenbelt[J]. Real Estate Economics, 1998, 28(1): 107-129.

[56] MCDONALD J F, OSUJI C I. The effect of anticipated transportation improvement on residential land values[J]. Regional Science and Urban Economics, 1995, 25(3): 261-278.

[57] MCMILLEN D P, MCDONALD J. Reaction of house prices to a new rapid transit line: Chicago's Midway Line, 1983—1999[J]. Real Estate Economics, 2004, 32(3): 463-486.

[58] MICHAELS R G, SMITH V K. Market segmentation and valuing amenities with hedonic models: the case of hazardous waste sites[J]. Journal of Urban Economics, 1990, 28(2): 223-242.

[59] MULLIGAN G F, FRANKLIN R, ESPARZA A X. Housing prices in Tucson, Arizona[J]. Urban Geography, 2002, 23(5): 446-470.

[60] ROSEN S. Markets and diversity[J]. American Economic Review, 2002, 92(1): 1-15.

[61] ROSEN S. Hedonic prices and implicit markets: product differentiation in pure competition[J]. Journal of Political Economy, 1974, 82(1): 34-55.

[62] SMALL K A, STEIMETZ S S C. Spatial hedonics and the willingness to pay for residential amenities[J]. Journal of Regional Science, 2012, 52(4): 635-647.

[63] STRASZHEIM M. Hedonic estimation of housing market prices: A further comment[J]. The Review of Economics and Statistics, 1974: 404-406.

[64] SUN W, ZHENG S, WANG R. The capitalization of subway access in home value: A repeat-rentals model with supply constraints in Beijing[J]. Transportation Research Part A: Policy and Practice, 2015, 80: 104-115.

[65] TAYLOR S J. Modelling financial time series[M]. New York: World Scientific, 2008.

[66] TURNER B L, KASPERSON R E, MATSON P A, et al. A framework for vulnerability analysis in sustainability science[J]. Proceedings of the National Academy of Sciences of the United States of America, 2003, 100(14): 8074-8079.

[67] WANG R. Autos, transit and bicycles: Comparing the costs in large Chinese cities[J]. Transport Policy, 2011, 18(1): 139-146.

[68] WANG R. Shaping urban transport policies in China: Will copying foreign policies work? [J]. Transport Policy, 2010, 17(3): 147-152.

[69] WANG R. The structure of Chinese urban land prices: Estimates from benchmark land price data [J]. The Journal of Real Estate Finance and Economics, 2009, 39(1): 24-38.

[70] ZHENG S Q, KAHN M E. Land and residential property markets in a booming economy: New evidence from Beijing[J]. Journal of Urban Economics, 2008, 63(2): 743-757.

[71] ZHENG S Q, SUN W Z, WANG R. Land supply and capitalization of public goods in housing prices: Evidence from Beijing[J]. Journal of Regional Science, 2014, 54(4): 550-568.

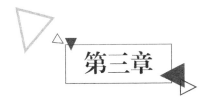

第三章

轨道交通与土地供给的互动影响*

在城市扩张而交通拥堵和空气污染日益严重的背景之下,轨道交通快速、准时、运量大和绿色环保等特点使其受到众多城市的青睐。以北京市为首的大中城市,已经相继步入了"地铁时代"。以北京为例,截至2019年12月,北京地铁共有23条运营线路(包括19条地铁线路、1条中低速磁浮交通线路、1条现代有轨线路和2条机场轨道),总里程达到699.3km;以运营里程计算,截至2019年12月,北京地铁已是世界上规模第一大的城市地铁系统;以客运量计算,北京地铁也是世界最繁忙的城市轨道交通系统。2014年以来,北京地铁的工作日日均客运量在1000万人次以上,并且在2019年7月12日创下单日客运量最高值,达到1375.38万人次[①]。

本书的第二章全面地证实了轨道交通在城市房地产"价格"(地价-房价-租金)维度上的溢价效应。而在"数量"维度,轨道交通与土地供给存在双向影响。一方面,轨道交通对城市空间发展格局起着重要的引导和拉动作用。城市快速轨道交通网的建设改善了周边地区的交通可达性,能够吸引大量的城市居民和企业向新的交通设施附近聚集,增加周边地块开发的市场潜力,提升站点区域的土地价值;而土地价格上升将鼓励开发商采取高密度的开发模式,增加周边土地被开发的概率,从而引导城市空间沿轴线方向带状发展(transit oriented development,TOD)模式。如何充分利用轨道交通的溢价效应,选择最优的土地开

---

* 本章核心内容来源:[1]清华大学建设管理系房地产研究所.城市轨道交通对周边土地利用的影响机制研究:以北京市为例[M].内部资料,2014. [2]ZHENG S Q,SUN W Z,WANG R. Land supply and capitalization of public goods in housing prices: evidence from Beijing[J]. Journal of Regional Science,2014,54(4): 550-568. [3]SUN W Z, ZHENG S Q, WANG R. The capitalization of subway access in home value: a repeat-rentals model with supply constraints in Beijing[J]. Transportation Research Part A: Policy and Practice,2015,80: 104-115.

① 资料来源:刘珜.北京轨道交通日客运量创历史新高[N/OL]北京青年报,2019-07-14[2020-12-01]. http://www.xinhuanet.com/fortune/2019-07-14/c_1124749753.htm.

发格局和开发强度,需要我们充分把握轨道交通对土地和住房市场"量-价"双维度的影响机制,并了解两者之间的相关关系。然而,目前很多项目的容积率都是政府规划部门在控制性详细规划中预设的,可能并非社会最优也并非市场最优的容积率。本章的研究结论将为城市规划中的容积率限制提供科学定量的决策支持。另一方面,土地和住房的供给弹性大小也影响着轨道交通带来的溢价效应的强弱。研究发现,限制土地供应会加强学校和地铁对房价的资本化率。这部分研究可以为地方政府在城市土地利用和公共品供给方面提供参考。

本章的内容安排为:3.1节介绍轨道交通对土地开发格局的影响;3.2节阐述土地和住房供给弹性对轨道交通溢价的影响;3.3节为相应的结论及政策建议。

3.1 轨道交通对土地开发格局的影响

轨道交通对周边土地开发空间格局的影响主要体现在三个相互关联的方面:首先,从整个城市来看,轨道交通提升了站点周边土地的区位优势,增大了轨道交通站点周边土地被开发的概率,使得城市空间发展沿着轨道交通线路呈现出一定的指向性。著名的"指状"城市——丹麦的哥本哈根就是一个典型的例子。其次,从微观的单个站点来看,类似于城市经济学中的单中心城市模型,轨道交通站点成为局部范围内的一个小中心,其周边的土地价值随着到站点距离的增加而减小,由于土地和资本的替代关系原理,站点周边的土地利用强度也将随着距离的增加而相应变小。最后,由于轨道交通周边土地供应和开发强度增加,最终轨道交通周边土地上的房地产开发量和空间格局将向更集约利用方向发生变化。

3.1.1 轨道交通对土地开发格局影响效应的定量测算

1. 轨道交通对居住用地供给空间布局的影响

为观察轨道交通对不同区位上土地开发概率的影响,我们将分析自2003年以来北京市每年新出让居住用地供给的空间分布情况,其中两个关键的区位变量是"出让地块与最近地铁站点的距离"和"出让地块与市中心的距离"。图3-1显示了2003—2012年新出让地块离最近地铁站点的平均距离和到市中心的平均距离。

从图3-1可以看出,随着时间推移,北京市居住用地开发选址逐渐偏离市中心,这与市中心可供开发的居住土地的逐渐减少有关。但与此同时,新出让居住用地与轨道交通的距离表现出了缩短的趋势,即更多的新出让居住用地是沿轨道交通周边进行布局的。除了土地开发端的空间区位偏好外,另一个原因在于更多新建轨道交通线路的完工扩大了轨道交通在城市中的覆盖面积,提高了周边土地的交通可达性,以及它们被出让和开发的概率。

图3-2更直观地反映了地铁站点周边新出让居住用地面积的变化情况。2003—2012年,地铁站点周围2.5km空间范围内的新出让居住用地面积整体出现上升趋势(在2009—2012年期间有所下降),此类居住用地面积占全部居住用地面积的比例在2012年达到了

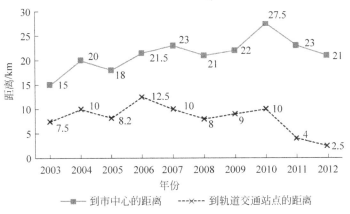

图 3-1 出让地块到轨道交通站点和市中心的平均距离

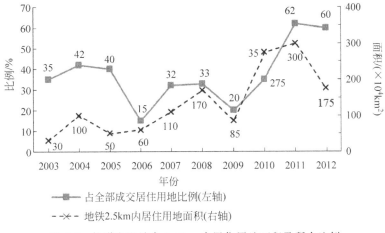

图 3-2 轨道交通站点 2.5km 内居住用地面积及所占比例

60.5%。

2. 轨道交通对周边土地开发区位空间格局的影响

我们以北京市地铁 13 号线为例,进一步分析轨道交通对周边土地开发区位空间格局的影响。地铁 13 号线在 1999 年 12 月开始施工,2002 年 9 月 28 日西线开始试运营,2003 年 1 月 28 日全线开通运营;全长 40.95km,共设车站 16 座,平均每 2.6km 设置 1 座车站,其空间形态为北京北部的倒 U 形线;西起西直门,向北穿过北三环至北五环,在西二旗站折向东,经回龙观、立水桥等地区,然后在北苑站附近折向南到达东直门。

我们从北京房地产市场相关网站搜集了 1999 年 1 月—2006 年 9 月 13 号线周边所有新开发的住宅楼盘的相关数据,样本范围为 13 号线和北二环所形成的闭合区域,以及 13 号线外延 4km 以内区域(图 3-3)。为了分析轨道交通在不同区域的影响特点,我们将研究范围划分为 3 个分市场。分市场 1、2、3 分别由西直门站到上地站、西二旗站到北苑站、望京站到东直门站的周边区域构成。其中,分市场 1 和分市场 3 更靠近市中心,而分市场 2 则远离市中心,处于北京的北郊。另外,为了分析轨道交通影响在不同时期的变化趋势,本书还大致均匀地划分了 3 个研究时段:1999 年 1 月—2003 年 1 月(轨道交通开通前)、2003 年 2 月—2004 年 12 月(轨道交通开通后 2 年内)、2005 年 1 月—2006 年 9 月(轨道交通开通 2 年后)。

图 3-3　住宅楼盘样本分布图

由于轨道交通提升了站点周边土地的区位优势,因此轨道交通站点周边土地被开发的概率将提高,使得城市空间发展形态沿着轨道交通线路呈现出一定的指向性。为验证此假说,表 3-1 给出了地铁对周边土地开发区位的影响的回归结果。不难发现,从 2002 年起,北部新建住宅项目离市中心天安门的距离显著增大,即与 1999 年相比大约远了 2km。13 号线开通后,这一距离进一步增大(与 1999 年相比远了 2.5km 左右)。当然,这可能是因为中心区可利用土地的减少以及房地产市场的繁荣驱使开发商不得不到更远的地段寻求开发机会,但这种扩张在空间上应该具有一定的连续性,而图 3-3 所反映的开发情况与此并不相符。此外,根据我们的调查,地铁开通之前的几年里,北京市的土地投放在区位上并没有很大的变化,而且在当时这也不是建设项目用地的唯一来源。因此,对于这种突然的变化,更合理的解释是当时即将投入运行的地铁 13 号线鼓励了北京市土地开发向北部郊区的跳跃式发展。

新建住宅楼盘与 13 号线站点的位置关系也体现出轨道交通对土地开发格局的指向作用。在 2002—2006 年,郊区(分市场 2)75% 的新建住宅楼盘都分布在地铁站点周边 2km 范围内,而这一比例在 2002 年之前只有 50%。同时,地铁 13 号线对于中心区附近的土地开发格局并没有太大影响,因为在分市场 1 和分市场 3 中,2002 年后站点周边 2km 范围内的新住宅楼盘比例分别仅为 48% 和 44%。

表 3-1　地铁对周边土地开发区位空间格局的影响估计

（被解释变量：d_c）

变量	系数
y_{2000}	−486.510
	(−0.540)
y_{2001}	781.890
	(0.850)
y_{2002}	1885.710*
	(1.850)
y_{2003}	1675.640*
	(1.750)
y_{2004}	2474.410**
	(2.450)
y_{2005}	2657.470**
	(2.690)
y_{2006}	2424.450*
	(1.690)
常数项	9674.130***
	(14.730)
R^2	0.040

注：括号内报告的是 t 统计量；***、**、* 分别表示 1%、5% 和 10% 的统计显著性水平。

3.1.2　轨道交通对周边土地开发强度影响

1. 轨道交通溢价与土地开发强度的最优选择

我们从开发商的角度出发，假设对于任意一个地块，其预期房价和楼面地价之间的差距构成了开发商的盈利空间①。轨道交通的开发作为外生冲击，同时影响了其沿线的房价和地价，也就是对开发商的盈利空间产生了影响。因而对于开发商而言，应该存在一个合理的土地开发强度决策，使其获取的利润最大。

为了简化开发商的决策模型，我们假设开发商的利润来自于住房价格与土地成本之差。而土地出让面积由政府外生给定，因此只需最大化单位面积土地上的利润（如式 3-1）。

$$\pi = [p_h(d) - p_1(d)]v(d) \tag{3-1}$$

式中，π 表示单位面积土地的利润，$p_h(d)$ 表示到地铁站距离为 d 的单位面积住房价格；$p_1(d)$ 表示到地铁站距离为 d 的楼面地价；$v(d)$ 表示该点处的容积率（地上总建筑面积与

---

① 这里假设建筑成本是外生给定的，而且由于完全竞争的市场结构而基本维持稳定，因此在后文的模型中不予考虑。

净用地面积的比率),衡量的是土地开发强度,是开发商的主要决策变量。

由于轨道交通的建设对周边的土地和住房带来了溢价效应,这里分别用式(3-2)和式(3-3)来表示地铁对住房和土地价格中的资本化率(分别为 α 和 β),即房价和地价均随到地铁站距离的增加而减小。式(3-2)还表明住房价格同时与容积率负相关,这是因为随着容积率的增加,小区内的居住舒适度有所降低。

$$p_h(d) = Ad^{-\alpha}v^{-\gamma} \tag{3-2}$$

$$p_l(d) = Bd^{-\beta} \tag{3-3}$$

式中,A、B 为常数;$v>0$,表示容积率越大,房价越低是容积率与房价的弹性,即房价对容积率的敏感程度。

根据最大化利润原则,求解式(3-1),得:

$$\frac{\partial \pi}{\partial v} = Ad^{-\alpha}(-\gamma)v^{-\gamma-1} + Ad^{-\alpha}v^{-\gamma} - Bd^{-\beta} \tag{3-4}$$

从而求解出到地铁站点任意距离处的最优容积率:

$$v(d) = \left[\frac{A(1-\gamma)}{B}d^{\beta-\alpha}\right]^{\frac{1}{\gamma}} \tag{3-5}$$

从空间视角来看,最优容积率与到地铁站距离之间的关系:

$$\frac{\partial v}{\partial d} = \frac{k}{\gamma}(\beta-\alpha)d^{\frac{1}{\gamma}(\beta-\alpha)-1}, \quad 其中 k = \left[\frac{A(1-\gamma)}{B}\right]^{\frac{1}{\gamma}} \tag{3-6}$$

这意味着,若 $\beta>\alpha$,即土地溢价随距离的衰减幅度大于住房溢价的衰减幅度,则最优容积率应随到地铁站距离的增加而增大;反之,若住房溢价的空间衰减幅度更大,则最优容积率随距离的增加而减小[①]。这一结论可以在下文的数据实证中得到验证。此外,上述模型的另一个潜在应用是,将最优容积率的求解结果与政府出让土地时规定的容积率进行比较,从而识别政府不合理的容积率限定,从而有利于形成"土地-交通一体化"模式下最优的土地利用格局。

2. 实证分析:轨道交通对容积率的影响

容积率是土地开发强度的较好测度指标。通过简单统计历年来轨道交通站点不同距离范围内土地容积率可以发现(图 3-4),在距离地铁 0.8km 范围内土地的平均开发强度最大,平均容积率约为 2.56,略高于 0.8~<1.5km 范围的开发强度(平均容积率为 2.48),此后随着与地铁站点距离的增加,土地开发强度快速下降。

由于城市核心区域和郊区的土地利用潜力和供给弹性不同,而每年成交的土地在空间上的分布也并不是随机的,所以需要控制空间和时间的差异,来准确度量轨道交通附近土地利用强度的差异。采用 Hedonic 模型方法,通过剥离各类影响地价的因素,识别轨道交通对土地利用强度影响的空间差异。模型结果如表 3-2 所示,由第 1 列数据的回归结果可知,到轨道交通站点的距离每增加 10%,土地容积率将下降 0.01。

---

① 这个结论成立的前提条件是,任意一点处的住房价格大于楼面地价,而这在一般的住房市场中均成立。

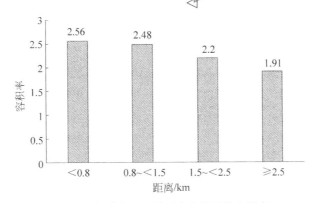

图 3-4 轨道交通不同距离内的平均容积率

从影响的空间范围来看，第 2 列数据的回归结果显示，轨道交通站点周边 0～<0.8km、0.8～<1.5km 范围内的土地开发容积率都明显高于基准组（2.5km 外），分别高出 0.244 和 0.283，但 1.5～<2.5km 的土地使用强度与基准组的差异并不大。由第二章 2.3 节的分析结论可知，轨道交通在上述 3 个空间范围内的房价溢价效应都是显著的，这意味着 1.5～<2.5km 范围内的容积率设定可能没有充分地响应市场需求。

表 3-2 轨道交通对土地利用强度影响的空间差异

（被解释变量：容积率）

变量	(1)	(2)
$\ln d_s$	-0.102^{***}	
	(0.033)	
0～<0.8km		0.244^{**}
		(0.108)
0.8～<1.5km		0.283^{***}
		(0.107)
1.5～<2.5km		0.007
		(0.122)
$\ln s_h$	-0.224^{***}	-0.218^{***}
	(0.043)	(0.043)
$\ln d_c$	-0.447^{***}	-0.499^{***}
	(0.083)	(0.080)
其他控制变量	是	是
年份哑元变量	是	是
常数项	6.004^{***}	5.842^{***}
	(0.456)	(0.470)
样本数	333	333
R^2	0.326	0.330

注：括号内报告的是标准误；*** 和 ** 分别表示 1% 和 5% 的统计显著性水平。

最后,我们以地铁 13 号线为例,从更微观的尺度上测算轨道交通对周边土地开发强度的影响。同样,我们利用该方程分别研究 2002 年后新建楼盘的总体样本和不同分市场的样本。表 3-3 给出了地铁对周边土地开发强度影响的估计结果。从第 1 列数据的回归结果来看,在整个研究范围内,每靠近市中心 5000m,新建住宅项目的容积率提高 1.0。而地铁 13 号线对住宅项目的容积率并没有显著的影响(d_s 对应的系数结果统计意义上不显著)。各个分市场的计算结果也与列(1)基本一致。在位于郊区的分市场 2 中,新建住宅项目的容积率随着到 13 号线站点距离的变化表现出明显的圈层结构,即每靠近站点 3300m,项目容积率提高约 1.0。而在靠近中心区的分市场 1 和分市场 3,轨道交通对新建住宅项目容积率的影响很小。可以看到,分市场 2 的模型的解释能力明显提高,仅两个距离变量就能够解释该市场内项目容积率变化的近 40%,这再次证明了轨道交通对周边土地的开发强度的影响在郊区更大。

表 3-3 地铁对周边土地开发强度影响的估计结果

(被解释变量:土地容积率)

变量	样本类型			
	(1)	(2)	(3)	(4)
	所有样本	分市场 1	分市场 2	分市场 3
d_s	-7.74×10^{-5}	-1.81×10^{-4}	-2.98×10^{-4}**	6.02×10^{-5}
	(-0.45)	(-0.48)	(-2.23)	(0.19)
d_c	-2.02×10^{-4}***	-2.11×10^{-4}	-1.50×10^{-4}***	-3.74×10^{-5}
	(-4.59)	(-1.45)	(-2.60)	(-0.33)
常数项	5.74***	6.11***	4.98***	4.03***
	(8.72)	(3.29)	(5.28)	(3.74)
样本数	139	45	34	60
Adj R^2	0.12	0.01	0.39	-0.03

注:括号内报告的是 t 统计量;*** 和 ** 分别表示 1% 和 5% 的统计显著性水平。

3. 轨道交通对周边新建商品住宅开发量的影响

我们利用轨道交通周边新建商品房数据,以北京市的 120 余个街道为研究对象,构造各街道每季度的交易量信息,样本空间分布如图 3-5 所示。研究期设定为 2000—2009 年,在这一期间北京市共新建了 5 条地铁线(地铁 4 号线、5 号线、8 号线、10 号线以及 13 号线)。我们以此作为研究对象,考察轨道交通建设对周边商品住宅开发量的影响,实证结果如表 3-4 所示。

从表 3-4 的回归结果来看,轨道交通对周边新建商品房开发具有显著的影响:区块离最近的新建(开工)轨道交通站点距离(d_{ss})每增加 10.0%,新房开发量将下降 2.76%;新建已竣工地铁的影响效应更大,区块离最近的新建(竣工)地铁站点距离(d_{sf})每增加 10.0%,新房开发将下降 3.50%。开工和竣工轨道交通的溢价效应的差异可能主要来源

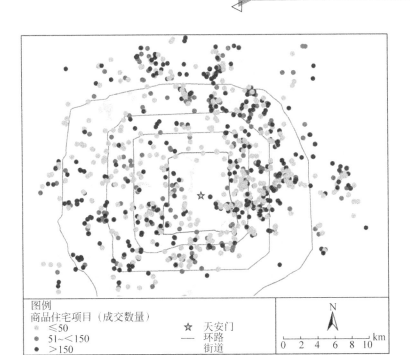

图 3-5 地铁周边新建商品房空间分布（2006—2008 年）

于，相比于开工的轨道交通，竣工轨道交通带来便利能够较短时间内兑现，缩短了使用地铁的等待时间，带来的便利更加可见，因此，对房价的溢价效应更强，从而刺激开发商提高对周围土地的开发强度。

表 3-4　地铁对周边新建商品房开发规模影响估计

[被解释变量：ln(每个区块每个季度新建商品房数量)]

变量	(1)	(2)
$\ln d_{ss}$	−0.276**	
	(−2.140)	
$\ln d_{sf}$		−0.350***
		(−2.89)
$\ln d_{sw}$	−0.009	0.023
	(−0.050)	(0.160)
其他控制变量	是	是
季度哑元变量	是	是
常数项	−6.973***	−5.558**
	(−2.650)	(−2.130)
样本数	1620	1620

注：括号内报告的是 t 统计量；*** 和 ** 分别表示 0.1% 和 1% 的统计显著性水平。

3.1.3 小结

由第二章的研究结论可知,轨道交通溢价在住房市场和土地市场中存在显著的差异,住房溢价明显大于土地溢价,这种差异正是开发商加大相应地块土地开发强度的动机所在,合适的容积率选择能够在销售量增加和销售单价减小中取得平衡,从而为开发商带来最大化的利润。本节通过建立理论模型说明了开发商面临的决策环境,发现轨道交通站点周边最优的土地利用格局与其轨道交通在住房和土地中的溢价效应大小之差有关。若房价溢价的空间衰减速度大于土地衰减速度,也即房价的溢价率更大,则越靠近轨道交通站点的地块,开发商的最优容积率选择就越大。

在理论分析的基础上,我们利用北京市的数据进行了实证检验,研究发现:第一,轨道交通提升了站点周边土地的区位优势,增大了站点周边土地被开发的概率,尤其是加强了郊区土地的开发。第二,到轨道交通站点的距离每增加10%,土地容积率将下降0.01。第三,区块离最近的新建(开工)轨道交通站点距离每增加10%,新房开发量将下降2.76%;新建已竣工地铁的影响效应更大,区块离最近的新建(竣工)地铁站点距离每增加10%,新房开发将下降3.50%。

3.2 土地和住房供给弹性对轨道交通溢价的影响分析

3.2.1 理论分析

除了研究轨道交通溢价的空间异质性以外,学者们深入研究了这种异质性背后的推动力。Goodman(1981)认为,异质性需求函数与非弹性短期供给函数相互作用,从而使得住房价格存在空间异质性,这可以与公共财政研究中的资本化联系起来,这些研究主要关注了住房供给弹性如何影响地方税收和公共服务的资本化。Oates(1969)的实证研究显示,税收和公共支出的资本化体现为房价的变动。许多随后的实证研究证实了这种资本化效应(例如,Yinger,1982,1995;Ross 和 Yinger,1999;Brasington,2000;等等)。然而,其他学者却认为这种资本化不存在(Edel 和 Sclar,1974;Henderson,1980,1985;Man 和 Rosentraub,1998;等等)。上述两种观点可以通过住房供给弹性来解释(Brasington,2002),即资本化发生在住房供应有限、社区边界固定的前提下,而在住房供给具有完全弹性的情况下,地区在需求冲击(如当地公共服务的改善)下可以自由扩张,因此不需要通过改变住房价格来使各地区的效用达到平衡,所以税收或公共支出的资本化不会体现在房价变动上。Hilber 和 Mayer(2002)以及 Stadelmann 和 Billon(2012)的理论模型表明,税收和地方公共品的资本化取决于住房供给弹性;当发生公共服务质量改善的冲击时,与住房供给弹性较大的市场相比,供给弹性较小的地方的房价上涨幅度更大。

一些实证研究检验了美国和欧洲住房供给(或土地供给)与公共物品和税收资本化效应

之间的关系。Brasington(2002)使用美国俄亥俄州5个城市的房屋销售数据,分别比较了在市中心和郊区中,税收、犯罪率和学校质量在房价的资本化效应的差异。他发现,相比于郊区,公共品在市中心的资本化率更高,这意味着土地稀缺性的差异会对公共品的资本化效应产生影响。Hilber和Mayer(2009)利用美国马萨诸塞州$2\frac{1}{2}$号提案作为外生冲击,并建立联立方程模型进行分析,发现当区域内有更多可开发土地时,学校的资本化效应会减弱。但这两个研究都没有考虑土地可得性的潜在内生性问题,例如,土地供应监管的约束可能与影响住房价格的不可观测因素有关。Stadelmann和Billon(2012)使用1998—2004年瑞士苏黎世州的169个地方房价的面板数据,进行简化式(reduced form)、最小二乘法(OLS)和工具变量(IV)回归,并使用地理位置作为土地可得性的工具变量,研究发现当地方政府提供更多建设用地时,公共支出的资本化程度不会显著减少,这与Brasington(2002)以及Hilber和Mayer(2009)的研究结论不同。Stadelmann和Billon认为,可用的建设用地变化是住房供给变化的一个必要不充分条件,因为住房供给弹性也有可能受到土地使用政策的影响[1]。Saiz(2010)使用了一个更精细的模型,考虑了地理环境(坡度和水源)及外生的监管限制,对美国都市区的土地可得性、城市增长、房价和监管强度之间的关系进行分析,发现在土地稀缺的地区房价更高;但Saiz研究并没有专门分析城市宜居性设施的资本化效应。

早期关于住房供给和公共品/税收的理论和研究主要集中在地方政府分权体系和由物业税支撑公共服务的美国和其他发达国家。与发展中国家相比,这些国家往往集权程度更低(Oates,1993)。中国的政府管理和公共财政体系与现有研究的对象存在很大差异,因此发达国家的经验证据无法直接应用在中国的城市。目前来看,对于中国城市土地供给约束和公共品的资本化之间的关系仍没有经过实证验证。近年来,中国城市的住房市场活跃,居民在空间上的搬迁愈加频繁,政府作为可开发土地的唯一供应者建立了完善的公有土地出让系统[2];此外,中国尚没有推行物业税——公共品和服务仍由政府财政支持;在这种情况下,中国城市中仍然存在公共品和房价的空间差异。例如,Zheng等(2012)的研究发现,在邻近的相似小区中,在重点小学学区内的住房价格要比非学区房高8%。那么,这种住房溢价是否因区域而有所不同?如果是,由住房供给约束导致的空间异质性程度到底有多大将是值得我们关注的问题。

此外,现有实证文献尚未解决一个关于宜居性设施资本化的存在性及资本化程度的核心争论"当住房供给富有弹性时,为什么房地产价值会上升?"。最近的城市经济学研究认为,关于宜居性设施资本化的不同实证结果可以通过住房的供给弹性来统一解释(Brasington,2002)。在Hilber和Mayer(2002)的理论推导中,当地方公共服务质量出现正

---

[1] 然而,Stadelmann和Billon的IV估计似乎并不支持他们的结论,但OLS估计是支持的。Stadelmann和Billon认为这是由于政策导致不同社区之间住房供应的差异并不显著。

[2] 详见Henderson(2009)的相关讨论。中国的土地出让指的是售卖70年土地使用权。从2004年起,主要通过公开拍卖的方式进行出让。

面冲击时,相比于住房供给更为有弹性的市场,供给弹性较小的市场价格上涨幅度更大。本节的研究将利用城市轨道交通验证这一理论。同时,利用中国特有的国有企业搬迁信息来构造土地供给的工具变量,以解决土地供给和价格之间的内生性问题。

此外,交通类文献也没有讨论过交通基础设施资本化与住房市场状况之间的联系。通常认为,造成资本化效应出现显著差异的主要原因包括交通服务水平、可替代道路的交通拥堵情况以及邻里收入等(Bartholomew 和 Ewing,2011;Nelson,1992)。由于城市内部的市场分割,假设住房的隐含价格在地理空间上保持不变是不合理的(Straszheim,1974),也就是说,一个区域性住房市场是由一系列相互关联的本地化子市场组成的,这些子市场在供给和(或)需求结构方面的差异将会导致住房价格各不相同(Michaels 和 Smith,1990;Carruthers 和 Clark,2010)。正如 Oates(1969)所认为的那样,资本化效应出现的前提是社区边界固定、社区数量固定、住房供给一定(Brasington,2002)。Hilber 和 Mayer(2002)以及 Stadelmann 和 Billon(2012)的理论模型显示,税收和地方公共产品的资本化程度取决于住房供给的弹性;在完全弹性的住房供给情况下,社区可以根据需求的冲击而自由扩张(例如,外生地改善当地公共服务质量),因此,不需要改变住房价格以平衡各社区的效用,而税收或公共支出就不会被资本化到房价中。这一观点在关于税收、犯罪率和学校质量资本化为房价的研究中都得到了实证支持(Brasington,2002;Hilber 和 Mayer,2009),但尚未在关于交通基础设施资本化和项目评估的文献中得到检验。尽管如此,现有的研究证明了此观点的合理性。Bartholomew 和 Ewing(2011)的文献综述中突出了两点:首先,轨道交通站点越靠近 CBD,它带来的资本化效应就越大;其次,轨道交通的资本化程度可能与开发密度息息相关。上述两个现象,都可以从供给弹性-资本化的关系角度来进行解释,因为当住房地址靠近 CBD 或住房所在的周围地区的开发密度较高时,住房的供给弹性较小,从而导致公共品对住房的溢价效应更强。然而,上述研究都是间接解释,本节的研究将通过实证的方法直接证实此观点的合理性。

本研究采用与 Hilber 和 Mayer(2002)以及 Stadelmann 和 Billon(2012)相似的模型,并根据北京的实际情况(没有物业税和政府集权)进行了修正。假设我们所要研究的城市内模型中,城市里有 I 个社区共 N 个可流动的家庭,这些社区具有不同的公共品可达性水平 g_i,以及 n_i 个收入水平为 y_i 的流动家庭。社区内家庭收入在两类商品间分配,一类是住房消费 h_i,另一类统称为其他消费品消费 c_i,因此家庭的预算约束为:

$$y_i = c_i + h_i p_i \tag{3-7}$$

式中,h_i 表示对房子的需求量,p_i 表示价格。

家庭根据自身预算约束通过选择地方公共品可达性水平为 g_i,价格为 p_i 的住房达到自身效用(V_0)最大化,并且假设所有家庭 V_0 均相等。此时居民的间接效用方程为:

$$V_0 = v(y_i, g_i, p_i) \tag{3-8}$$

因此在市场出清条件为每个小区内的住房供给等于居民需求,即:

$$n_i h_i(p_i) = S_i(p_i) \tag{3-9}$$

式中,n_i 为社区内家庭数量;$h_i(p_i)$ 为每个家庭的需求方程;$S_i(p_i)$ 为社区住房供给函

数。因此,可以推出社区内的家庭数量 n_i:

$$n_i = \frac{S_i(p_i)}{h_i(p_i)} \tag{3-10}$$

所有家庭都住在城市内的 I 个社区中,因此可推出城市内家庭总数 N:

$$N = \sum_{i=1}^{I} n_i = \sum_{i=1}^{I} \frac{S_i(p_i)}{h_i(p_i)} \tag{3-11}$$

由于假设家庭在城市内部自由流动,因此在均衡状态下居民在城市内不同区位的效用均相等,即:

$$v(y_i, g_i, p_i) = v(y_j, g_j, p_j), \quad i \neq j \tag{3-12}$$

将式(3-11)和式(3-12)对 g_i 求导,整理后可以得到地方公共品溢价:

$$\frac{\partial p_i}{\partial g_i} = \frac{\mathrm{MRS}_i}{1+\omega} \tag{3-13}$$

式中,$\omega = \frac{n_i}{p_i}(\eta_i - \varepsilon_i)h_j \Big/ \sum_{j \neq i} \frac{n_j}{p_j}(\eta_j - \varepsilon_j)h_i$,$\eta_i = \frac{\partial S_i}{\partial p_i}\frac{p_i}{S_i}$ 为住房供给价格弹性,$\varepsilon_i = \frac{\partial h_i}{\partial p_i}\frac{p_i}{h_i}$ 为住房需求弹性;$\mathrm{MRS}_i = \frac{\partial V_0/\partial g_i}{\partial V_0/\partial y_i}$ 为居民收入和地方公共品可达性的边际替代率。显然 $\eta_i - \varepsilon_i > 0$,$\mathrm{MRS}_i > 0$,即地方公共品资本化到住房价格中,即房价中包含地方公共品溢价。

通过将地方公共品溢价公式对住房供给 η_i 求导数可以观察到住房供给对地方公共品溢价的影响。g_i 对住房供给 η_i 的导数为:

$$\frac{\partial^2 p_i}{\partial g_i \partial \eta_i} = -\frac{\mathrm{MRS}_i}{p_i(1+\omega)^2} \frac{n_i h_i}{\sum_{i \neq j} \frac{n_j}{p_j}(\eta_j - \varepsilon_j)h_i} < 0 \tag{3-14}$$

式中,$\frac{\partial^2 p_i}{\partial g_i \partial \eta_i} < 0$ 表明房价中地方公共品溢价水平受到住房供给能力影响,住房供给弹性越高,则溢价越低。

3.2.2 数据介绍

本研究使用北京土地和住房市场的 3 个交易数据集来进行实证分析。第一个数据集来自中国房地产指数系统提供的 2004—2008 年的所有拍卖住宅地块,如图 3-6 所示。参考 Zheng 等(2009)的研究思路,我们将经济活动和相对同质的社区,即 3~6 个相邻的街道[①]合并在一个区域,共得到 25 个区域,作为描述北京土地供应空间变化的基本地理单元(图 3-6)。

---

① 行政系统共分为 3 个级别:市、区和街道办事处(街道)。街道是最低的行政级别。北京城区内有 123 个街道,平均面积约为 $10\mathrm{km}^2$。城市政府提供大部分公共基础设施和服务,如交通、教育和医疗保健,街道只负责管理垃圾收集等基本服务。

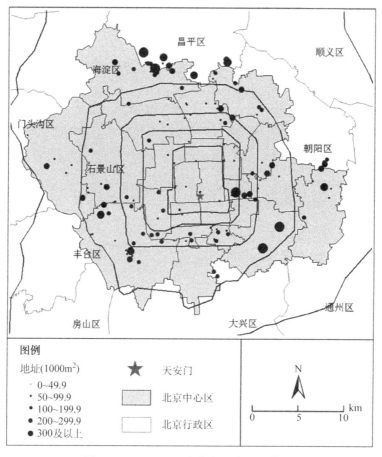

图 3-6　2004—2008 年期间北京土地供应

本研究同时使用了 2 套房屋交易数据集——二手房和新房数据,用来分析土地供应情况如何影响当地公共品在二手房和新房市场中的资本化效应。其中,二手房交易数据来自北京"我爱我家"(www.5i5j.com)房地产经纪公司。该数据集包括了北京"我爱我家"公司在 2006—2008 年发生的所有交易。经过数据整理后,得到全市约 2600 个住宅小区(图 3-7)中的 13 188 次二手房交易记录。对于每笔交易记录,都包含了具体的交易日期、地理位置和房屋物理属性,例如房屋建筑面积(s_h)、住房年龄(A)以及装修水平(h_d)等。统计结果显示,研究期内北京市二手房房屋面积平均为 76.9 m²,楼龄平均为 15.3 年,房价平均为 10 700 元/m²(2006 年价格)。

新房数据是由中国房地产指数系统提供的 2006—2008 年在北京市出售的所有新住宅小区,包含了平均交易价格和房屋属性信息。经过数据整理后,共有大约 1200 个新建商品住宅小区(图 3-8)。对于每个小区,可以知道其销售时间、地理位置、平均交易价格以及小

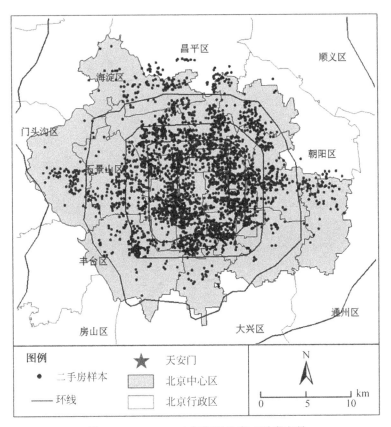

图 3-7 2006—2008 年期间北京二手房交易

区平均的房屋物理属性[①]的信息,包括平均建筑面积(S_h)、建筑群总层数(f_c)等。统计结果显示,研究期内北京市新建住宅的面积平均为 117.58m²,价格(p_h)为 12 200 元/m²(2006年价格),都要明显大于二手住房。

研究中我们主要关注轨道交通站点和重点小学这两项最重要的地方公共品[②]。北京共有 40 所公立重点小学[③]。与中学不同,小学一般是就近上学。人们一般认为这 40 所重点

---

① 价格和面积数据仅从已实际交易单元中获得,不包含未交易单元。
② 住房市场的许多研究认为,公园和休闲娱乐场所也带来了房屋溢价。在本书中没有展示的结果中,有将政府列表中有的公共公园纳入分析,但并没有发现公园会影响房价。通过分析,怀疑有两个原因可能导致公园影响小。首先,公园名单只包含主要公园,不包括许多较小规模的社区公园/娱乐区。其次,许多公共公园是具有国家重要性的历史遗产,作为主要旅游景点。这些公园有可能在为邻近社区带来文化和环境设施的同时,也导致当地社区出现拥挤、噪声和其他干扰。
③ 几乎所有孩子上的都是公立学校。只有小学是严格按学区录取学生。

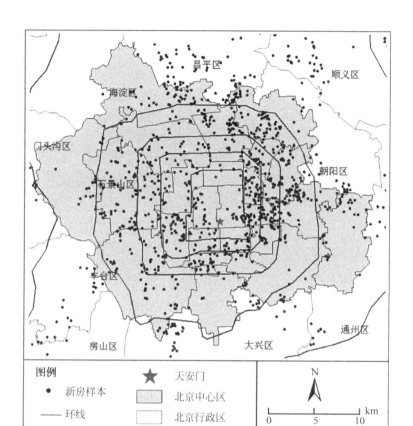

图 3-8　2006—2008 年期间北京新建商品住宅小区

小学的质量比其他学校要好很多①。通过计算,我们得到了每个单元/小区到最近地铁站的距离(d_s)和到最近重点小学的距离(d_e)。图 3-9 为北京地铁线路和重点小学的空间分布情况。我们使用区域固定效应来控制其他随空间变化的宜居性设施。表 3-5 为所有变量的汇总统计。

---

① 北京的 40 所重点小学仅占总体的很小比例(7.3%),但与其他小学对比质量高很多。理论上来说,小学质量是一个连续性变量,但是诸如每个学生的花费、师生比、考试成绩等信息都无法公开获得。不过,有教育机构专门设计了调查问卷,向公众调查大家认为北京哪所小学最好,并附上了北京教育局 20 世纪 50 年代后期制定的重点小学名单。考虑到教育公平性,在 2000 年北京废除了重点小学政策,在此之前,这些小学从教育部得到了更好的资源。但即使是在废除政策的 10 年后,这些学校仍被大众认为是最好的,它们长期在配套设施、师资和知名度上的投资,使得它们在家长心中一直维持高质量的影响力。

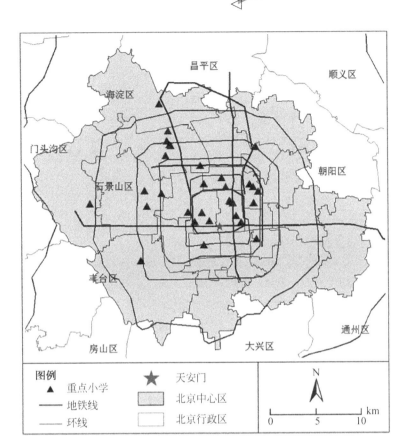

图 3-9 北京地铁线路和重点小学的空间分布情况

表 3-5 变量描述性统计

变量名	定义	样本数	均值	标准差	最小值	最大值
二手房样本						
p_h	交易价格/(元·m^{-2})	13 188	10 672.56	3022.85	3133.79	33 186.32
s_h	住房面积/m^2	13 188	76.88	31.64	20.84	199.90
h_d	装修水平,其中 1 代表没有装修过;2 代表简单装修;3 代表中等级别的装修;4 代表完全装修好	13 188	3	1.04	1	4
A	房龄/年	13 188	15.33	7.36	3.00	40.00

续表

变量名	定义	样本数	均值	标准差	最小值	最大值
d_c	到天安门广场的距离 /km	13 188	8.84	4.33	0.28	25.33
d_e	到最近的重点小学的距离 /km	13 188	2.57	1.77	0.01	11.13
d_s	到最近的地铁站点的距离 /km	13 188	2.45	1.86	0.01	13.52
新房样本						
p_h	平均交易价格/(元·m^{-2})	1129	12 164.35	5634.44	3369.97	45 278.21
S_h	平均住房面积/m^2	1129	117.58	32.72	25.74	195.65
f_l	建筑群总层数/层	1129	17.46	6.99	4.00	55.00
d_c	到天安门广场的距离 /km	1129	10.18	4.08	1.09	21.92
d_e	到最近的重点小学的距离 /km	1129	3.71	2.54	0.01	10.95
d_s	到最近的地铁站点的距离 /km	1129	2.01	1.70	0.02	8.40
其他控制变量						
l_s	每年新增住宅土地供给/km^2	75	0.002	0.003	0.000	0.014
X_{SOE}	国企就业密度/(人·km^2)	25	566.31	569.51	48.18	2023.86

3.2.3 郊区与城区的对比

我们首先参考 Brasington(2002)的做法来考察轨道交通的资本化效应在郊区和城区的差异。Brasington(2002)针对城市郊区和城区资本化效应差异研究的一个隐含假设是,相比于城区,郊区的住房供给更有弹性,因为郊区的可开发土地更多。我们认为,尽管北京的土地出让和土地使用调控是由政府统一决定的,这一假设依旧适用于北京郊区的情况。

针对二手房和新房两个子样本,我们分别使用标准的特征价格模型来测算轨道交通的资本化效应:

$$\ln p_h = \alpha_0 + \alpha_1 X + \alpha_2 C_{pg} + E_{yzf} + \varepsilon \tag{3-15}$$

式中,α_0 为常数项,α_1 为一系列控制变量的系数变量,α_2 为公共物品带来的资本化效应大小,ε 为扰动项。X 是住房的特征属性变量,方程中使用区域固定效应控制区域层面的随时间不变的不可观测变量。对于二手房模型,我们将标准误聚类在住宅小区层面。表(3-6)报告了对模型(3-15)的回归结果,其中第 1~3 列数据为针对二手房样本的回归结果,第 4~6 列数据为针对新房样本的回归结果。从模型的 R^2 来看,特征价格模型大概可以解释二手房房价变化的 50% 和新房房价变化的 40%。第 1 列数据和第 2 列数据分别报告了二手房城区和郊区子样本的回归结果。可以看出,地铁站邻近性给周围房价带来的正溢价效应只有在城区才在统计意义上显著,在城区,与最近地铁站点的距离每增加 10%,城区二手房房价下降约 0.24%。相比,重点小学对周边房价的提升作用在城区和郊区都较为显著。其中,对于郊区的二手房,与重点小学距离每增加 10%,郊区房价下降约 0.32%;对于城区的二手房,与重点小学的距离每增加 10%,城区二手房房价下降约 0.37%。这说明相比于郊区,重点小学带来的正向溢价(与到学校距离呈负相关)在城区更强。第 3 列数据合并了城区和郊区子样本,同时引入了区分城区与郊区的哑元变量 i_n(城区为 1,郊区为 0)和公共品属性的交叉项。此时,两个交叉项的系数都为负值,表示城区的资本化效应更强,但只有地铁交叉项在统计意义上显著,说明地铁站点在二手房中的资本化效应存在显著的空间差异。

相比二手房样本,针对新房样本的实证结果并没有表现出一致的空间异质性。第 4 列数据和第 5 列数据的估计结果显示,地铁站在城区的资本化程度更高(房价-地铁站点距离弹性的绝对值为 0.066)。但重点小学的影响与预期相反,重点小学给新房带来的正向溢价在郊区反而更强,而且统计意义上也更显著:郊区新房房价-小学距离弹性为 -0.139,绝对值 0.139 远大于城区新房房价-小学距离弹性的绝对值 0.054。最后,第 6 列数据为合并样本的回归结果,其中地铁站点与哑元变量 i_n 的交叉项显著为负(房价-地铁站点距离弹性为 -0.093),说明地铁站的资本化效应在城区较强,而重点小学在城郊比较上则没有统计学意义上的显著差异。

我们对北京的城郊比较的结果与 Brasington(2002)的结果非常相似。然而,如前所述,这种简单的分割样本的方法不能区分供给和需求带来的作用,并且存在其他可能的解释,如住宅分类和遗漏变量等。因此,本节接下来的分析将侧重于使用外生性的土地供给来确定土地供给对公共品资本化效应的影响。

表 3-6 市区与郊区的溢价效应对比

变量	二手房			新房		
	郊区样本	城区样本	全样本	郊区样本	城区样本	全样本
	(1)	(2)	(3)	(4)	(5)	(6)
d_c	-0.024***	-0.018***	-0.021***	-0.032***	-0.057**	-0.038***
	(-6.700)	(-3.940)	(-7.330)	(-3.370)	(-2.410)	(-4.240)
$\ln d_s$	0.004	-0.024*	0.005	0.007	-0.066*	0.013
	(0.440)	(-1.890)	(0.590)	(0.460)	(-1.760)	(0.880)

续表

变量	二手房			新房		
	郊区样本	城区样本	全样本	郊区样本	城区样本	全样本
	(1)	(2)	(3)	(4)	(5)	(6)
$\ln d_e$	−0.0315**	−0.0368***	−0.032**	−0.139***	−0.054	−0.129***
	(−2.280)	(−3.960)	(−2.380)	(−3.530)	(−0.690)	(−3.340)
$i_n \times \ln d_s$			−0.027*			−0.093***
			(−1.860)			(−2.650)
$i_n \times \ln d_e$			−0.003			0.061
			(−0.200)			(0.740)
控制变量	是	是	是	是	是	是
年份哑元变量	是	是	是	是	是	是
区域哑元变量	是	是	是	是	是	是
样本数	4752	8436	13 188	770	359	1129
R^2	0.530	0.501	0.538	0.393	0.373	0.428

注：括号内报告的是 t 统计量；***、**、* 分别表示 0.1%、1% 和 5% 的统计显著性水平；控制变量包括 s_h（住房面积）、f_1（建筑群总层数）和 A_{total}（建筑群总面积）；二手房子样本的标准误在建筑群层面聚类调整。

3.2.4　基于 Hedonic-Ⅳ 方法的实证分析

为改进城郊比较方法，我们首先按年份和区域统计了住宅开发用地的出让量。如前所述，土地出让的数量代表了各区域的土地供给和住房市场需求。其次，为解决内生性问题，本研究将使用国有企业改革前的国有制造业就业密度作为城市住宅土地供给变化的工具变量，使用早期国有企业（state-owned enterprise，SOE）的就业密度数据。其核心的逻辑在于，改革前的城市化由工业制造主导，国有企业往往占据了城市的优势区位（Zheng 等，2006）。在 20 世纪 80 年代后期恢复城市土地市场之后，尤其是 20 世纪 90 年代后期国有企业的改革，国有企业中的制造企业逐渐从其原来的优势区位搬离，1999 年底北京市政府公布国有企业搬迁计划：2000 年后的 3～5 年内，四环内的 738 家国有制造企业将搬迁出去①。而这些企业搬迁之前所在的区域就成为潜在新开发土地的重要来源。因此，国有企业在改革前所占用的土地面积可作为土地供给弹性的一个合适的工具变量。但我们无法得知每个企业当时的占地面积，因此使用与国有企业用地面积高度相关的就业信息来构造工具变量。这是因为大多数国有企业都是制造企业，它们在土地-劳动力投入比方面具有一定的同质性。具体来说，我们从 2000 年中国制造业人口普查中计算了 2000 年份区域的国有制造业就业人数，并使用国企就业密度（对数形式，$\ln X_{SOE}$）近似作为由于国企搬迁或倒闭

---

① 见 http://house.focus.cn/news/1999-11-03/654.html。根据计划，四环内工业用地占比将从 8.74% 降至 7%。

所空余出的可开发土地的替代指标。初步的统计结果显示,$\ln X_{SOE}$ 与 2006—2008 年土地出让数量的对数值之间的相关系数为 $0.36(p=0.001)$[①]。

具体的模型设定如下:
$$\ln p_h = \beta_0 + \beta_1 \ln s_1 \times C_{pg} + \beta_2 X + E_{yzf} + \xi \tag{3-16}$$

式中,s_1 是 3 年内(当年和前两年)的区域层面的住宅用地出让面积(km^2)[②],X 是房屋/小区的属性变量。对于二手房模型,标准误在住宅小区层面进行聚类调整。模型中还控制了区域固定效应和年虚拟变量。表 3-7 报告了对房屋价格模型的回归结果,其中第 1 列数据和第 2 列数据为利用二手房样本的估计结果,第 3 列数据和第 4 列数据为针对新房样本的估计结果,我们主要关注土地出让量和公共品可达性的交叉项变量系数的估计结果。

第 1 列数据给出了使用 OLS 的估计结果,其中两个交叉项的系数在统计上都不显著。进一步地,第 2 列数据报告了用 $\ln X_{SOE} \times C_{pg}$ 作为 $\ln s_1 \times C_{pg}$ 的工具变量的二阶段最小二乘法(2 stage least squares,2SLS)估计结果;此时交叉项的系数为正,符合预期——可开发土地越多,公共品的资本化效应越小,但只有重点小学的结果在统计上显著,说明土地供给弹性的提高削弱了重点小学对二手房价格的溢价效应。表 3-7 的最后两行数据报告了 2SLS 的一阶段回归结果[③]。针对二手房模型,与 Ⅳ 相关的两个交叉项的联合 F 检验在 1% 的水平上显著,说明不存在弱工具变量问题。

对于新建住宅小区模型,第 3 列数据 OLS 的估计结果中,土地出让量和地铁可达性的交叉项的系数在统计上显著为正。而在使用工具变量后(第 4 列数据),土地出让量和地铁可达性的交叉项的系数的显著性进一步提高,表明在土地供给弹性高的区位,地铁在房价中的资本化效应越小,这与理论预期相符;但可开发土地与学校邻近性的交叉项在统计上不显著,与第 2 列数据二手房模型的估计结果不同。这可能是因为虽然一些新建的住宅小区位于重点小学附近,但由于学位数限制,它们也可能没有被纳入学区内(Zheng 等,2012),即失去了学区房带来的附加值,导致该新建住宅的房价低于同质的学区房。表 3-7 最后一行数据针对新建住宅模型的一阶段回归结果显示,与 Ⅳ 相关的两个交叉项的联合 F 检验在 5% 的水平上显著,说明工具变量是有效的。表 3-7 的回归结果表明,在土地供给受到限制的情况下,学校和地铁对房价的资本化率要更高。

[①] 本书还探讨了历史人口密度作为土地供给变化的外生原因的可行性,但发现不太可行。在 Glaeser 和 Ward (2009)以及 Glaeser 等(2005a,2005b)的研究中,历史人口密度被用作土地匮乏的外生指标,因为在人口已经密集的地区可开发的土地较少。我们从第三次全国人口普查数据中,获得了 1982 年北京的历史人口密度,该数据是在以 1984 年的《城市规划条例》和 1989 年的《城市规划法》作为中国现代城市规划诞生之前的。然而,历史人口密度和房价之间的相关性非常高——与二手房的相关系数为 $0.40(p=0.00)$,与新房的相关系数为 $0.21(p=0.07)$,且历史人口密度和住宅土地出让量之间的相关性弱且不显著$(-0.12,p=0.29)$。历史人口密度与住宅土地出让量相关性较低而与房价高度相关,说明历史人口密度可能不是土地供给弹性的合适的工具变量。北京是一个历史悠久的城市,历史人口密度可能与购房者所期望的城市宜居性设施(如文化环境)高度相关。

[②] 使用 3 年累计住宅土地出让的原因有两个:首先,城区每年的土地出让量很少(25 个区域内出让量不多于 80 个地块);其次,开发商需要 1~3 年来将可开发土地转化为可供给住房(可建好)。

[③] 第 1 列和第 2 列的 Hausman 检验值为 $95.34(p=0.000)$,表示 $\ln s_1 \times \ln d_e$ 和 $\ln s_1 \times \ln d_s$ 的确是内生的。

表 3-7 基于 Hedonic 方法的土地供给对轨道交通溢价效应的影响

变量	住房类型			
	二手房		新房	
	估计方法			
	(1)	(2)	(3)	(4)
	OLS	2SLS	OLS	2SLS
d_c	−0.023***	−0.021**	−0.0415***	−0.051***
	(−7.660)	(−2.480)	(−4.420)	(−4.920)
$\ln d_e$	−0.037***	−0.198***	−0.105**	−0.303
	(−3.540)	(−2.850)	(−2.260)	(−1.070)
$\ln d_s$	−0.001	−0.244	−0.069**	−0.467***
	(−0.10)	(−1.540)	(−2.150)	(−3.190)
$\ln s_1 \times \ln d_e$	0.000	0.017***	0.001	0.018
	(0.460)	(2.720)	(0.420)	(0.660)
$\ln s_1 \times \ln d_s$	−0.001	0.024	0.005*	0.044***
	(−1.500)	(1.400)	(1.950)	(3.100)
控制变量	是	是	是	是
年份哑元变量	是	是	是	是
区域哑元变量	是	是	是	是
样本数	13 188	13 188	1129	1129
R^2	0.538	0.441	0.424	0.306

第 2 列的一阶段回归：

$\ln s_1 \times \ln d_e = -0.0315 \times d_c - 8.065 \times \ln d_e + 1.521 \times \ln d_s + 1.792 \times \ln X_{SOE} \times \ln d_e - 0.167 \times \ln X_{SOE} \times \ln d_s + C_{cv} + E_f$

joint F test for $\ln X_{SOE} \times \ln d_e$ and $\ln X_{SOE} \times \ln d_s$: 5.17***

$\ln s_1 \times \ln d_s = 0.0554 \times d_c + 3.213 \times \ln d_e - 8.617 \times \ln d_s - 0.302 \times \ln X_{SOE} \times \ln d_e + 2.093 \times \ln X_{SOE} \times \ln d_s + C_{cv} + E_f$

joint F test for $\ln X_{SOE} \times \ln d_e$ and $\ln X_{SOE} \times \ln d_s$: 15.96***

第 4 列的一阶段回归：

$\ln s_1 \times \ln d_e = 0.294 \times d_c - 8.768 \times \ln d_e + 2.056 \times \ln d_s + 2.077 \times \ln X_{SOE} \times \ln d_e - 0.227 \times \ln X_{SOE} \times \ln d_s + C_{cv} + E_f$

joint F test for $\ln X_{SOE} \times \ln d_e$ and $\ln X_{SOE} \times \ln d_s$: 15.94**

$\ln s_e \times \ln d_s = 0.0530 \times d_c + 3.086 \times \ln d_e - 3.955 \times \ln d_s - 0.272 \times \ln X_{SOE} \times \ln d_e + 1.593 \times \ln X_{SOE} \times \ln d_s + C_{cv} + E_f$

joint F test for $\ln X_{SOE} \times \ln d_e$ and $\ln X_{SOE} \times \ln d_s$: 11.30***

注：括号内报告的是 t 统计量；***、**、* 分别表示 1%、5%和 10%的统计显著性水平；使用 3 年内累计用于出租的土地供给作为每年新增住宅土地供给（km²）；$\ln s_1 \times \ln d_e$ 和 $\ln s_1 \times \ln d_s$ 的工具变量分别是 $\ln X_{SOE} \times \ln d_e$ 和 $\ln X_{SOE} \times \ln d_s$；二手房子样本的控制变量包括 s_h、A 和 h_d，新房子样本的控制变量包括 S_h 和 f_1。二手房子样本的标准误在建筑群层面聚类调整。

如本书第二章所述,由于邻近住房往往共享类似的宜居性设施或社会人口特征(Anselin 和 Bera,1998),因此房价的空间相关性也非常明显(Brasington 和 Haurin,2006;Cohen 和 Coughlin,2008;Carruthers 和 Clark,2010;Bin 等,2011)。忽略这种空间相关性可能会导致系数估计值有偏差。为解决这一问题,我们采用空间工具变量回归,在被解释变量和扰动项中引入空间自回归过程(Drukker 等,2013),具体的模型形式设定如式(3-17)和式(3-18):

$$\ln p_h = \beta_0 + \beta_1 C_{pg} \ln l_s + \beta_2 X + \lambda W \ln p_h + E_{yzf} + \mu \quad (3\text{-}17)$$

$$\mu = \rho W \mu + \varepsilon \quad (3\text{-}18)$$

式中,W 为住宅小区空间距离倒数矩阵[①];$W\ln p_h$ 和 $W\mu$ 是空间滞后的房价和扰动项,λ 和 ρ 是它们相应的估计参数,X 表示房屋/小区的属性变量。

理论上,空间自回归过程可能存在于房价和(或)影响房价的不可观察的变量中。为了确保估计结果的稳健性,我们同时报告了 3 种可能的空间自回归过程的结果:仅被解释变量、仅扰动项或两者皆有。由于二手房的样本规模太大,无法有效估计这种空间 IV 模型,因此我们在小区层面上对二手房属性进行汇总,然后进行小区层面的模型估计[②]。

表 3-8 报告了空间工具变量模型的回归结果,其中第 1~3 列数据为二手房模型回归结果,第 4~6 列数据为新房模型回归结果。整体来看,采用不同的空间自回归过程设定得到的结果没有明显差异,而且与表 3-7 的 2SLS 回归结果相似。但考虑空间相关性后,交叉项系数有所减少,说明在不考虑房价的空间相关性时可能会高估土地供应弹性对公共品资本化效应的影响。

表 3-8　空间 IV 模型的自回归结果

变量	二手房			新房		
	(1)	(2)	(3)	(4)	(5)	(6)
	被解释变量	扰动项	被解释变量和扰动项	被解释变量	扰动项	被解释变量和扰动项
d_c	−0.023***	−0.023***	−0.022***	−0.046***	−0.051***	−0.047***
	(−10.710)	(−10.690)	(−10.750)	(−5.590)	(−5.740)	(−5.640)
$\ln d_e$	−0.0600***	−0.0753***	−0.0615***	−0.112***	−0.170***	−0.112***
	(−3.730)	(−4.320)	(−7.170)	(−3.300)	(−3.580)	(−3.280)
$\ln d_s$	−0.041***	−0.043**	−0.041***	−0.317***	−0.479***	−0.324***
	(−2.640)	(−2.310)	(−2.720)	(−2.870)	(−3.080)	(−2.890)
$\ln l_s \times \ln d_e$	0.002	0.004**	0.006***	0.001	0.014	0.001
	(1.440)	(2.260)	(3.540)	(0.200)	(1.400)	(0.200)
$\ln l_s \times \ln d_s$	0.002	0.002	0.003	0.029***	0.045***	0.030***
	(1.160)	(1.010)	(1.470)	(2.780)	(3.020)	(2.800)

---

① 本书中矩阵采用白斜体表示。
② 每年每个小区的平均二手房销售数量为 3.45 套。

续表

变量	二手房			新房		
	(1) 被解释变量	(2) 扰动项	(3) 被解释变量和扰动项	(4) 被解释变量	(5) 扰动项	(6) 被解释变量和扰动项
控制变量	是	是	是	是	是	是
年份哑元变量	是	是	是	是	是	是
区域哑元变量	是	是	是	是	是	是
样本数	3819	3819	3819	1129	1129	1129
λ	(0.001)	—	-0.001^*	(0.005)	—	(0.008)
	(−0.590)		(−1.840)	(−0.600)		(−0.650)
ρ	—	0.090	-0.361^{**}	—	0.378	0.312
	—	(0.530)	(−2.01)	—	(1.630)	(1.450)

注：括号内报告的是 t 统计量；***、**、* 分别表示 1%、5% 和 10% 的统计显著性水平；$\ln l_s \times \ln d_e$ 和 $\ln l_s \times \ln d_s$ 的工具变量分别是 $\ln X_{SOE} \times \ln d_e$ 和 $\ln X_{SOE} \times \ln d_s$；二手房子样本的控制变量包括 s_h、A 和 h_d；新房子样本的控制变量包括 S_h 和 f_1。

3.2.5 基于重复交易方法的实证分析

接下来，我们使用重复交易方法来对土地供给弹性和地铁资本化效应的关系进行检验。具体的数据处理与本书 2.2 节相同。与模型(3-6)类似，我们在模型(2-2)的基础上引入土地供给弹性与地铁可达性变量的交叉项：

$$\Delta \ln r_i = \Delta \alpha_0 + \alpha_1 \Delta \ln d_{si} + \alpha_1' SE_i \Delta \ln d_{si} + \alpha_2 \Delta \ln l_i + \sum \beta_j \Delta y_j + \sum \chi_k \Delta m_k + \varepsilon_i \tag{3-19}$$

式中，β_j、χ_k 分别为年份和月份虚拟变量的系数，$\sum \beta_j \Delta y_j$ 为年份固定效应，l_i 为租期(d)，$\sum \chi_k \Delta m_k$ 为月份固定效应，分别用来控制租房市场的时间趋势特征和季节性变化特征。

SE_i 为住房单元 i 所处的住房市场供给弹性，主要受到可开发土地数量、当地住房政策及与建设成本相关的当地地理条件的影响。在内部政策一定(intra-jurisdictional)和地理条件同质的假设下，我们将可开发土地的数量近似作为住房供给弹性。同样地，我们主要关注交叉项 $SE \times \Delta \ln d_s$ 系数的估计结果。

表 3-9 的第 1 列数据报告了对模型(3-19)的回归结果，其中交叉项 $SE \times \Delta \ln d_s$ 的系数为 1.978，表明在住宅土地供应量越多的子市场，地铁在租金中的资本化效应越小。但是该结果在统计上并不显著。Hausman 检验结果显示，模型(3-19)中的交叉项与租金之间存在显著的内生性问题，这可能是导致估计结果不显著的原因。进一步分析，我们使用 $X_{SOE} \Delta \ln d_s$ 作为 $SE \times \Delta \ln d_s$ 的工具变量来消除住房需求端的影响。统计检验显示，上述 IV 能够通过弱工具变量检验。表 3-9 第 2 列数据报告了工具变量模型的回归结果。此时，

地铁可达性系数和交叉项系数仍然为正,但在统计上变得显著。这一结果表明,当子市场的住房供应变得有弹性时,租金的地铁距离弹性或 $\Delta \ln d_s$ 和 $SE \times \Delta \ln d_s$ 加和效果将会显著减小,即在住房供给充足时,地铁可达性对租金的溢价效应会被削弱,该结果与之前使用 Hedonic 方法得到的结论一致。此外,$\Delta \ln d_s$ 的系数值为 -0.121,表明在住房供给完全无弹性(即交叉项的影响为零时)的子市场,租金的地铁距离弹性为 -0.121。

与表 3-8 类似,我们进一步使用空间自相关模型估算上述结果,如表 3-9 的第 3~5 列数据所示。可以看出,不同的空间相关性设定对于结果的影响非常小,同时考虑了租金的空间相关性后,模型中各变量系数的估计结果没有显著变化,验证了实证结果的稳健性。

表 3-9　基于重复交易方法的土地供给对轨道交通溢价效应的影响

(被解释变量:$\Delta \ln r$)

变量	(1) OLS	(2) 2SLS	(3) SAR-IV	(4) SEM-IV	(5) SDM-IV
$\Delta \ln l$	0.026***	0.026***	0.026***	0.026***	0.026***
	(0.001)	(0.001)	(0.001)	(0.001)	(0.001)
$\Delta \ln d_s$	−0.053*	−0.121*	−0.122**	−0.121**	−0.118**
	(0.023)	(0.044)	(0.043)	(0.043)	(0.043)
$SE \times \Delta \ln d_s$	1.978	4.475*	4.514*	4.457*	4.332*
	(1.438)	(1.866)	(2.184)	(2.184)	(2.181)
Δy 哑元变量	是	是	是	是	是
Δm 哑元变量	是	是	是	是	是
常数项	−0.019***	−0.008***	−0.008*	−0.008*	−0.008*
	(0.001)	(0.001)	(0.003)	(0.003)	(0.003)
ρ			−0.078***		−0.009*
			(0.013)		(0.005)
λ				0.065***	
				(0.001)	
样本数	22 247	22 412	22 412	22 412	22 412
Adj. R^2/R^2	0.498	0.356	0.357	0.357	0.358
Log likelihood			29 422	29 421	29 447
AIC			−58 802	−58 800	−58 816
BIC			−58 634	−58 632	−58 503

注:括号内报告的是稳健标准误,第 1 列数据和第 2 列数据的标准误在住房层面进行聚类调整;***、**、* 分别表示 0.1%、1% 和 5% 的统计显著性水平。

3.2.6　小结

已有的来自发达国家的理论和研究表明,住房供给限制不仅改变了住房供给情况,还增加了房价对公共品的敏感性,由此导致了房价上涨。本节研究使用北京的住宅用地出让数据和全面的住房交易数据（新房、二手房和租房）证明了这个结论，是最早的、在政府集权且没有物业税情况下，对供给约束和地方公共品资本化率之间关系的研究。与大多数现有研究不同，本书的研究范围为一个城市辖区内，这避免了由于政策差异所带来的潜在偏差。应注意的是，由于土地属于政府，土地出让是地方政府收入中的重要部分，因此土地出让的决定是内生于市场需求的。为识别北京土地可用性的外生变化，我们使用国有企业改革初期的国有制造业就业密度作为工具变量。本节研究使用特征价格法、重复交易法、空间计量技术都得到了稳健的研究结论，即在土地供给弹性越大的地区，地方公共品在房价中的资本化效应将被显著削弱。

当然，本节的研究也存在局限性。国有制造企业的历史就业情况在一定程度上说明国有企业制造企业使用土地的情况。但由于其可能与社区属性（如文化、历史遗产和当地人口构成）相关，因此可能不是完全外生的。此外，由于数据的局限性，我们的研究期相对较短，25 个区域的划分也隐含了一定的主观性。因此，本研究只是初步探讨了快速扩张的中国城市中，土地供应对住房市场的影响。在未来的研究中，希望能够通过更大的样本、更长的研究期和更专业的区域划分以验证结果的稳健性。

3.3 结论及政策建议

本章研究聚焦于轨道交通建设与土地开发格局的互动关系，对于城市土地利用和公共品的空间布局具有一定的政策价值。

首先，鉴于轨道交通站点对周边土地开发概率和开发强度的正向影响，政府可以考虑设定较高的容积率，并随着与站点的距离增大而适当调低容积率，放松原有对轨道交通站点周边土地利用强度的管制，形成与轨道交通周边土地价格空间结构相适应的土地开发强度空间动态管制方案，以提高城市空间利用效率。

其次，土地供给对住房可支付性的影响已经被广泛讨论，特别在北京等特大城市，土地供给的影响更加明显。由于历史原因，很多国企及其他组织占用了城市里的优势区位，但这些空间区位对于提升企业的生产力作用不大。在中国城市内部结构快速转型的同时，地方政府应消除国企搬迁的制度障碍，提高土地使用效率。

最后，由于城区住房价格的空间变化受到公共服务水平的影响，因此公共品可能会引起城区内的居住分异和隔离。例如，在土地供给限制较大（通常更贵）的地方提高公共服务水平，可能会进一步增大该区域与其他区域的房价差异，在不增加住房供给的情况下，这将使得很少的人能承担得起高服务质量区域的房价。因此，提供高质量的当地公共品，或在公共品易得性高的地方，提供更多的土地，不仅能够为扩张越来越难的城市或地区带来更多的土地出让收入，还可以提高人们的福利水平。

参 考 文 献

[1] ANSELIN L, BERA A K. Spatial dependence in linear regression models with an introduction to spatial econometrics[J]. Statistics Textbooks and Monographs,1998,155: 237-290.

[2] BARTHOLOMEW K, EWING R. Hedonic price effects of pedestrian-and transit-oriented development[J]. Journal of Planning Literature,2011,26(1): 18-34.

[3] BIN O, POULTER B, DUMAS C F, et al. Measuring the impact of sea-level rise on coastal real estate: A hedonic property model approach[J]. Journal of Regional Science,2011,51(4): 751-767.

[4] BRASINGTON D M. Edge Versus Center: Finding common ground in the capitalization debate[J]. Journal of Urban Economics,2002,52(3): 524-541.

[5] BRASINGTON D, HAURIN D R. Educational outcomes and house values: A test of the value added approach[J]. Journal of Regional Science,2006,46(2): 245-268.

[6] BRASINGTON J, LANGHAM J, RUMSBY B. Methodological sensitivity of morphometric estimates of coarse fluvial sediment transport[J]. Geomorphology,2003,53(3-4): 299-316.

[7] BRASINGTON, DAVID M. Demand and supply of public school quality in metropolitan areas: The role of private schools[J]. Journal of Regional Science,2000,40: 583-605.

[8] CARRUTHERS J I, CLARK D E. Valuing environmental quality: A space-based strategy[J]. Journal of Regional Science,2010,50(4): 801-832.

[9] COHEN J, COUGHLIN C C. Spatial hedonic models of airport noise, proximity, and housing Prices [J]. Journal of Regional Science,2008,48: 859-878.

[10] DRUKKER D M, PRUCHA I R, RACIBORSKI R. A command for estimating spatial-autoregressive models with spatial-autoregressive disturbances and additional endogenous variables [J]. The Stata Journal,2013,13(2): 287-301.

[11] EDEL M, SCLAR E. Taxes, spending, and property values: Supply adjustment in a Tiebout-Oates model[J]. Journal of Political Economy,1974,82(5): 941-954.

[12] GOODMAN, ALLEN C. Housing markets within urban areas: Definitions and evidence[J]. Journal of Regional Science,1981,21(2): 175-185.

[13] HENDERSON J V. Community development: The effects of growth and uncertainty[J]. American Economic Review,1980,70(5): 894-910.

[14] HENDERSON J V. The Tiebout model: Bring back the entrepreneurs[J]. Journal of Political Economy,1985,93(2): 248-264.

[15] HILBER C A L, MAYER C J. Land supply, house price capitalization, and local spending on schools [J]. Working Paper,2002,No. 392.

[16] HILBER C A L, MAYER C J. Why do households without children support local public schools? Linking house price capitalization to school spending[J]. Journal of Urban Economics,2009,65(1): 74-90.

[17] MAN J Y, ROSENTRAUB M S. Tax increment financing: municipal adoption and effects on property value growth[J]. Public Finance Review,1998,26(6): 523-547.

[18] MICHAELS R G, SMITH V K. Market segmentation and valuing amenities with hedonic models:

The case of hazardous waste sites[J]. Journal of Urban Economics,1990,28(2): 223-242.

[19] NELSON A C. Effects of elevated heavy-rail transit stations on house prices with respect to neighborhood income[J]. Transportation Research Record Journal of the Transportation Research Board,1992,1359: 127-132.

[20] OATES W E. Fiscal decentralization and economic development[J]. National Tax Journal,1993, 46(2): 237-243.

[21] OATES W E. The effects of property taxes and local public spending on property values: An empirical study of tax capitalization and the Tiebout hypothesis[J]. Journal of Political Economy, 1969,77(6): 957-971.

[22] ROSS S, YINGER J. Sorting and voting: A review of the literature on urban public finance[J]. Handbook of Regional and Urban Economics,1999,3: 2001-2060.

[23] SAIZ A. The geographic determinants of housing supply[J]. Quarterly Journal of Economics,2010, 125(3): 1253-1296.

[24] STADELMANN D, BILLON S. Capitalization of fiscal variables and land scarcity[J]. Urban Studies,2012,49(7): 1571-1594.

[25] STRASZHEIM M. Hedonic estimation of housing market prices: A further comment[J]. The Review of Economics and Statistics,1974: 404-406.

[26] SUN W Z, ZHENG S Q, WANG R. The capitalization of subway access in home value: A repeat-rentals model with supply constraints in Beijing[J]. Transportation Research Part A: Policy and Practice,2015,80: 104-115.

[27] YINGER J. Capitalization and sorting: A revision[J]. Public Finance Quarterly,1995,23(2): 217-225.

[28] YINGER J. Capitalization and the theory of local public finance[J]. Journal of Political Economy, 1982,90(5): 917-943.

[29] ZHENG S Q, FU Y, LIU H. Housing-choice hindrances and urban spatial structure: Evidence from matched location and location-preference data in Chinese cities[J]. Journal of Urban Economics, 2006,60(3): 535-557.

[30] ZHENG S Q, HU W Y, WANG R. How much is a good school worth in Beijing? A matching regression approach with housing price-rent comparison[C]. Global Chinese Real Estate Congress (GCREC) 2012 Conference, Macao, China, 2012.

[31] ZHENG S Q, LONG F, FAN C C, et al. Urban villages in China: A 2008 survey of migrant settlements in Beijing[J]. Eurasian Geography and Economics,2009,50(4): 425-446.

[32] ZHENG S Q, SUN W Z, WANG R. Land supply and capitalization of public goods in housing prices: Evidence from Beijing[J]. Journal of Regional Science,2014,54(4): 550-568.

第四章

轨道交通建设的可持续发展融资模式*

　　轨道交通建设在国内多个城市迅速发展,作为一种高效绿色的公共交通方式,其社会效益巨大,可以为周边土地带来显著的溢价效应。截至 2019 年底,中国(不含港澳台地区)共有 40 个城市开通城市轨道交通,运营线路达 208 条,线路总长度 6736.2km,其中地铁运营线路 5180.6km,占比 76.9%。进入"十三五"以来,有 27 个城市轨道交通建设规划获得国家发改委批准,获批项目初步估算总投资额合计约 25 000 亿元,2016—2019 年共完成建设投资 19 992.7 亿元。据不完全统计,2019 年全国城市轨道交通单位运营成本 0.69 元(人·km),运营收入 0.47 元(人·km),全国平均运营收支比为 72.7%[①]。从整体上看,轨道交通建设入不敷出的现象普遍存在,有必要通过某些方式把城市轨道交通溢价的一部分予以回收,以此来补偿巨大的建设费用及运营成本。

　　城市政府所提供的各类公共服务,直接影响着居民在城市中生活的舒适和便利程度,是城市长期发展的动力。本章 4.1 节基于轨道交通建设的受益者分析,详细阐述定量估算城市公共服务的经济总价值的重要性;在此基础上,4.2 节对城市轨道交通溢价回收的理论基础和基本模式进行深入剖析;4.3 节讨论基于税收和"联合开发"的溢价回收模式在我国大陆城市中遇到的法律、制度和其他制约条件,以及目前所采用的溢价回收模式的内在逻辑、局限性和未来发展前景;4.4 节为本章结论。

---

　　* 本章核心内容来源:[1]郑思齐,胡晓珂,张博,等.城市轨道交通的溢价回收:从理论到现实[J].城市发展研究,2014,21(2):35-41. [2]王轶军,郑思齐,龙奋杰.城市公共服务的价值估计、受益者分析和融资模式探讨[J].城市发展研究,2007(4):46-53.

　　① 资料来源:城市轨道交通协会.城市轨道交通 2019 年度统计和分析报告[EB/OL][2020-12-01]. https://www.camet.org.cn/tjxx/5133.

4.1 轨道交通建设的受益者分析

城市的价值大小不仅仅在于其是否有强大的经济实力,更重要的是这个城市能否更有效地提高百姓的生活质量,以及能否更充分地为居住者提供就业和发展的机会。城市公共服务对于提升城市生活质量具有关键作用,城市道路、公共交通、公共场所、公共医疗设施、治安状况以及公共教育资源这些城市公共服务的数量和质量,决定了居民在城市中生活的舒适和便利程度。城市公共服务质量直接关系到城市的长期发展,这是因为城市发展需要吸引和留住足够的优质劳动力,这些劳动力在选择居住城市时,首先就会考虑这个城市的生活质量。城市轨道交通作为城市公共服务中的重要部分,受益者主要包括轨道交通的使用者(乘客)、沿线商家、房产开发商及业主、政府等。

定量估算城市政府所提供的公共服务的经济总价值,是一个重要的理论问题,也具有很重要的公共政策指导意义。

第一,合理估计这些城市基础设施为居民带来的效用和社会总价值,有助于城市政府科学决策其供给规模和供给方式。生产和维护城市公共服务是地方政府的主要职能——通过地方公共财政为城市公共服务融资,并建设和维护这些公共服务。这些公共服务能够提升城市价值和城市竞争力,但它们也都有巨额的成本。以北京为例,在"十二五"期间,北京市基础设施建设累计投入9168亿元,比"十一五"期间增加50%[1],"十三五"期间交通基础设施项目总投资约7505亿元[2]。准确估计和比较城市公共服务建设和维护的成本和收益,是科学评价投资可行性和投资经济效益的基础。

第二,虽然城市公共服务的消费具有非排他性,但在其成本分担上仍应在兼顾公平的同时,实现与利益享受的基本匹配,否则不利于公共服务供给效率的提高。估算城市公共服务总价值的过程能够揭示居民对这些公共服务的需求和意愿支付额,将其与建设和维护成本相对比,探讨承担者融资方式的优劣。目前,我国城市中耗资巨大的基础设施的建设资金来源主要依赖于房地产开发时的一次性土地出让金收入。土地出让金在肥瘦不同的地块上会有所不同,但其差异能否与该地块未来居住者能够享受的公共服务质量相匹配,却是一个非常值得研究的问题。而且房地产开发的周期波动性,也不利于城市公共服务融资来源的稳定。

准确估计城市公共服务的价值并非易事。公共服务具有效用的不可分割性、消费的非竞争性和受益的非排他性等特性(刘玲玲,2000),它向额外消费者提供商品的边际成本为零,而且一个人的消费并不能排除其他人对该物品的消费。公共服务并不在市场上交易(也称为"非市场品",non-market goods),无法观察到它的价格,也就无法应用传统经济学中价

---

[1] 资料来源:北京市"十三五"时期重大基础设施发展规划。
[2] 资料来源:北京市"十三五"时期交通发展建设规划。

格与意愿支付额之间的直接关系,找到城市公共服务对于城市居民的效用和价值(Bartik 和 Smith,1987)。这种显著的外部效应(externalities)特征和非市场品特征为其定价带来了很大的困难。我们显然不能简单地用公园门票、地铁车票的金额来度量这些公共服务的经济总价值。

如何定量估计政府公共服务的价值?本书第二章利用来源于住房市场的微观个体交易数据,实证估算了城市轨道交通系统的隐含价值,即居民通过房价所体现出来的对轨道交通的意愿支付额。这些公共服务的受益者和成本承担者是否匹配?受益者对公共服务的意愿支付额是否合理转移至成本承担者?通过土地市场中公开"招拍挂"的地块信息,我们利用类似的方法观察开发企业是否为享受更多公共服务的地块支付了相应的地价溢价。如果是,则消费者对公共服务消费的支付额,就能够通过开发企业的土地购置行为转移给出资建设和维护这些公共服务的城市政府。如果不是,虽然公共财政在建设和维护这些城市公共服务,但相应的收益却沉淀在了房地产开发企业中,这显然是不合理的。如果上述成本与收益的匹配关系不合理,必然影响城市公共基础设施的融资和供给效率。那么,是否有更为合理的公共服务融资方式?

至此,本书已经能够回答前文所提出的第一个和第二个问题。实证研究表明,在我国城市住宅市场中利用特征价格模型估计居民对城市公共服务的显示性偏好是可行的。以北京为例,居民对于地铁、公交车站、大型公园的偏好已经被显著资本化到房价当中。在影响范围(0.8km)内,地铁站、公交车站和公园分别会使住宅价格升高17.1%、12.4%和6.4%(王轶军等,2007)。这意味着,市场力量已经在城市区位资源的配置中发挥了重要的作用,居民能够通过支付一定的房价溢价,消费其偏好的城市公共服务。这些定量结果可以被用来估计各类城市公共服务带来的社会收益(理论方法是对边际收益与收益范围的乘积进行积分)(郑捷奋和刘洪玉,2003),通过与建设和维护的成本相比较,有助于科学评价投资可行性和投资效益。

尽管如此,城市公共服务的价值并没有被充分资本化到土地价格中。这意味着,城市公共服务使居民享受到了生活上的便利和舒适,房地产开发企业能够因此从住宅价格中获取居民对这些公共服务的意愿支付额,然而作为这些公共服务建设和维护主体的政府(公共财政)却并未能够从土地出让金中获得相应的回报,这些回报被开发企业占有了。

前文所提出的第三个问题具有很重要的公共政策指导意义。目前,我国城市中基础设施的建设和维护资金大部分来源于土地出让收入。然而,城市公共服务的价值信息能够准确地通过住宅价格传递给房地产开发企业,却不能继续传递到土地出让和城市公共服务建设的主体——城市政府,这显然为城市政府理性选择城市公共服务供给量和供给方式带来了障碍。在宏观层面上,这可能会使地方政府没有足够的动机建设那些能够提升住宅价格而不能在短期提升地价的基础设施,信息不充分也会使政府在选择基础设施建设地点、数量和时机时发生错误,导致公共服务供给不足或过剩。

如果我们对这一制度安排做一些改进,就能够在很大程度上解决这一问题。简而言之,物业税(property tax)是以所有存量房地产为征税对象,以存量房地产的价值量(或相似度量指标)为税基所征收的财产税。物业税虽然在名义上是对住房征税,但在本质上是住房所有者为享受和消费各种城市公共服务所支付的费用,这是因为这些公共服务的价值已经被资本化到了房地产价值当中,从城市公共服务中受益较多的住宅,自然要交纳较高的物业税。物业税收入被政府用于建设和维护这些公共服务。

在物业税实施之后,城市公共服务的融资模式将发生变化,物业税收益将依赖于居民对公共服务的意愿支付额在房价中资本化的额度。通过这种制度安排,信息能够直接从城市公共服务的需求者——居民,传递至这些公共服务的供给者——城市政府,从而形成对城市政府提供公共服务的更有效的激励动机,并有助于其合理确定供给时机、地点和规模。

另外,土地出让收入的不稳定性也是这种公共服务融资方式的另一大缺陷。虽然目前我国正处于城市土地开发高潮期,土地出让收入对于城市政府而言是很重要的公共财政来源,但在未来的城市增长平稳期,增量开发的比重会越来越小,那时土地出让收益所能发挥的作用也会下降。因此,长期依赖土地出让收益作为公共服务建设和维护资金来源是不现实的。物业税的推行将使地方财政收入依赖于长期的、更为稳定的住宅价值,减少公共财政收入的波动性,鼓励城市政府不仅关注基础设施的初始建设,也关注这些设施的长期经营和维护。

4.2 城市轨道交通溢价回收的理论基础和基本模式

伴随着我国城镇化水平的快速推进,城市人口迅速增长,私家车拥有率也快速上升,交通拥堵和随之形成的空气污染已经成为困扰许多大中城市的"城市病",大力发展公共交通是这些城市的必然选择。轨道交通具有快速、准时、运量大和绿色环保等特点,是最受青睐的一种公共交通形式。众所周知,轨道交通的投资巨大(约 5 亿元/km),运营成本也很高,如果单纯依靠运营期间的票价收入,根本无法平衡运营成本,更不用说回收建设投资了。实际上,轨道交通作为一种典型的地方公共品(local public goods),其巨大的社会效益凝聚在了周边的土地溢价上,形成典型的正外部性(positive externality)。由于轨道交通的存在,周边区位的交通可达性大大提升,人们愿意为居住和工作在轨道交通站点周围支付更高的区位溢价,带来土地增值。这部分增值并非由土地所有者或使用权者创造,而是由公共投资创造,因此如何设计合理的溢价回收(value capturing)模式,将这个正外部性内部化,来补偿巨大的建设和运营成本,是许多国家和地区在建设轨道交通过程中不断探索的重要问题。

溢价回收的概念并不局限于轨道交通建设,它最早来源于土地价值领域的公平分配原则。1871 年,Mill 在起草土地改革纲领时,提出"不劳而获的土地增值"应该归国家所有。美国经济学家亨利·乔治(Henry George)认为,土地增值源于人口进一步集聚和生产的需求,而非某个人的劳动或者投资所引起,因此土地溢价应该归全社会所有(Stopher,1993;Rybeck,2004;Smith 等,2006)。基于这种理论,轨道交通所引起的土地增值收益,应该进行合理回收,即"溢价归公"。

在轨道交通建设中,溢价回收更准确的理论基础是负担原则。1941年英国著名的"厄斯沃特"报告(Uthwatt Report)指出,城市规划对于土地价值的影响在于开发利益空间性分配和再分配。在规划使得某些土地获得增值的同时,其他土地也会因为规划而利益受损,基于公平性的原则,必须在这两者之间建立补偿机制和利益平衡机制(王郁,2008)。基于负担原则,由于轨道交通建设而享受了正外部性(土地溢价)的利益各方应当补偿轨道交通成本的负担方,即由后者实现"溢价回收"(Hayashi,1989)。

国际上主流的回收模式有以下两种。第一种是以美国为代表的征收土地价值税的溢价回收模式。亨利·乔治在其代表作《进步与贫困》中积极提倡"土地价值税"的思想,书中强调,应对不劳而获的资源占有以征收单一税的方式,征收其收益归公共所有。1996年诺贝尔经济学奖获得者威廉·维克瑞(William Vickrey),不但提倡对沿线物业的部分增值进行课税,还赞成将回收的资金专项用于投资轨道交通建设和运营。在国际上,洛杉矶地铁是第一次成立轨道交通专项资金为地铁建设筹资,也第一次系统地尝试用溢价回收模式来解决轨道建设融资的困难。1982年,洛杉矶通过了修建18英里(28.97km)地铁线的方案,预算超过30亿美元。在联邦和地方政府承担95%的预算之后,地铁建设资金仍然有5%的缺口,总计1.7亿美元。为此,洛杉矶地方政府为地铁建设成立专门的基金会,资金来源于因地铁增值而产生的税收。征收土地价值税的课税对象包括整个都市圈和在地铁建设中特别受益的居民和商业物业。交通建设部门在地铁沿线建立受益评估区,向受益区内的业主征收附加税。受益评估区的范围为CBD区域内距地铁沿线0.5英里(0.81km)以内,CBD区域外距地铁沿线1/3英里(0.53km)以内。通过税收机制,洛杉矶交通建设部门填补了上述地铁建设的资金缺口。印度等国家正在学习这种基于税收的溢价回收模式。刘穷志和谢颖(2018)围绕武汉市轻轨1号线和地铁2号线进行分析研究,检验了轨道交通的溢价效应,并提出若通过税收增额融资方式进行溢价回收,武汉市轨道交通部门将基本实现盈亏平衡。

第二种是以中国香港为代表的联合开发模式。联合开发指将轨道交通和轨道交通沿线物业捆绑起来进行统一开发,即在建设轨道交通的同时,将站点及周边沿线的土地进行系统地、高密度地开发。这种开发模式充分利用轨道交通与沿线物业的反馈机制,通过轨道交通建设的空间效应和时间效应,带动周围住宅地产的开发和商业物业的繁荣;同时,房地产开发所得到的收益又可以分担轨道交通的建设成本和弥补经营亏损(赖轶峰,2008;郑思齐,2012)。在香港的联合开发模式中,港铁公司在地铁建设前期就以地区可持续发展的战略眼光和审慎的商业原则,获得地铁沿线有关车站、车场、上盖或周边地区的开发权,然后与开发商签订协议。开发商以自负盈亏的方式,按照地铁公司所定的开发标准,兴建有关物业及向政府缴付地价,物业出售或者后期运营过程中所得的利润则由双方"五五分成"。通过地铁沿线高密度的物业开发,港铁公司成为目前少数不依赖于政府补贴而盈利的地铁公司。资料显示,香港50%的轨道交通采用与周边土地捆绑式开发的方式建成,2009年港铁公司的总盈利为96亿元,其中地铁运营自身的净利润约为32亿元,而地铁物业开发的净利润为

64亿元,达到总盈利的2/3(周建非,2003)。

以上两种模式都能保证轨道交通带来的土地溢价的有效回收。相比之下,香港联合开发的溢价回收模式充分引入私营企业力量,简单高效,但该模式需要相配套的土地制度保证私营企业能够获得轨道沿线土地的开发权;美国基于税收的溢价回收模式尽管不需要给予轨道建设运营企业任何土地开发权,但是需要依据轨道沿线实际溢价水平和溢价区域制定相应的税收政策。无论如何,城市轨道交通周边存在溢价效应是实现"溢价回收"的前提基础和必要条件。但如果这个必要条件被证明在某些城市是成立的,那么这些城市是否能够真正建立有效的"溢价回收"机制呢?这个从理论到现实的过渡并不是那么简单,而是受到一个国家或地区在法律体系、土地和税收等多项制度的制约。

4.3 中国城市在溢价回收上的实践道路与制度约束

尽管近15年来的大量实证研究已经表明,中国城市轨道交通为周边土地带来了明显的溢价效应,并且溢价效应的规模还相当大,但4.2节所提到的两种国际上普遍的溢价回收模式实际上并未在中国城市中发展起来。这里我们讨论两种溢价回收国际模式在中国城市中遇到的法律、制度和其他制约条件,以及目前所采用的溢价回收模式的内在逻辑、局限性和未来发展前景。

1. 国际溢价回收模式在中国遇到的制约条件

在目前国内土地与房产相关税收制度下,基于税收的溢价回收模式难以实行。目前,我国土地税主要包括(城镇)土地使用税、耕地占用税以及土地增值税三大类。其中,(城镇)土地使用税对土地保有环节进行征税,属于从量定额征收的一种财产税,且不同城市的不同区域的土地适用不同税率,但税率较低,税收收入并不能平衡轨道交通所带来的增值。以北京为例,适用税率为$1\sim 30$元/($m^2 \cdot$年),若轨道交通沿线按照最高限额征收,以两侧影响范围分别为1000m估算,则每米轨道交通沿线土地每年使用税仅有6万元。而地铁每千米建造成本约5亿元,每年的土地使用税仅占建造成本的12%。而土地增值税作为另一种重要的土地税种,对土地或者房产流转环节进行征收,虽然税收额度大于土地使用税,但是税源并不稳定。除了土地税以外,土地溢价同样可以通过房产相关税收进行回收。但是,目前房产相关税收主要来源于流转环节,虽然针对存量房产征收的房产税自1986年《房产税暂行条例》已经开始实施,但是始终规定对个人所有非营业性房产免征房产税,使得地方政府财政收入中来自于房产税的比重始终较低。2010年全国房产税收入约为894亿元,仅占地方财政收入的2.73%,此前几年这一比例也从未超过3%。2011年1月,上海市和重庆市率先开始试点对一部分个人所有的非营业性房产征收房产税,但均规定针对高端住房或者二套房进行征收。虽然政府正在积极研究房产税向其他城市的推广方案,但很有可能是对于居民的首套房(或低于一定住房面积的住房)免税,所以征税范围不会很大,并且不太可能针对地铁周边区位制定特殊的征税规则(刘洪玉等,2012)。2015年的第十二届全国人大常委会正式将房地产税纳入立法规划,2020年5月11日中共中央、国务院发布关于新时代加快完善社会主义市场经济体制的意见提出稳妥推进房地产税立法,房地产税势在必行。

联合开发的溢价回收模式在中国面临的最棘手问题是轨道交通建设沿线的土地取得方式约束。《土地法》及国土资源部相关的部门规章规定,经营性用地必须通过招标、拍卖或挂牌等方式向社会公开出让国有土地。在对轨道交通沿线土地进行商业物业及住宅开发时,其土地性质自然是属于经营性用地,因此必须通过"招拍挂"的程序,而不能通过协议出让的形式处理。实际上,能够实现联合开发模式的关键是轨道交通建设运营企业能够有较大的自主权选择与之合作的站点周边土地开发企业,并通过协商确定成本分担和利益共享的格局。联合开发不仅有助于实现外部效应内部化,而且还可以使轨道交通的客流与物业开发的客流形成良性互馈,促进城市职住平衡,优化城市空间格局(盛来芳,2012;邢彦林等,2019)。在目前"招拍挂"制度下,众多房地产开发企业通过竞标获得周边土地开发权,轨道交通建设企业没有这种自主权,而成功获得土地开发权的开发企业一次性向城市土地管理部门缴纳土地出让金,也不会与轨道交通建设运营企业有资金往来。

2. 国内现行溢价回收方式及其问题

尽管上述两种国际上比较常见的溢价回收模式并未在中国大部分城市中广泛实行,但轨道交通所带来的土地溢价并非没有被"回收"。实际上,地方政府通过"招拍挂"方式出让已建成、在建或规划的轨道交通站点附近的地块,也实现了溢价回收。只不过是这部分溢价以土地出让金的形式回到地方政府的"左口袋"中,然后地方政府再从"右口袋"中拿出一笔经费来投资建设地铁或补贴地铁运营。

那么为什么不把"左口袋"和"右口袋"打通,给地铁建设企业更多的自主空间以促成联合开发模式的实现呢?可能中央和地方政府有如下考虑:第一,轨道交通投资额和带动的土地增值额都是巨大的,在缺乏细致的法律规则、严格的执法程序以及透明的监督机制时,很可能会形成巨大的寻租空间。而目前这种"左右口袋分开"的做法,起码对于一进一出的资金额度是更容易计量和监管的。第二,对于轨道交通所带来的溢价效应到底有多大,哪些是直接效应,哪些是商业繁华度提高等间接效应,尚缺乏公认的精确计量方法。尽管学者进行了大量的研究,但在实证结果上并不完全一致,并且从学术研究成果过渡到实际政策仍然需要谨慎的设计和评估。因此,如果实行联合开发,也难以评判地铁建设企业和房地产开发企业的成本分担和利益共享机制是否合理,公共利益是否受到损害。

但是目前中国城市中所实行的以土地出让来回收轨道交通溢价的方式,在可持续性上存在较多的问题。第一,土地出让收入是一次性发生的,与当时的轨道交通建设情况和房地产市场景气情况有很大关系。如果土地出让发生在轨道交通建设之前的较长时间,或者当时的房地产市场不够景气,很可能溢价效应还未形成或者规模较小,这时土地价值并未实现最优溢价水平,这时出让就会损失较多的溢价。当然,如果土地出让的时机正是房地产市场繁荣甚至过度繁荣的时期,地方政府就能回收更多的溢价。这种波动性不利于保证溢价回收的稳定性,而且,任何政府和企业都无法准确预测将来二三十年的情况,这种一次性的做法对各方都可能不公平,应有动态调节机制分享收益和分担风险(柯永建和王守清,2009)。第二,轨道交通的运营期非常长,而土地出让仅在建设期的最初时点一次性发生。由于目前土地出让金成为地方政府的主要财源和城市建设资金来源,因此往往本届政府所回收的轨道交通溢价往往会在任期内被很快用于各类城市建设投资,这显然不利于地铁运营资金来源的持续性。

相比之下,国际上的两种典型溢价回收模式都是要形成长期稳定的现金流(包括税收现金流,或者联合开发建设的商业物业租金现金流等),来偿还地铁建设投资的贷款以及支付运营成本。

3. 一些城市的新尝试和前景探讨

目前中国一些城市也逐步意识到通过出让土地一次性回收溢价,以及土地溢价与地铁建设成本脱钩所产生的问题,并开始进行一些创新。例如,在南京的地铁建设中,地铁建设公司公开参与土地竞标,实现地铁与沿线部分物业的联合开发。但由于竞争激励,地铁建设公司取得土地的成本较高,使公司初期资本压力增大很多。上海地铁11号线采用公开捆绑招标的方式,提出"站点综合开发",将地铁站点周围的土地设置为"站点交通枢纽专项用地",与地铁车站及配套,由竞标成功的企业进行联合开发。但这种设置进入资质障碍的土地出让方式实际违反了《招标拍卖挂牌出让国有建设用地使用权规定》的第十一条"出让人在招标拍卖挂牌出让公告中不得设定影响公平、公正竞争的限制条件"的规定。以上两种尝试初步具备了"联合开发"的雏形,但并未突破公开"招拍挂"的制度。

2012年1月19日,广东省印发《关于完善珠三角城际轨道交通沿线土地综合开发机制意见的通知》,其中提到,政府可将土地作为资产,以作价入股融资的形式注入地铁公司,通过这个方式地铁公司可以直接通过协议方式取得地铁沿线土地进行开发。这显然比上述两个城市的尝试更进了一步。然而,政府以国有土地所有权入股地铁公司同样面临一些困境,例如,政府以多少股权比例入股、以什么方式持股、如何分享运营期土地开发的收益和分担风险等,特别是入股土地的价值的计算。当然,如果能设计出动态的收益分享和风险分担机制,以及财务透明机制,还是可以做到计算比较准确,预防寻租空间和腐败风险,也利于轨道交通可持续化的溢价回收,有利于公平。

2015年3月,北京市出台《北京市人民政府关于创新重点领域投融资机制鼓励社会投资的实施意见》,明确了北京新机场线、燕房线、17号线和3号线等17条轨道交通新线全部向社会资本开放。2014年4月,上海市出台《关于推进上海市轨道交通场站及周边土地综合开发利用的实施意见(暂行)》,明确了上海市轨道交通场站及周边土地综合开发的主体为区属国资或国资控股公司。2016年10月,上海市又出台了《关于推进本市轨道交通场站及周边土地综合开发利用的实施意见》,在2014年实施意见的基础上进一步明确轨道交通上盖综合开发各方面推进要求,指出轨道交通场站及周边土地的综合开发利用收益用于支持轨道交通可持续发展,轨道交通建设主体所得的综合开发利用收益,优先用于轨道交通建设和运营维护。

2019年，国家发改委共批复郑州、西安、成都三市的城市轨道交通建设规划。截至2019年底，中国内地(不含港澳台地区)共有40个城市开通城市轨道交通，运营线路达208条，线路总长度6736.2km，其中地铁运营线路5180.6km，占比76.9%。已提前完成"十三五"现代综合交通运输体系发展规划目标，到2020年全国城市轨道交通运营总里程预计达到6000km。在如此大规模的地铁建设浪潮中，建立更具有可持续性和公平性的轨道交通溢价回收模式，是推动我国城市地铁建设和保证其长期稳定运营的关键之一，也是实现城市土地和房地产市场良性发展和社会利益最大化的重要路径。这还需要进一步健全土地和税收相关制度，形成更为透明公开的决策机制和公众监督机制以及动态调节机制，并鼓励更多的社会资本参与符合中国制度和市场特点的公私合营模式(public-private-partnership，PPP)。

4.4　总结

城市轨道交通以运量大、效率高和便捷性强为特征，社会效益巨大，能为周边土地带来显著的溢价效应。本章从轨道交通建设的受益者分析出发，深入探究城市基础设施为居民带来的效用和社会总价值，认为居民对城市公共服务偏好的信息并没有被房地产开发企业以地价的形式传递给政府，开发企业成为实际的受益者。以房地产价值作为税基的物业税的征收使信息可以从居民直接传递至城市政府，使城市公共服务的融资模式更为合理。

城市轨道交通带来的溢价是公共投资创造的，国际上普遍采用基于税收和"联合开发"的溢价回收模式，将正外部性内部化，以补偿巨大的建设和运营成本。尽管溢价效应在中国城市中已经普遍形成，但上述两种模式都遇到制度性制约而难以实行。中国目前通过出让轨道交通沿线土地一次性回收溢价的模式，存在不利于轨道交通建设运营可持续发展的若干问题，也有些城市已经开始各种新的尝试来实现更有效的溢价回收，但其效果和可复制性如何仍有待观察。

参　考　文　献

[1] 柯永建,王守清,陈炳泉.私营资本参与基础设施PPP项目的政府激励措施[J].清华大学学报(自然科学版),2009,49(9):1480-1483.

[2] 赖轶峰.论地铁和沿线物业捆绑开发中土地取得法律问题[D].北京:北京大学,2008.

[3] 刘洪玉,郭晓旸,姜沛言.房产税制度改革中的税负公平性问题[J].清华大学学报(哲学社会科学版),2012,27(6):18-26,156.

[4] 刘玲玲.公共财政学[M].北京:清华大学出版社,2000.

[5] 刘穹志,谢颖.特殊受益人为轨道交通付费——理论假设与经验检验:以武汉市轻轨1号线和地铁2号线为例[J].中南民族大学学报(人文社会科学版),2018,38(3):138-143.

[6] 盛来芳.基于交通网络可靠性的城市空间区位分析[J].物流技术,2012,31(7):77-80.

[7] 王轶军,郑思齐,龙奋杰.城市公共服务的价值估计、受益者分析和融资模式探讨[J].城市发展研

究,2007(4):46-53.
- [8] 王郁.开发利益公共还原理论与制度实践的发展:基于美英日三国城市规划管理制度的比较研究[J].城市规划学刊,2008(6):40-45.
- [9] 邢彦林,魏世恩,甄红.香港"城铁一体化"开发模式对城际轨道交通可持续发展的启示[J].铁道标准设计,2019,63(6):22-25.
- [10] 郑捷奋,刘洪玉.深圳市地铁建设对沿线住宅价值的影响[C]//中国房地产估价师学会.2003中国房地产估价学术研讨会论文集,2003:11.
- [11] 郑思齐,胡晓珂,张博,等.城市轨道交通的溢价回收:从理论到现实[J].城市发展研究,2014,21(2):35-41.
- [12] 郑思齐.城市经济的空间结构:居住、就业及其衍生问题[M].北京:清华大学出版社,2012:185-187.
- [13] 周建非.香港地铁建设物业开发模式简介[J].地下工程与隧道,2003(3):43-47.
- [14] BARTIK T J,SMITH V K. Urban amenities and public policy[J]. Handbook of Regional and Urban Economics,1987,2:1207-1254.
- [15] HAYASHI Y. Issues in financing urban rail transit projects and value captures[J]. Transportation Research Part A General,1989,23(1):35-44.
- [16] RYBECK R. Using value capture to finance infrastructure and encourage compact development[J]. Public Works Management and Policy,2004,8(4):249-260.
- [17] SMITH J J, GIHRING T A. Financing transit systems through value capture: An annotated bibliography[J]. American Journal of Economics and Sociology,2006,65(3):751-786.
- [18] STOPHER P R. Financing urban rail projects: The case of Los Angeles[J]. Transportation,1993,20(3):229-250.

轨道交通与城市空间中的职住平衡

职住分离现象由企业和家庭在城市内部的空间选址行为共同决定,是现代城市空间结构发展的必然结果。根据德国统计数据门户网站 Statista 和 Dalia 市场调查公司最新的一项联合调查结果显示,2017 年全球 52 个国家和地区平均的上下班通勤时间为 69min。其中,以色列的平均通勤时间最长,为 97min;日本的平均通勤时间最短,也达到了 39min;中国的平均上下班通勤时间为 57min,在被调查的 52 个国家和地区中排在 44 位。但是,北京、上海等大城市的通勤时间要远远超过全国的平均水平。根据《2018 年中国城市通勤研究报告》显示,2017 年北京、上海和重庆三个城市就业者的单程通勤时间都超过 50min,广州、深圳、天津等城市的单程通勤时间也在 40min 以上。

"职住分离"已日渐成为北京等大城市交通拥堵的主要原因之一。对于城市规划者而言,理解和掌握城市空间结构自身的规律性,即市场微观主体(企业和居民)的选址行为规律,把握城市职住空间关系的形成机制和影响因素,并了解其在空间上存在差异性的原因,无疑比追求城市中各个区域的就业机会数量和居住机会数量的简单相等更具科学性。本章 5.1 节将从城市土地利用要素的空间分布出发,回顾城市空间结构的经典理论,探讨居住与就业空间关系的外在表现和内在经济机制,特别是集聚经济和通勤成本这两个相反经济力量是如何相互作用以决定城市空间结构基本特征的;5.2 节利用北京市人口普查、经济普查以及交通出行大样本调查等数据,对北京市各个街道职住平衡的情况进行测度,旨在构建反映居住与就业实质性匹配的"职住平衡指数",并揭示形成其空间差异性的影响因素和作用机制;5.3 节为本章的结论。

---

* 本章核心内容来源:郑思齐,徐杨菲,张晓楠,等."职住平衡指数"的构建与空间差异性研究:以北京市为例[J]. 清华大学学报(自然科学版),2015,55(4):475-483.

5.1 轨道交通对职住平衡影响的理论分析

中国主要城市正在进入一个整体性交通拥堵的时期。随着城市交通需求总量的不断增长和机动车保有量的迅猛增加,城市交通拥堵已经从高峰时间向非高峰时间,从城市中心区向城市周边,从一线城市向二、三线城市迅速蔓延,交通拥堵已经常态化(傅志寰和朱高峰,2013)。许多特大城市和大城市中心城区高峰期间的行车速度已经从原来的40km/h下降到目前的15~20km/h。交通拥堵必然增加城市的环境负担。2019年,全国机动车4项污染物排放总量初步核算为1603.8万t,其中,一氧化碳(CO)、碳氢化合物(HC)、氮氧化物(NO_x)、颗粒物(PM)排放量分别为771.6万t、189.2万t、635.6万t、7.4万t。汽车尾气是污染物排放总量的主要来源,其排放的CO、HC、NO_x和PM等4项主要污染物均超过各类污染物排放量的90%[①]。

交通拥堵不单纯是交通系统本身的问题,其本源是土地利用格局所带来的巨大交通需求与交通供给不足之间存在矛盾,而就业和居住的空间分离(也称"职住分离")就是其产生的典型原因。在城市空间拓展过程中,城市功能布局的优化没有得到同步调整,导致大城市中心城区向心力不断加强。以北京为例,近几年四环以内的核心区的就业岗位增幅达到中心城增量的2/3,人口与就业岗位分布越发失衡(图5-1),2010年北京市中心城"职住比"高出中心城边缘地区的1~2倍。东部其他大城市的情况与北京相似。上海中心区局部区域在2004—2009年期间,就业岗位与居住人口之比持续增加,向心交通压力进一步增强。职住失衡必然引发大规模、长距离、潮汐式的通勤交通需求,进而加剧早晚高峰时段的交通拥堵(傅志寰和朱高峰,2013)。

为了缓解这些问题,规划学者提出了"职住平衡"的思路(jobs-housing balance),认为居住与就业应当尽量靠近,以减少交通流量和交通拥堵,形成"自力性"(self-contained)社区,在土地利用上体现为产业用地和居住用地的混合。他们认为,"职住平衡"有众多好处,除了减少交通拥堵外,还能够鼓励公共交通发展,提高土地利用效率,降低能源消耗和环境污染,等等。这种理念影响了许多政策制定者和社会公众(Knaap和Talen,2005;郑思齐等,2014)。城市规划部门将"职住平衡"的理念写入了各个城市的规划文本及学术研究成果中。例如,《杭州市城市总体规划(2001—2020年)》中提到吸纳中心城区人口及产业功能的扩散,将职住平衡作为建设卫星城镇和城镇群的衡量标准之一。《北京城市总体规划(2016—2035年)》首次将"职住平衡"作为政策目标被提出,强调优化就业岗位分布,缩短通勤时间,创新职住对接机制,推进职住平衡发展。

---

① 资料来源:生态环境部.中国移动源环境管理年报(2020)[EB/OL].(2020-08-11)[2020-12-01]. http://www.gov.cn/xinwen/2020-08/11/content_5533869.htm.

5.1.1　经典城市经济学理论中的职住分离问题

1. 单中心城市模型及人口分布

现代城市空间结构理论的发展可以追溯至 20 世纪 60 年代，3 位城市经济学家 Alonso、Muth 和 Mills 提出了单中心城市模型（Alonso,1964；Muth,1969；Mills,1972）。在其后的 40 多年，尽管目前许多城市已经不能被简单地看作是单中心城市，但这个高度抽象的理论模型所建立的研究范式一直被沿用，并且能够对城市空间结构做出有力的解释。它的主要贡献在于提供了一个有效的理论框架，可以研究居民在通勤成本和住房成本之间的权衡行为，从而得到城市空间一般均衡状态及其调整，并能够很容易地被扩展。单中心的城市模型研究重点是就业高度集中下的居住选址行为，得出居民愿意为每个区位支付的意愿租金，在空间上形成"竞租曲线"或"竞租函数"（bid-rent curve，bid-rent function）。模型可推导出通勤成本与住房成本具有此消彼长的关系，随着与 CBD 距离的增加，竞租函数及建筑密度具有空间负梯度，人均住房消费量具有正梯度。

基于这样一个严格假设的抽象模型，不少学者进行了适当地扩展，使其更加贴近于现实。Alonso(1964)和 Muth(1969)提出了不同收入人群的居住群分（income sorting）理论，认为伴随收入的增加，家庭通勤成本收入弹性和住房需求收入弹性会发生变化，进而导致不同收入水平的家庭的竞租曲线斜率不同。而 Wheaton(1977)结合对美国城市的实证研究结果对此提出质疑，认为郊区住房较新而市中心治安环境较差等因素会对收入分布和竞租曲线产生不同的影响。此外，如果考虑购物、就学等非通勤需求以及市中心的污染，竞租曲线也会发生变化，在不同方向上、不同区域内空间梯度会存在差异。Zheng 等(2006)发现在中国城市中，周边环境对不同偏好家庭具有不同的吸引作用。

受到住房消费量和建筑密度的共同作用，城市人口在单中心城市内部也会呈现具有规律性的空间分布特征——人口密度随着与 CBD 距离的增加而降低。在单中心城市模型中，就业高度集中，因此用人口密度及其梯度即可较为充分地反映城市空间结构特征，这也使之成为城市经济学者在研究城市空间结构时最关注的变量。自 Clark(1951)的研究开始，许多学者致力于估计不同城市人口密度函数，并研究其随时间的变化规律。根据 McDonald(1989)的综述，世界上很多城市人口密度的研究结果都遵循着两条规律：第一，人口密度随着到城市中心距离的增大而减小；第二，人口密度梯度随时间而降低，显示出郊区化特征。

2. 多中心城市模型及就业分布

单中心城市模型解释了企业选址外生给定的情况下城市居民的居住选址和出行行为，以及由此形成的城市空间结构特征。实际上，企业在城市内部会考虑土地成本、生产成本、劳动力可得性、市场接近性等因素选择区位。伴随城市的快速发展，城市中心地区的拥挤效应逐渐显现，企业生产成本逐渐增加，这也促使企业逐渐向城市外围寻找空间，进而导致就业中心的分裂和多中心城市形态的形成。越来越多的城市内部出现次中心，使城市的土地

（住房）价格、人口、就业空间分布会发生变化（Small 和 Song，1994；谷一桢等，2009），但城市主中心的主导作用仍是较强的（McMillen，1996）。

Helsley 和 Sullivan（1991）解释了城市内部中心的形成和分裂的原因，揭示了推动就业机会在城市空间中集聚和分散的经济力量。他们指出，就业中心的形成源于集聚经济的力量，而集聚经济在为企业带来经济利益的同时也会带来更高的工资成本（以补偿员工更高的通勤成本），企业选址是考虑总生产成本（集聚成本和工资成本之和）的决策。另外，不同类型的企业在选址上还会考虑其运输成本、沟通成本等。其中，制造业青睐于城市郊区高速公路带来的便捷运输条件和大片可修建厂房的廉价土地，会逐渐向郊区转移（Anas等，1998），技术密集型企业则更加依赖社会网络和近距离沟通所带来的集聚收益，愿意为城市的中心地区支付更高的租金（Glaeser，2007）。这些因素都会使城市就业分布发生明显变化，使就业机会从空间的高度集中转变为相对分散的状态（Song，1994）。

3. 居住与就业空间关系的表现

Mieszkowski 和 Mills（1993）的研究发现就业密度的梯度（绝对值）要大于人口密度，这实际上是世界许多城市的共同特征——就业分布比人口分布紧凑得多，即就业集聚程度要高于居住的。实际上，伴随着城市交通的发展，居住和就业分离程度将进一步提高，使得二者的密度梯度差异更大（丁成日，2007；Hirooka，2000）。

居住和就业的空间分离（也称"职住分离"）导致了偏高的交通需求和交通成本，在交通设施供给不充分和城市管理效率偏低的情况下，会造成交通拥堵，这在我国的许多大城市已经成为普遍的现象，特别是在交通流集中的上下班高峰时段。因此很多学者使用通勤距离和通勤时间度量居住和就业的分离程度。

国内学者在这方面开展了大量的定量研究。孟斌（2009）利用2005年调查数据详细统计分析北京市就业者的通勤时间和职住分离情况，发现北京市居住和就业集聚区存在着空间错位现象，一些重点建设的大型居住区（如天通苑和回龙观）的居住功能过于单一，职住分离问题尤为突出。周素红和刘玉兰（2010）分析了广州市1996—2008年居民居住与就业区位选择及其空间关系，发现居民搬迁前后的通勤距离总体呈现上升趋势，以商品房和保障性住房最为明显。这些研究所发现的共同趋势是，在制度转型和市场力量的共同作用下，中国城市中居住与就业的空间分离程度越来越大——居住在新建住房中的居民，以及新近搬迁的居民，其通勤时间和通勤距离都明显增长了。

对此，一些城市规划学者提出了"职住平衡"（jobs-housing balance）的思路，认为应尽量让居民的居住地和就业地靠近，以降低通勤量和交通拥堵以及由此带来的交通成本。但很多经济学者认为对这一概念的理论分析和实际应用都尚不成熟。第一，这必然牺牲企业的集聚经济效率；第二，部分具有负外部性的企业（如污染企业）会严重影响周边居民的居住质量；第三，这一概念过于依赖"单工作者家庭和通勤行为是主导的交通需求"的前提条件（Giuliano，1991；Hanson 和 Pratt，1988）；第四，职住平衡要求每个企业都可以在周边找到合适的雇员，每个劳动者都能够在居住地周边找到合适的工作，这在劳动力市场上是难以实现的(丁成日,2007)。因此,"职住分离"这一居住和就业的空间关系实际上是劳动力市场和房地产市场发展的必然规律,集聚经济重要性的增加使得职住分离越发明显。

4. 居住与就业空间关系的影响因素

居住地与就业地的空间分离是在居民和企业的自主选择下由系统内生决定的,从居民和企业的选址行为出发的分析也已形成较为丰富的研究成果。

在居民选址行为的研究方面,郑思齐和张文忠(2007)利用北京市微观调查数据验证了住房成本和通勤成本之间的权衡关系。于璐等(2008)则进一步发现多个就业中心的存在也会导致住宅价格梯度存在空间互异性。也有诸多学者关注"过度通勤"的现象,认为非通勤出行、多就业者家庭等增加了居住选择的复杂性。其中,很多学者认为居民对公共设施的偏好差异会导致多样的居住区位选择(Brueckner 等,1999; Chen,2008),也有一些学者研究了在未来就业机会不确定和存在搬迁成本的情况下居住选址的跨期最优问题(Crane,1996)。冯皓和陆铭(2010)基于自然实验的研究结果发现,上海市不同区域间基础教育资源在数量和质量上的差异也已经资本化到房价之中。居住区位选择研究的另一个重要拓展就是将交通设施的供给作为内生变量,即在存在拥堵的情况下,居住选址、交通特征和交通成本被同时决定(Straszheim,1974)。

对企业选址行为的研究则集中于集聚经济的影响上。Rosenthal 和 Strange(2004)对美国城市内部集聚经济进行实证研究发现,集聚经济的强度在 5 英里(8.05km)之外已经衰减到较小的水平了。Fu(2007)采用 1990 年美国马萨诸塞州微观数据也验证了城市内部集聚经济只有在企业之间距离很近的时候才显著存在。其他学者则关注于集聚经济对土地和住房市场的影响,分析其中蕴含的企业选址行为。Sivitanidou(1996)对美国洛杉矶的实证研究发现,不同企业对集聚经济的敏感程度不同,对土地市场有着不可忽视的影响。任荣荣和郑思齐(2008)从价格梯度、开发数量与开发区位 3 个角度研究了北京办公与居住用地开发的空间结构特征。研究发现,集聚经济在写字楼内企业的选址中发挥着重要作用,其作用随时间的推移而增强。

郑思齐和曹洋(2009)对已有的研究成果也进行了系统总结,将居住与就业空间关系的决定机理和影响因素归纳为 3 个层面:工作机会、住房机会和城市公共服务设施的空间分布。家庭根据自己的通勤成本,以及工作机会可达性、城市公共服务设施可达性和住房机会可达性的需求和偏好,进行收益和成本的权衡,做出区位选择的决策,进而决定其通勤时间和通勤距离。他们利用 2007 年中关村就业者的小型调查分析较好地验证了以上居住与就业空间关系的若干理论,同时发现制度因素也会对其产生影响。

5.1.2　通勤成本与职住分离

进入 21 世纪以来,Lucas 和 Rossi-Hansberg 相继发表了 3 篇文章(Lucas,2001; Lucas 和 Rossi-Hansberg,2002; Rossi-Hansberg,2004),提出了一个基于外部性的内生城市

(Lucas Rossi-Hansberg，LRH)模型。该模型在分析均衡的城市空间结构时，放松了单中心城市模型的约束性假设——就业活动集中在城市中心地区，而是假设企业和家庭在城市不同区位进行自由竞价。同时，基于集聚经济的思想，认为企业可以从与其他企业的空间临近中获得外部性收益，这一外部性收益影响着企业的生产力进而影响着其选址决策。具体而言，企业选择区位时在集聚经济收益、土地成本和劳动力工资成本之间权衡，追求利润最大化；居民家庭以劳动力供给的方式进入模型，其选择区位时在工资收入、土地成本和通勤成本之间权衡，追求效用最大化。企业和居民家庭由此形成竞租函数，在城市中每块土地上竞租最大者获得该块土地，最终形成城市中"居住-就业"的空间格局。

通过将企业和劳动力的竞租函数结合在一起，LRH模型推导出了决定城市空间结构的两个主要驱动力——集聚经济和通勤成本。在模型中，这两者的强度用两个参数表示，集聚经济衰减系数反映了随着周边企业密度的下降，集聚经济的衰减速度，该系数越大，企业越倾向于密集地集中；通勤成本的参数是每单位距离的交通成本。这两者可以被形象地理解为"黏着力"和"摩擦力"，两者的作用方向刚好是相反的。模型的数值模拟结果显示，在集聚经济很强和（单位距离的）通勤成本很低的城市，企业都"黏着"在一起，宁愿支付给员工高的工资成本使其远距离通勤。这时的均衡空间结构为单中心形式，通勤时间最大；在集聚经济很弱和通勤成本很高的城市，"摩擦力"的效果成为主导，企业倾向于靠近员工以节约工资成本，均衡的空间结构体现为居住与就业的完全混合，通勤时间被最小化。在这两个极端的情况间会衍生出介于单中心和完全混合之间的多种空间结构。

根据LRH模型分析引申开来，可以对"职住平衡"理念再做一些探讨。产业集聚能够带来经济效率，因此"职住分离"的空间格局有利于企业更加有效地集中，享受集聚经济优势，提高劳动生产力。依靠分散工作机会来实现"职住平衡"是以牺牲集聚经济收益为代价，在市场力量主导的城市空间结构中往往难以实现。LRH模型也能够解释为什么在修建了更为便捷的道路和轨道交通后，职住分离的程度会越来越大，交通流量反而增加了。伴随着我国从计划经济向市场经济的转变，原有的"职住合一"的空间结构形式被打破，"职住分离"的空间格局逐步形成。依赖于集聚经济的技术密集型产业在城市中心高密度集中，从而形成了中央商务区，而主要的居住用地被挤出城市中心，呈现出郊区化趋势，制造业更是迁往城市边缘。企业为了享受集聚经济的外部性为其员工的通勤成本支付了工资补偿(Zheng等，2009)。可见，经济改革为企业获得集聚经济的红利创造了条件，并且随着企业和居民选址自由度的提高，集聚经济已经开始影响城市空间结构。Jiang等(2007)的实证研究发现随着市场机制在土地资源配置中的深化和房地产市场的发展，集聚经济对地价的影响也在逐渐增强。

上述城市空间结构演变的规律性意味着，城市公共政策制定者应承认"职住分离"的必然性，致力于减少对企业和劳动力自由选址的制度性约束，避免无谓地牺牲经济效率。在进行城市空间规划和土地供给时，应当促进产业用地的充分集聚。同时，在从就业中心延伸到城市外围的轨道交通周边提供居住用地，或者在就业中心和相应的居住密集区之间提供便捷的快速交通设施，既有利于产业集聚，又能降低居民的通勤成本。

5.2 轨道交通对职住平衡影响的实证分析

"职住平衡"的概念看似简单，但真正实施起来存在一个关键的问题——"职住平衡"真的是指某个空间范围内，就业机会与住房机会的数量相等（"职住比"为1）吗？在城市中的不同位置是否会有区别？实际上，城市空间结构存在明显的不均匀特征，人口和产业的规模及结构在空间上都具有不同的分布形式，因此"职住比"在不同区位间也必然呈现出差异性，不应在所有的位置上都追求"绝对"意义上的数量平衡，或者说是相同的"职住比"。如何将"职住平衡"的理念具体落实在规划参数的设定上，目前仍然没有成熟的方法和应用案例。

正因为如此，目前城市规划界亟须具有理论支撑并有可操作性的"职住平衡"测度方法，并把握其在空间分布上的规律性，以指导其在具体规划业务中的居住用地和产业用地的面积配比、各类用地开发强度设定等各项工作。本节将构建反映居住与就业实质性匹配的"职住平衡指数"，并以北京为例，测度各街道的职住关系。在此基础上，识别影响各街道职住平衡指数的关键因素及作用机制，分析其空间差异性。本节的研究成果能够为以城市空间结构优化为目标的规划方法提供定量分析工具，以期提高城市效率和居民生活质量。

5.2.1 职住平衡指数的构建与计算

1. 度量职住平衡的理论基础与相关研究

目前国际上关于职住关系的度量指标可以大体分为两类。第一类是直接度量在某个空间范围内居住与就业在数量上的平衡程度，而不关注两者是否真正匹配。例如，某个区块的"就业居住比"仅计算该区块内就业岗位与居住人口的比值，而不考虑这些居住人口是否的确在此就业。第二类则会着重度量两者的匹配程度，例如"本区块内居住人口在本区块就业的比重"。可以认为，前者是从"名义"上，而后者是从"实质"上来度量居住与就业的平衡程度。

关于职住"名义"平衡的度量指标，最常用的就是"职住比"，即"就业-居住比"（jobs-housing ratio），其数值等于就业岗位数量与家庭数量的比值（或者是就业岗位数量与人口数量的比值）（Cervero,1989；Cervero和Radisch,1996）。

虽然"职住比"便于理解和计算，但仅反映了一种"名义上"的平衡，实际上是假设只要某个区域范围内有数量上较为相近的居住和就业机会，人们就会在居住地附近就业，或者在就业地附近居住。显然该假设与实际情况相差较大。Cervero(1989)在研究中也观察到，利用这种方法计算出美国加利福尼亚州山景城与核桃溪市的"职住比"均属于比较平衡的状态，事实上在这两个城市中高达80%的居民并不在当地工作。这就促使学者们提出了一些度量居住与就业匹配程度的指标，用以反映两者在实质上是否平衡。这类指标的重要特点是，强调在本区块居住的就业者中有多少的确是在本区块就业,或者在本区块工作的就业者中有多少的确是在本区块居住。例如,Ewing 等(2002)等所设计和计算的一个指标——"居住者的就业平衡比率"是计算该区块内的居民在当地工作的数量与区块内总居民数量的比值。很明显,该指标的数值越高,说明该区块内居住与就业越匹配。

本节将基于上述研究,计算反映职住名义性平衡的"职住比",以及反映职住实质性平衡的"职住平衡指数",后者又包含两个子指数——"居住者就业平衡指数"(在本区块居住的居民中有多少比例在本区块就业)和"就业者居住平衡指数"(本区块的就业者中有多少比例在本区块居住)。

2. 数据来源与关键变量

为了更为全面系统地反映北京城市空间中人口和就业的分布情况,本节采用普查数据,从第六次人口普查数据(2010 年)获得北京市居民的空间分布情况,从第二次经济普查数据(2008 年)获得就业的空间分布。我们的空间分析单元是街道,北京市城六区共有 129 个街道。两次普查的年份没有完全统一,但相隔时间较短,考虑居住选址和产业选址的变动比较缓慢,用这两套普查数据计算职住平衡的相关指标是较好的选择。我们利用这两套普查数据计算得到的居住和就业密度如图 5-1 所示。

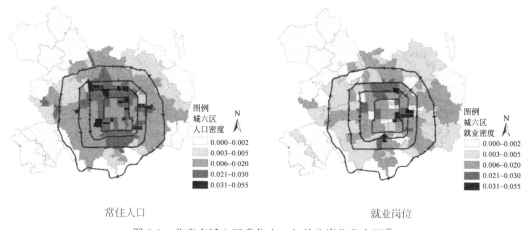

常住人口　　　　　　　　　　　　就业岗位

图 5-1　北京市城六区常住人口与就业岗位分布图①

尽管我们能够从人口普查和经济普查中得到居住与就业空间分布的全貌,但对我们的研究而言,这两套数据存在一个重要的缺陷,即缺少居住与就业的匹配信息。我们仅知道人们住在哪里,但并不知道他们在哪里工作,反之亦然。我们采用 2010 年北京市交通委员会组织的交通出行调查大样本数据来解决这个问题。该调查在北京市全市范围内随机抽样(我们获得的样本包含了约 89 000 个居民个体),记录了每一个就业者的受教育程度、就职

---

①　数据来源:北京市第六次人口普查(2010 年)和第二次经济普查(2008 年)。

行业等个人信息及其家庭人口、年龄、是否有小孩等家庭信息,同时对其居住地、就业地以及上下班通勤时间和交通方式进行了准确地记录。这样我们就能够将两者匹配起来,计算更为实质性的职住平衡指数。我们从这 3 套数据中汇总了各个街道内的人口特征和就业特征,并结合我们的研究积累将各街道的区位特征(这里主要指街道的轨道交通便捷性)进行了量化测算。

以上 3 套数据在街道层面上的统计变量如表 5-1 所示。街道居住者和就业者的平均受教育水平分别为 4.97 和 5.50,显而易见,就业者的教育水平略高,二者平均受教育水平的标准差不大且非常接近,分别为 0.47 和 0.46,说明两组内个体教育水平差异较小。街道居住者和就业者就职于非国有企事业单位比例的均值和标准差几乎一致,分别为 0.75 和 0.10,意味着街道人口的 25% 在国有企事业单位工作。街道居民家庭平均常住人口数为 2.79,标准差为 0.18,这与我国家庭规模小型化趋势相吻合。居民家庭中有 6~12 岁小孩的比例为 13%,居住者中男性占比为 51%。街道层面上地铁可达性平均为 3.53,标准差为 3.70,表明不同街道的地铁可达性差异较大。

表 5-1 变量构造说明

变量类别	变量名称	构造说明	按居住者统计		按就业者统计	
			均值	标准差	均值	标准差
人口特征	X_{edu}	平均受教育水平(按 1~9 分类),分别统计街道居住者和街道就业者的平均水平,用于居住者匹配指数和就业者匹配指数的解释	4.97	0.47	5.50	0.46
	X_{pr}	就职于非国有企事业单位的比例,分别统计街道居住者和就业者的平均水平,用于居住者匹配指数和就业者匹配指数的解释	0.75	0.09	0.75	0.10
	X_{pop}	街道上居民家庭中平均常住人口数/人	2.79	0.18		
	X_{kid}	街道上居民家中有 6~12 岁小孩的比例	0.13	0.04		
	X_{male}	街道上居住者中男性的比例	0.51	0.02		
轨道交通便捷性	SA	街道层面上地铁可达性,对 1000m 内地铁站数量进行距离反向加权,再在街道范围内求取平均值	3.53	3.70		

注:表中,"受教育水平"按照北京市交通出行大样本调查分为以下几类:①未受教育;②学龄前儿童;③小学;④初中;⑤高中;⑥中专;⑦大专;⑧本科;⑨研究生。

3. 职住比与职住平衡指数的计算

为了便于理解，本章在计算职住平衡的相关指标时，均对人口数量做了折减处理。具体而言，根据北京市 2010 年人口普查数据，总就业数和总人口数的比重是 0.670。本文用这一比例进行折算，将总人口转化为就业人口。这样从北京整体看，职住比应近似为 1，当然在各个区块上会有很大差异性。这种折减处理也使得反映实质性匹配的职住平衡指数更易理解。

1）职住比（job-housing rate，JHR）

利用北京市第六次人口普查和第二次经济普查的数据，以街道为分析单元，统计各街道的居民总数和就业岗位数。利用公式（5-1）计算职住比：

$$\mathrm{JHR}_i = \frac{j_i}{h_i} \tag{5-1}$$

式中，JHR_i 为街道 i 的职住比；j_i 为街道 i 的就业岗位数；h_i 为街道 i 的居民总数（已经过折减处理）。

计算得到的北京市各街道职住比空间分布（图 5-2）。职住比的平均值为 1.020，标准差为 0.990，中位数 0.740，而职住比最高的建外街道则达到 9.69，可见街道之间存在较大的差别。在国贸、金融街、中关村等经济活动较为活跃的区块上，职住比明显偏高。职住比最高（前 10.0%）的 12 个街道中，3 个位于二环内（分别为建国门、东华门和金融街街道），4 个位于朝阳区 CBD 区域（分别为左家庄、麦子店、朝外、建外街道），2 个位于海淀区中关村区域（分别为中关村、清华园街道）。另外几个职住比较高的街道分别是朝阳区的王四营、十八里店街道（北京欢乐谷）以及亚运村街道（临近奥体中心）。

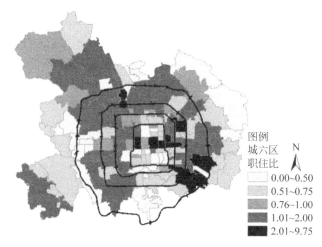

图 5-2　北京市职住比空间分布情况

2) 职住平衡指数(jobs-housing balance index,JHBI)

根据理论研究,我们采用下面的公式来计算职住平衡指数中的两个子指数——"居住者就业平衡指数(e_i)"和"就业者居住平衡指数(w_i)"[式(5-2)和式(5-3)]。

$$e_i = \frac{RW_i}{h_i} \tag{5-2}$$

$$w_i = \frac{RW_i}{j_i} \tag{5-3}$$

式中,e_i为街道i的居住者就业平衡指数;RW_i为同时在该街道就业和居住的人数;h_i则表示在i街道居住的总人数(不论其在哪个街道就业);同理,w_i为街道i的就业者居住平衡指数;j_i为在i街道就业的总人数(不论其在哪个街道居住)。

计算结果显示,就业者居住平衡指数的均值为0.32,即平均有32.0%的就业者选择在本街道居住;居住者就业平衡指数的均值为0.17,即平均有17.0%的居住者选择在本街道就业。这两个子指数的空间分布见图5-3。

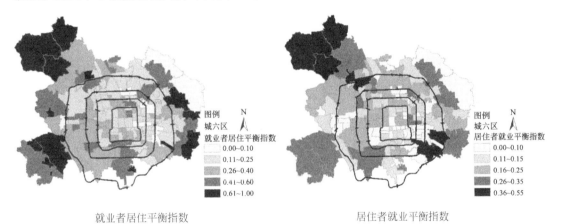

图 5-3　北京市职住平衡指数两个子指数及其空间分布

可以看出,外城就业者更倾向于选择在本街道居住。该子指数最高的18个街道(最高的0.15)全部位于中心城区外围的边缘地带,其中15个位于五环以外。对于居住者就业平衡指数而言,在经济活动活跃的城市就业中心,以及相对外围的街道,居住者都更倾向于选择在本街道就业。该子指数最高的25个街道(最高的0.20)中,有12个街道位于中心城区外围的边缘地带,8个街道位于经济活动活跃的就业中心或次中心。

将图5-2和图5-3相比可以看出,名义上的职住比与实质上的两个职住平衡指数在空间分布上存在着明显的差异。这意味着,单纯追求某一空间范围内的就业岗位与住房在数量上的平衡,并不能实现真正意义上的职住平衡。需要深入分析两个职住平衡指数在空间上的分布规律,把握其内在机制,才能为以职住平衡为目标的空间规划、土地和住房供给等政策提供科学依据。

5.2.2 轨道交通对职住平衡指数的影响效应分析

1. 实证模型设定

城市空间结构理论指出，居住与就业的空间关系取决于居民居住选址、企业选址、交通出行等多种行为的内生互动，而这些行为在城市内部的空间差异主要受劳动力特征及交通可达性的影响(郑思齐，2012)。

1) 就业者居住平衡指数

就业者居住平衡指数描述的是在本区块就业的劳动力，有多大比例选择在本区块居住。不同的产业(及微观的企业个体)会雇用不同类型的劳动力，这些劳动力的通勤成本会被资本化到他们的工资中，从而进入企业的生产成本，而这些劳动力的人力资本水平也直接影响企业的经济产出(Zheng 等，2009)。因此，该区块内产业所对应的企业性质、劳动力人力资本水平以及交通可达性，会影响劳动力市场上企业与劳动力的搜寻和匹配过程，形成相应的居住和就业空间关系。研究表明，技能越高的劳动力，与之匹配的就业机会越稀疏(thin job market)，需要就业者在较大的空间范围内进行搜寻以寻找到合适的工作机会(Simpson，1992)，相应的收益也越大，这意味着高技能劳动力(及相应行业)会对应较低的就业者居住平衡指数。如果该区块有较为完善的交通基础设施，例如轨道交通，能够有效地降低通勤成本，那么就业者居住平衡指数有可能会被进一步拉低。这是因为就业和居住的空间位置可以进一步拉开，而实际的交通时间并不会被延长很多(因此劳动力成本也不会上升很多)(Lucas 和 Rossi-Hansberg，2002)。更进一步，中国特有的一些制度因素和转型经济特点也会影响该指数的空间差异性。一个典型的例子就是原先单位制下的"大院"模式，人们在单位内部或附近居住，职住平衡的程度非常高。目前这种"大院"模式正在逐步瓦解，但历史路径依赖性仍然存在，例如单位的房改房中仍然居住了大量的本单位职工。因此如果一个区块里的国有企业和事业单位比重较高，那么我们预期"就业者居住平衡指数"也会比较高。

根据上述分析，我们设定模型(5-4)来分析就业者居住平衡指数的空间差异性。由于我们的空间分析单元是街道，所以我们将上述影响因素都计算为在街道上的平均水平。实证方程如式(5-4)：

$$w_i = \beta_0 + \beta_1 X_{edu,ji} + \beta_2 X_{pr,ji} + \beta_3 SA_i + \varepsilon_i \tag{5-4}$$

式中，$X_{edu,ji}$ 表征第 i 个街道就业者的平均受教育程度，这是劳动力技能的代理变量，根据上文，街道就业者平均的劳动力技能越高，则其中会有越多的就业者为了获得更好的就业匹配而选择较远的职住关系，该街道的职住平衡将会降低；$X_{pr,ji}$ 则表征第 i 个街道非国有企事业单位就业者的比重，由于非国有企事业单位员工在住房资源的获取中比公共部门就业者存在一定的劣势，同时较高的就业不确定性也导致其更多地考虑未来的就业匹配，因此街道非国有企事业单位就业者比重越高，该街道的职住平衡程度越低；SA_i 表征第 i 个街道的地铁可达性，上文指出，地铁的建设很有可能将职住平衡进一步拉低。因此，上述方程中 3 个解释变量的系数 β_1、β_2、β_3 均应为负。ε 为独立同分布的随机误差项。

2) 居住者就业平衡指数

居住者就业平衡指数描述的是在本区块居住的劳动力,有多大比例选择在本区块就业。相类似地,高技能劳动力的居住和就业位置会距离较远,该指数较低(Simpson,1992);国有企事业单位占的比重越高,该指数则会越高;地铁会降低该指数,使得人们可以在离家较远的地方工作(Lucas 和 Rossi-Hansberg,2002)。但对于该指数空间差异性的分析更需注重除了劳动力人力资本水平外的其他家庭特征。如果一个家庭人口较多,那么在选择居住地时就需要去权衡家庭内多个就业者的工作地,这会拉长每个就业者的职住空间距离(丁成日,2007;Giuliano 和 Small,1993;Hanson 和 Pratt,1995)。家庭责任越重的就业者,会选择在较近的位置工作,这会抬高该指数。目前文献研究中主要关注两个家庭责任变量,一个是家庭里是否有小孩,有小孩的家庭,家长需要花很多时间在孩子身上,往往会选择在较近的地方工作;另一个是性别,通常认为女性就业者需要承担更多的家庭责任,也会尽可能地缩短通勤时间(Ericksen,1976;Lee 和 McDonald,2003)。

基于上述理论研究,我们建立街道层面的居住者就业平衡指数的影响方程,如方程(5-5)所示:

$$r_{hi} = \beta_0 + \beta_1 X_{edu,hi} + \beta_2 X_{pr,hi} + \beta_3 SA_i + \beta_4 X_{pop,hi} + \beta_5 X_{kid,hi} + \beta_6 X_{male,hi} + \zeta_i \tag{5-5}$$

式中,$X_{edu,hi}$ 表征第 i 个街道居民的平均受教育程度;$X_{pr,hi}$ 表征第 i 个街道居民就业于非国有企事业单位的比重;SA_i 表征第 i 个街道的地铁可达性。与式(5-4)类似,上述 3 个变量的系数 β_1、β_2、β_3 均应为负;$X_{pop,hi}$ 表征第 i 个街道平均家庭规模,根据上文,该值越大,街道职住平衡程度越低;$X_{kid,hi}$ 和 $X_{male,hi}$ 分别为第 i 个街道中拥有孩子家庭的比重和男性居民的比重,这两个变量均表明了家庭责任对居民职住选择的影响,照顾孩子的需求促使居民选择较近的职住关系,而男性由于家庭责任相对女性较小,因此街道男性居民比例越高,职住平衡程度越低。因此,$X_{kid,hi}$ 的系数 β_5 符号应为正,而 $X_{male,hi}$ 的系数 β_6 符号应为负。ζ_i 为独立同分布的随机误差项。

2. 模型估计结果与分析

1) 就业者居住匹配指数

对式(5-4)的估计结果如表 5-2 中第 1～3 列数据所示。街道中就业者的平均受教育程度(X_{edu})、非国有企事业单位比重(X_{pr}),以及该街道地铁站可达性(SA)这 3 个变量均与就业者匹配指数呈现显著负相关,与之前的理论分析及预估结果非常一致。其中,街道就业者的平均受教育程度这一个变量的解释能力就达到近 40%(见表 5-2 第 1 列数据),表明教育水平越高的劳动者会在更大的空间范围内进行工作机会的搜寻,可见就业搜索和劳动力匹配因素在城市职住空间关系的形成中起到了十分重要的作用。而加上街道非国有企事业单位就业者比重后,方程解释能力进一步加强(见表 5-2 第 2 列数据),更是印证了这一结论,非国有企事业单位就业者比重平均每增加 1 个单位,就业者匹配指数会下降 0.578,并说明计划经济时期的"大院模式"在当前仍会对城市空间结构产生不可忽视的影响。街道地铁可达性平均每增加 1 个单位,就业者匹配指数会下降 0.013,地铁的开通便利了人们的出行与工作,使就业和居住分离程度进一步提高。

2) 居住者就业匹配指数

模型(5-5)的估计结果如表 5-2 中第 4~6 列数据所示。与就业搜索和就业匹配密切相关的两个变量——街道居民平均受教育水平(X_{edu})和就职于非国有企事业单位(X_{pr})与居住者匹配指数都呈现显著的负相关性,且解释能力近 30%(见表 5-2 第 4 列数据),同样可见劳动力与就业岗位匹配的需求起到了十分重要的作用。此外,街道的地铁可达性、居民的平均家庭规模也在 5% 的置信水平下与居住者匹配指数负相关。两个家庭责任变量(性别与是否有小孩)都显示出符合预期的影响——女性和家里有学龄儿童的就业者都会选择在较近的地方就业,从而显著提高居住者就业匹配指数。

表 5-2 就业者和居住者匹配指数空间差异性的影响因素分析

变量名称	被解释变量:就业者匹配指数			被解释变量:居住者匹配指数		
	(1)	(2)	(3)	(4)	(5)	(6)
X_{edu}	−0.265***	−0.285***	−0.236***	−0.130***	−0.118***	−0.115***
	(0.030)	(0.028)	(0.030)	(0.019)	(0.019)	(0.020)
X_{pr}		−0.578***	−0.596***	−0.457***	−0.442***	−0.403***
		(0.127)	(0.121)	(0.091)	(0.090)	(0.092)
SA			−0.013***		−0.004**	−0.005**
			(0.004)		(0.002)	(0.002)
X_{pop}						−0.113**
						(0.049)
X_{kid}						0.519***
						(0.186)
X_{male}						−0.553*
						(0.333)
常数项	1.775***	2.316***	2.111***	1.159***	1.100***	1.588***
	(0.164)	(0.193)	(0.193)	(0.143)	(0.143)	(0.284)
样本数	126	126	126	126	126	126
R^2	0.391	0.479	0.528	0.293	0.321	0.378

注:表中括号内为标准差;*、**、*** 分别表示 10%、5% 和 1% 的统计显著性水平。

5.3 总结

就业("职")和居住("住")的互动关系是城市空间增长管理的核心(Waddell,2002),对企业选址和家庭选址的经济规律、互动关系和制度障碍的把握,将有助于全面理解城市中土地及房地产市场、劳动力市场和交通体系的互动机理,并探求目前备受关注的交通拥堵等"城市病"的缘由和改善途径。在中国许多城市进入整体拥堵时期的现实背景下,通过"职住平衡"降低交通出行需求成为城市规划和管理者的政策着力点,然而还缺乏相应的定量决策支持工具。由于影响居住与就业空间互动的因素在空间上存在显著的差异性,所以需要准确把握职住关系在空间上的分布规律,以便能够更加"因地制宜"地设定某一具体区块的职住平衡目标值,并选用合适的规划和政策工具。

本章 5.1 节从城市土地利用要素的空间分布出发,回顾了城市空间结构的经典理论,探讨了居住与就业空间关系的外在表现和内在经济机制,特别是集聚经济和通勤成本这两个相反经济力量是如何相互作用以决定城市空间结构基本特征的。本章 5.2 节利用第六次人口普查、第二次经济普查以及北京市 2010 年交通出行调查的数据,从"名义"职住平衡的角度计算了北京市各个街道的"职住比",从"实质"职住平衡的角度计算了各街道的职住平衡指数(包括"居住者就业平衡指数"和"就业者居住平衡指数"两个子指数),并发现"名义"和"实质"两组度量指标之间存在明显差异。

基于职住平衡影响因素及其空间差异性的相关理论,本章对两个职住平衡指数的空间差异性开展了实证分析,发现就业区块中的劳动力人力资本水平、轨道交通可达性和企业所有制构成会显著影响该区块的"就业者居住平衡指数";而对于居住区块而言,劳动力人力资本水平、轨道交通可达性、家庭规模以及家庭责任(是否有小孩及劳动者性别)会显著影响该区块的"居住者就业平衡指数"。由于这些影响因素在不同区块的差异性很明显,所以职住平衡指数必然会存在显著的空间差异性。

简单地认为职住平衡就是指一个区块内的就业岗位数量和住房数量相等(或近似相等),是不符合客观市场规律的,也是难以实现的。因此,城市规划与管理者需要去理解和把握城市空间结构自身的规律性,也就是市场微观主体的选址行为规律,这样才能够更有效地制订规划和政策来改变他们的选址动机和行为。同时,规划者应该对塑造城市职住空间关系的这些经济机制有更为深入的了解,才能设定更为科学的规划指标,形成合理的职住关系,使之满足社会收益最大化的目标,从而提高城市空间效率并改进居民生活质量。

参 考 文 献

[1] 丁成日. 城市空间规划:理论、方法与实践[M]. 北京:高等教育出版社,2007.
[2] 冯皓,陆铭. 通过买房而择校:教育影响房价的经验证据与政策含义[J]. 世界经济,2010,33(12):89-104.
[3] 傅志寰,朱高峰. 城镇化进程中的综合交通运输问题研究[C]//中国特色新型城镇化发展战略研究. 北京:中国建筑工业出版社,2013.
[4] 谷一桢,郑思齐,曹洋. 北京市就业中心的识别:实证方法及应用[J]. 城市发展研究,2009,16(9):118-124.
[5] 孟斌. 北京城市居民职住分离的空间组织特征[J]. 地理学报,2009,64(12):1457-1466.
[6] 任荣荣,郑思齐. 办公与居住用地开发的空间结构研究:价格梯度、开发数量与开发区位[J]. 地理科学进展,2008(3):119-126.
[7] 于璐,郑思齐,刘洪玉. 住房价格梯度的空间互异性及影响因素:对北京城市空间结构的实证研究[J].

经济地理,2008(3):406-410.

[8] 郑思齐,徐杨菲,张晓楠,等."职住平衡指数"的构建与空间差异性研究:以北京市为例[J].清华大学学报(自然科学版),2015,55(4):475-483.

[9] 郑思齐,曹洋.居住与就业空间关系的决定机理和影响因素:对北京市通勤时间和通勤流量的实证研究[J].城市发展研究,2009,16(6):29-35.

[10] 郑思齐,徐杨菲,谷一桢.如何应对"职住分离":"疏"还是"堵"?[J].学术月刊,2014,46(5):29-39.

[11] 郑思齐,张文忠.住房成本与通勤成本的空间互动关系:来自北京市场的微观证据及其宏观含义[J].地理科学进展,2007(2):35-42.

[12] 周素红,刘玉兰.转型期广州城市居民居住与就业地区位选择的空间关系及其变迁[J].地理学报,2010,65(2):191-201.

[13] ALONSO W. Location and land use[M]. Cambridge:Harvard University Press,1964.

[14] ANAS A,ARNOTT R,SMALL K A. Urban spatial structure[J]. Journal of Economic Literature,1998,36(3):1426-1464.

[15] BRUECKNER K,THISSE F,ZENOU Y. Why is central paris rich and downtown detroit poor? An amenity-based theory[J]. European Economic Review,1999,43(1):91-107.

[16] CERVERO R,RADISCH C. Travel choices in pedestrian versus automobile oriented neighborhoods [J]. Transport Policy,1996,3(3):127-141.

[17] CERVERO R. Jobs-housing balancing and regional mobility[J]. Journal of the American Planning Association,1989,55(2):136-150.

[18] CHEN F N. Commuting distances in a household location choice model with amenities[J]. Journal of Urban Economics,2008,63:116-129.

[19] CLARK C. Urban population densities[J]. Journal of Royal Statistical Society,1951,A114(4):490-496.

[20] CRANE R. On form versus function:Will the new urbanism reduce traffic,or increase it? [J]. Journal of Planning Education and Research,1996,15(2):117-126.

[21] ERICKSEN J A. An analysis of the journey to work for women[J]. Social Problems,1976,24(4):428-435.

[22] EWING R,PENDALL R,DON CHEN. Measuring sprawl and Its impact[J]. Journal of Planning Education and Research,2002,57(1):320-326.

[23] FU S H. Smart café cities:Testing human capital externalities in the Boston metropolitan area[J]. Journal of Urban Economics,2007,61(1):86-111.

[24] GIULIANO G,SMALL K A. Is the journey to work explained by urban structure? [J]. Urban Studies,1993,30(9):1485-1500.

[25] GIULIANO G. Is job-housing balancing a transportation issue? [J]. Transportation Research Record,1991,1305:305-312.

[26] GLAESER E L. The economics approach to cities[R]. National Bureau of Economic Research,2007.

[27] HANSON S,PRATT G J. Gender,work,and space[M]. East Sussex:Psychology Press,1995.

[28] HANSON S,PRATT G J. Reconceptualizing the links between home and work in urban geography [J]. Economic Geography,1988,64(4):299-321.

[29] HELSLEY R,SULLIVAN A. Urban subcenter formation [J]. Regional Science and Urban Economics,1991,21(2):255-275.

[30] HIROOKA H. The development of Tokyo's rail network[J]. Japan Railway and Transport Review,2000,23(3):22-31.

[31] JIANG H,LIANG R. Land price discovery in a city with changing land uses: A study of spatial interactions in office market in Beijing[C]. The 12th Asian Real Estate Society (AsRES) International Conference,Macau,2007.

[32] KNAAP G,TALEN E. New urbanism and smart growth: a few words from the academy[J]. International Regional Science Review,2005,28(2):107-118.

[33] LEE B S,MCDONALD J F. Determinants of commuting time and distance for Seoul HHSIZE: The impact of family status on the commuting of women[J]. Urban Studies,2003,40(7):1283-1302.

[34] LUCAS R E,ROSSI-HANSBERG E. On the internal structure of cities[J]. Econometrica,2002,70(4):1445-1476.

[35] LUCAS R E. Externalities and Cities[J]. Review of Economic Dynamics,2001,4(2):245-274.

[36] MCDONALD J F. Econometric studies of urban population density: A survey[J]. Journal of Urban Economics,1989,26(3):361-385.

[37] MCMILLEN D P. One hundred fifty years of land values in Chicago: A nonparametric approach[J]. Social Science Electronic Publishing,1996,40(1):100-124.

[38] MIESZKOWSKI P,MILLS E S. The causes of metropolitan suburbanization[J]. The Journal of Economic Perspectives,1993,7(3):135-147.

[39] MILLS E S. Studies in the structure of the urban economy[M]. Baltimore: The Johns Hopkins Press,1972.

[40] MUTH R F. Cities and housing[M]. Chicago: The University of Chicago Press,1969.

[41] ROSENTHAL S S,STRANGE W C. Evidence on the nature and sources of agglomeration economies[M]. New York: Elsevier,2004:2119-2171.

[42] ROSSI-HANSBERG E. Optimal urban land use and zoning[J]. Review of Economic Dynamics,2004,7(1):69-106.

[43] SIMPSON W. Urban structure and the labor market: worker mobility, commuting and underemployment in cities[M]. Oxford: Oxford University Press,1992.

[44] SIVITANIDOU R. Do office-commercial firms value access to service employment centers? A hedonic value analysis within polycentric Los Angeles[J]. Journal of Urban Economics,1996,40(2):125-149.

[45] SMALL K,SONG S. Population and employment densities: Structure and change[J]. Journal of Urban Economics,1994,36(3):292-313.

[46] SONG S. Modeling worker residence distribution in the Los Angeles region[J]. Urban Studies,1994,31(9):1533-1544.

[47] STRASZHEIM M. Hedonic estimation of housing market prices: A further comment[J]. The Review of Economics and Statistics,1974:404-406.

[48] WHEATON W C. Income and urban residence: An analysis of consumer demand[J]. Working Papers,1977,67(4):620-631.

[49] ZHENG S Q,PEISER R B,ZHANG W. The rise of external economies in Beijing: Evidence from intra-urban wage variation[J]. Regional Science and Urban Economics,2009,39(4):449-459.

轨道交通建设与企业生产效率[*]

职住分离现象的加剧不仅带来了严重的交通拥堵、环境污染以及弱势群体就业障碍等城市问题（Kain,1968；Christian,2012；郑思齐等,2016；王卉彤等,2018；沈忱等,2019），长通勤时间还会挤占休闲时间,影响员工的工作状态和工作满意度,进而导致工作效率下降。许多城市政府已经意识到了通勤行为在城市高效率增长中的重要作用,并将"职住平衡"纳入到城市的发展规划中。例如,《杭州市城市总体规划（2001—2020年）》中提到吸纳中心城区人口及产业功能的扩散,将职住平衡作为建设卫星城镇和城镇群的衡量标准之一。《北京城市总体规划（2016—2035年）》首次提出将"职住平衡"作为政策目标,强调优化就业岗位分布,缩短通勤时间,创新职住对接机制,推进职住平衡发展。

城市轨道交通网络的建设,一方面有效降低了企业员工在通勤和商务出行方面的旅行成本；另一方面,其时间的稳定性和较高的安全性能够在一定程度上改善劳动力的旅行质量。本章以企业生产行为作为切入点,考察轨道交通建设对周边企业生产效率的影响。其中,6.1节使用北京市的微观企业数据实证测算轨道交通的可达性对企业生产效率的影响；6.2节利用微观个体调查数据,检验长时间通勤通过影响员工的时间分配以及由此产生的工作满意度进而影响工作效率的作用路径；6.3节将针对轨道交通影响企业生产效率的其他可能路径做进一步的讨论,作为未来研究的启示。

6.1 轨道交通对企业生产效率的影响效应

6.1.1 国内外相关研究进展与机制讨论

早期关于交通基础设施的研究主要集中在宏观层面。近年来,受益于地理信息技术的

---

[*] 本章核心内容来源：孙伟增、何磊磊. 职住分离、时间挤出与企业生产效率[J].《经济学季刊》（录用待刊）,2022.

发展和微观数据的逐渐丰富，许多学者开始将目光转向轨道交通对微观企业和个体行为的影响研究上。尽管如此，目前关于交通基础设施与企业生产效率关系的研究仍然集中在机场、铁路、高速公路等城市间的交通基础设施方面。例如，Giroud(2013)利用美国的数据研究发现，新航线的开通使得公司总部对下属工厂的投资显著增加了8%～9%，同时下属工厂的全要素生产率显著提高1.3%～1.4%。这主要是因为新航线显著减少公司总部与下属生产工厂之间的交通时间，使得总部能够更容易获取工厂的生产信息并进行质量监督。Charnoz等(2018)的理论分析指出，管理人员在总部与下属分支机构之间流动性的提升有助于信息的传输，从而促进偏远地区分支机构的增长和专业化发展，并降低整个集团层面的运营成本。他们基于法国高速铁路网络建设的实证研究发现，高铁显著促进了服务业企业就业规模的扩大。Holl(2016)针对西班牙制造业企业数据，通过引入固定效应和工具变量等方法识别了高速公路与企业生产效率之间的因果关系，发现高速公路的连通能够显著提高当地企业的生产效率。Tang(2014)利用双重差分(differences-in-differences，DID)方法考察了日本明治时期铁路建设对企业生产活动的影响，发现铁路扩展推动了工业化进程的发展。Gibbons等(2019)利用1998—2007年英国制造业企业的面板数据，考察了道路改善对企业就业和生产效率的影响，研究发现路网建设会影响企业的进入和退出，但不影响已有企业的就业；此外，道路建设还会影响企业的劳动生产率和劳动力工资，但结果并不稳健。Dong等(2020)利用学术论文的发表和引用量数据，考察了中国高铁网络建设对城市间知识扩散和溢出的影响，研究发现高铁连通使得合作者的生产力显著提高，促进了新的合作团队的形成。

总结来看，现有文献针对交通基础设施影响企业生产效率的路径主要可以归纳为以下几方面。第一，降低了生产要素(包括资本和劳动力)和产品的运输成本，从要素投入端提高了生产效率；第二，交通网络加速企业内部的信息传递，提高了监督和管理效率，有助于规模经济的形成；第三，交通可达性有助于促进企业间的相互学习以及分工和合作，从而推动产业结构升级和生产效率的提升。

轨道交通只运人不运货的特点与高铁较为相似，但其对企业生产效率的影响主要是通过影响劳动力在城市内部的交通行为带来的。首先，轨道交通能够降低员工的通勤时间，其时间的稳定性和较高的安全性也能够在一定程度上改善员工的通勤质量，从而减少长时间通勤对员工工作状态的影响；其次，轨道交通可以降低企业之间面对面交流的成本，从而促进企业间信息的交流和合作；最后，轨道交通还可以通过连接机场、火车站等城际交通枢纽，方便员工的商务出行，提高跨地区城市的信息传递与合作。Lu等(2020)收集了北京市地铁15号线附近两家公司员工的面板数据，考察了地铁开通前后各一年时间里员工绩效的变化。研究发现由于新地铁开通带来的通勤时间减少，使得受影响员工的绩效工资相比于未受影响员工显著提高了12.6%，并且绩效工资的提升与通勤时间的节省呈现正相关关系；但对于能够使用远程办公的技术人员影响较小。同时，他们的研究还发现，地铁开通后受影响员工的离职概率显著下降了约50%，并且新进入员工的质量也有所提升。他们认为,上述影响主要是通过改善员工的通勤质量(时间的可预测性和旅行的舒适度)、增加员工通勤的非金钱效用(幸福度)以及合理使用地铁节省的通勤时间来实现。

接下来,本节将利用 2009—2016 年北京市中关村科技园企业的月度数据,考察轨道交通建设对周边企业生产效率的影响效应。

6.1.2 数据与模型设定

1. 北京市的地铁建设(2009—2016 年)

本节将围绕北京市 2009—2016 年新地铁站开通对周边企业的影响进行分析。北京自 21 世纪初开启了大规模建设地铁网络的进程,2009—2016 年共有 14 条新地铁线(4 号线、5 号线、6 号线、7 号线、9 号线、14 号线、15 号线、16 号线、昌平线、亦庄线、大兴线、房山线、西郊线、机场线)和 2 条地铁延伸线(8 号线、10 号线)投入使用,地铁站点由 104 个增加至 287 个。截至 2019 年年底,北京地铁线路全长 637.6km,日均客流量超过 1000 万人次。图 6-1 显示了截至 2016 年 12 月的北京地铁线及站点的分布图。图 6-1 中黑色实线代表 2009 年之前已经建成的地铁线,圆形标识代表 2009—2016 年新建的地铁站。可以看出,从 2009 年开始,北京市的地铁线开始向南城扩展,并且基本上覆盖了三环到五环的所有区域。

2. 企业数据

本部分主要探讨地铁站点开通对周边企业生产效率的影响,其中企业数据来自于北京市中关村注册企业的月度报表数据。样本包含 2009—2016 年期间在中关村 17 个园区的 11 818 家企业,根据数据中给出的企业地址信息,我们使用 ArcGIS 将其进行空间化处理。除了地址信息外,数据中还详细记录了每家企业进入园区的时间,以及每个月度详细的生产经营指标,例如工业总产值、员工人数、固定资产规模等。由于研究期内有大量的企业进入和退出现象,所以本文实证分析中使用的数据为企业的非平衡面板。同时,我们剔除了关键信息缺失较为严重的样本,最后进入到实证分析的样本数为 221 037 个。

本研究使用到的两个核心的指标,分别为企业的生产效率和企业的轨道交通可达性。我们使用全要素生产率(total factor productivity,TFP)来测度企业的生产效率,用企业周边地铁站点的建设情况作为其轨道交通可达性的度量指标。上述两个指标的具体计算方法如下。

1)企业 TFP

企业生产效率的计算方法是通常在有关企业水平生产效率的本地决定因素的文献中使用(Martin 等,2011)的 Cobb-Douglas 生产函数:

$$Y_{it} = A_{it} K_{it}^{\beta_1} N_{it}^{\beta_2} \tag{6-1}$$

式中,Y_{it} 为企业 i 在时间 t 的工业增加值;A_{it} 为企业的全要素生产率;K_{it} 为企业资本存量;N_{it} 为劳动力投入量。

对式(6-1)两边取对数可以得到:

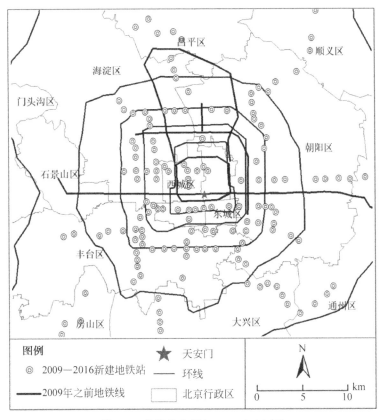

图 6-1 地铁分布图(2009—2016 年)

$$\ln Y_{it} = \beta_1 \ln K_{it} + \beta_2 \ln N_{it} + \ln A_{it} \tag{6-2}$$

在实证测算时,Y 取值为经过物价指数调整后的真实工业增加值;劳动力投入指标 N 用当年该企业的从业人员总数来度量;资本存量 K 用企业固定资产账面价值的真实值来度量。对式(6-2)进行估计时可能存在以下两个问题:第一,投入要素(N 和 K)与不可观测的生产效率冲击之间可能存在相关性,这会导致 OLS 估计结果不一致;第二,观测样本可能存在样本选择性问题,例如,一些生产效率较低的企业退出可能会导致估计结果有偏。为了解决上述两个问题,这里采用 Levinsohn 和 Petrin(2003)提出的方法,用中间投入作为不可观测的生产力冲击的代理变量,用来解决可能存在的内生性问题。然后通过余值法得到企业的 TFP,如式(6-3)所示:

$$\ln A_{it} = \ln Y_{it} - \hat{\beta}_1 \ln K_{it} - \hat{\beta}_2 \ln N_{it} \tag{6-3}$$

式中,β_1 和 β_2 分别为基于 Levinsohn 和 Petrin(2003)方法获得的要素投入系数的一致估计量。

2) 企业的轨道交通可达性

与本书之前章节的构造方法类似,这里分别使用企业与邻近地铁站点的直线距离和企业周边一定范围内是否有地铁站点两类指标来反映企业的轨道交通可达性。由于企业数据是月度数据,为了更加精确的匹配企业的地铁可达性,我们首先从北京地铁官网整理了 2016 年北京市 287 个地铁站点的开通时间,然后分月度计算了每个企业与最近的已有地铁站点的空间距离,以此作为企业地铁可达性的基础指标。在此基础上,我们以企业为中心,分别计算了企业周边 0.8km 以内、0.8~<1.5km、1.5~<2.5km 以及 2.5km 以外的地铁站点数量。从统计结果(表 6-1)来看,研究期内企业与邻近地铁站点的距离平均为 3.65km,最小值为 0km,最大值为 84.20km。其中有 48.2% 的企业与最近地铁站点的距离小于 0.8km,68.4% 的企业与最近地铁站点的距离小于 1.5km,76.9% 的企业与最近地铁站点的距离小于 2.5km,23.1% 的企业与最近地铁站点的距离大于 2.5km。

表 6-1 变量的描述性统计量

变量	定义	样本数	均值	标准差	最小值	最大值
lnTFP	全要素生产率的对数	221 037	3.36	1.13	0.00	12.54
d_s	到最近的地铁站点的距离/km	221 037	3.65	6.56	0.00	84.20
Q_{ta}	总资产/亿元	221 037	8.23	58.87	0.00	4330
Q_{age}	企业年龄/年	221 037	12.17	7.72	0.00	111
Q_{mx}	总进口和出口额度/亿元	221 037	2.42	56.67	0.00	7610
Q_{gdp}	国内生产总值/亿元	221 037	737.31	1082.80	0.01	3272.15

2. 实证模型设定

研究中使用面板数据的固定效应模型来考察地铁可达性对企业生产效率的影响,具体的模型设定如式(6-4):

$$\text{TFP}_{it} = \alpha d_{s,it} + \beta X_{dt} + \gamma f_{it} + \delta_i + \delta_t + \varepsilon_{it} \tag{6-4}$$

式中,TFP_{it} 为企业 i 在时间 t 的全要素生产率;$d_{s,it}$ 为企业 i 在时间 t 到达距离最近的地铁站点的距离;X_{dt} 为企业所在的行政区层面可能影响企业生产效率的控制变量,包括行政区的收入和人口规模等;f_{it} 为企业层面的控制变量,包括企业规模、企业年龄、企业的进出口等,用以控制企业的特征对于企业生产率的影响;δ_i 为企业固定效应,用来控制企业层面不随时间变化的因素;δ_t 为时间固定效应,用来控制宏观层面随时间变化的因素对企业生产效率的冲击;ε_{it} 为随机扰动项;考虑到同一家企业的生产效率在不同时期存在较强的相关性,我们在实证估计时对标准误在企业层面进行聚类调整(Bertrand 等,2004)。根据本章 6.1.1 节的分析,预测 α 的估计结果为负,即与地铁站点的邻近性有助于企业提高生产效率。

进一步分析,我们用空间哑元变量替代连续的距离变量,来分析地铁可达性对企业生产效率的空间异质性。具体的模型设定如式(6-5):

$$\text{TFP}_{it} = \alpha_1 I_{(<0.8), it} + \alpha_2 I_{(0.8\sim<1.5), it} + \alpha_3 I_{(1.5\sim<2.5), it} +$$
$$\beta X_{dt} + \gamma d_{it} + \delta_d + \delta_i + \delta_t + \varepsilon_{it} \tag{6-5}$$

模型中 $I_{(<0.8)}$ 表示,若该企业与最近地铁站点的距离小于 0.8km,则取值为 1,否则取值为 0;同理,$I_{(0.8\sim<1.5)}=1$ 和 $I_{(1.5\sim<2.5)}=1$ 分别表示该企业与最近地铁站点的距离在 0.8~<1.5km 和 1.5~<2.5km 范围内;模型中将与最近地铁站点的距离大于 2.5km 的哑元变量 $I_{(\geqslant 2.5)}$ 作为参照变量。此处,系数 α_1 的经济含义为"邻近地铁在 0.8km 范围以内企业的 TFP 要比邻近地铁超过 2.5km 的企业高 α_1";α_2 和 α_3 两个系数的含义同理。根据上述定义,我们预期 α_1、α_2 和 α_3 的估计结果为正。

6.1.3 轨道交通对企业生产效率影响效果分析

表 6-2 报告了对模型(6-4)的估计结果。其中被解释变量为企业的全要素生产率,解释变量为企业到最近地铁站点的距离。其中,在控制企业和时间(月)的固定效应的前提下,第 1 列数据只加入了核心解释变量——企业与邻近地铁距离变量的对数值;在第 2 列数据中加入了企业层面控制变量;在第 3 列数据中进一步加入了地区相关的控制变量;第 4 列数据引入了企业的所属产业的固定效应;第 5 列数据引入了地区固定效应。可以发现随着控制变量的增加,主要解释变量(到地铁的距离的对数)的系数始终显著为负,说明企业到地铁距离对企业的 TFP 有显著负向的影响,距离地铁越近,TFP 越高。由第 5 列数据可知,企业到最近地铁的距离每增加 10%,企业的生产效率降低 0.6%。观察控制变量的系数,企业规模越大,企业的生产效率越高(1%的统计水平上显著),这可能是因为企业规模越大,形成了规模效应,从而提高了企业的生产率。在控制了产业和地区固定效应之后,企业年龄对企业生产效率的正向影响在统计意义上不显著,这可能是因为低龄企业可能更倾向于激进和创新,而老企业虽然在生产和管理上有经验,但是相比于低龄企业,决策相对保守和稳健,从而生产效率的提高不够显著。此外,企业进出口总额越大,生产效率越高,且在统计意义上显著。

表 6-2 到地铁距离基准回归结果

(被解释变量:lnTFP)

变量	(1)	(2)	(3)	(4)	(5)
$\ln d_{s,it}$	−0.053***	−0.037**	−0.049***	−0.054***	−0.059***
	(0.018)	(0.017)	(0.019)	(0.019)	(0.019)
Q_{ta}		0.340***	0.337***	0.334***	0.334***
		(0.016)	(0.016)	(0.016)	(0.016)
Q_{age}		0.009**	0.016***	0.016	1.004
		(0.004)	(0.004)	(0.241)	(0.781)
Q_{mx}		0.078***	0.081***	0.081***	0.081***
		(0.004)	(0.005)	(0.005)	(0.005)

续表

变量	(1)	(2)	(3)	(4)	(5)
Q_{pop}			0.137*	0.099	−0.106
			(0.080)	(0.171)	(0.353)
Q_{gdp}			0.007***	0.003	0.565
			(0.001)	(0.105)	(0.439)
地区固定效应	否	否	否	否	是
产业固定效应	否	否	否	是	是
时间固定效应	是	是	是	是	是
企业固定效应	是	是	是	是	是
常数项	7.499***	5.393***	4.481***	5.332	−12.272
	(0.016)	(0.095)	(0.455)	(3.318)	(14.347)
样本数	221 037	220 899	207 745	207 745	207 745
R^2	0.000	0.024	0.023	0.025	0.025
企业数目	8450	8421	8001	8001	8001

注：括号内报告的是标准误；***、**、*分别表示1%、5%和10%的统计显著性水平。

表6-3为到地铁距离分段基础回归结果，同预期结果类似，相比于距离地铁2.5km以外的企业，其他条件一致的情况下，离地铁距离越近，企业的生产效率越高。其中，由第5列数据可知，相比于2.5km以外的企业，0～<1.5km内的企业生产效率提高了9.5%，且在99%的置信度下显著；而1.5～<2.5km以内的企业生产效率提高了7.8%(<9.5%)，可见，离地铁距离越近，企业的生产效率越高。

表6-3 到地铁距离分段基础回归结果

（被解释变量：lnTFP）

变量	(1)	(2)	(3)	(4)	(5)
0～<0.8km	0.103***	0.077**	0.094***	0.094***	0.095***
	(0.034)	(0.033)	(0.035)	(0.034)	(0.034)
0.8～<1.5km	0.096***	0.073**	0.090***	0.094***	0.095***
	(0.031)	(0.030)	(0.031)	(0.031)	(0.031)
1.5～<2.5km	0.065**	0.060*	0.076**	0.078**	0.078**
	(0.033)	(0.031)	(0.033)	(0.033)	(0.033)
Q_{ta}		0.339***	0.336***	0.333***	0.333***
		(0.016)	(0.016)	(0.016)	(0.016)
Q_{age}		0.008**	0.016***	0.006	−0.004
		(0.004)	(0.004)	(0.009)	(0.028)
Q_{mx}		0.078***	0.081***	0.081***	0.081***
		(0.004)	(0.005)	(0.005)	(0.005)

续表

变量	(1)	(2)	(3)	(4)	(5)
Q_{pop}			0.137*	0.174	0.466*
			(0.080)	(0.164)	(0.280)
Q_{gdp}			0.008***	−0.044	0.033
			(0.001)	(0.102)	(0.331)
地区固定效应	否	否	否	否	是
产业固定效应	否	否	否	是	是
时间固定效应	是	是	是	是	是
企业固定效应	是	是	是	是	是
常数项	7.378***	5.311***	4.366***	5.671**	3.451
	(0.021)	(0.093)	(0.451)	(1.074)	(4.840)
样本数	221 139	220 967	207 809	207 809	207 809
R^2	0.000	0.024	0.023	0.025	0.025
企业数目	8463	8426	8006	8006	8006

注：括号内报告的是标准误；***、**、*分别表示1%、5%和10%的统计显著性水平。

6.2 通勤时间与时间挤出

本文之前的实证研究验证了轨道交通对企业效率的负向因果效应，其背后的微观机制在于，轨道交通能够减少员工的通勤时间，其时间的稳定性和较高的安全性也能够在一定程度上改善员工的通勤质量，并且降低对休闲时间的挤占，从而减少长时间通勤对员工工作状态的影响，提高员工对工作的满意度，进而提高企业效率。尽管现有文献对于上述机制已有讨论，但并不系统。

6.2.1 国内外研究进展

企业和家庭在空间上的选址行为是城市经济学理论分析的基础。不管是以家庭居住选址为核心的单中心城市模型(Chisholm 和 Alonso,1964；Muth,1969；Mills,1972)，还是以企业生产选址为主要关注点的多中心城市模型(Hamilton 和 Röell,1982；Helsley 和 Sullivan,1991)，还是同时关注企业和家庭空间选址及两者竞争关系的 LRH 内生城市模型(Lucas,2001；Lucas 和 Rossi-Hansberg,2002；Rossi-Hansberg,2004)，职住分离的存在都是城市经济学理论中普遍认同的事实。在经过简化的城市经济学模型中，居民的通勤距离与工资水平、房价等因素由企业和家庭的选址行为共同决定。在空间均衡状态下，较高的通勤成本与较高的工资水平或者较好的居住环境相互补充。

但是在现实中，家庭通勤行为的复杂性、企业的异质性、住房市场的统一性，以及环境污染、拥堵等各种负外部性的存在，使得"过度通勤"现象也普遍存在。国内外学者从特征描述、指标测度、形成原因等角度对职住分离现象进行了大量的研究。Giuliano(1991)认为职住平衡应该表现为在特定区域内不同住宅类型匹配着多样性的工作岗位,实现居住与就业特征的有效互补。Marchetti 在 1994 年提出了马切蒂常数(Marchetti Constant),认为人们通常能接受的通勤时间大约是 0.5h(单程)。Kain(1968)从就业和居住的空间关系方面考虑问题,对发生在弱势群体之间的职住空间不匹配现象进行探究,提出"空间错位"假说。他发现城市低收入人群及黑人等弱势群体,由于就业歧视与住房市场歧视而承受更长的通勤距离。Han 等(2015)指出中国的职住分离现象是在经济转型发展和城市化进程的双重机制影响下产生的。柴彦威等(2011)围绕城市空间结构产生的原因和机制研究发现,单位制度对城市空间结构具有影响。申犁帆等(2018)从个体层面探究,选择不同的通勤方式与职住平衡间的相互关系。郑思齐和张文忠(2007)的研究主要关注了通勤成本与住房成本之间的空间互动关系,指出城市住房价格梯度是影响通勤成本的关键因素之一。而城市规模的扩大和城市用地结构的转变在一定程度上改变了城市的居住与就业空间格局,进而延长了居民的通勤距离和通勤时间(韩会然和杨成凤,2019)。

此外,学者们更多地关注了职住分离和通勤时间增加带来的经济和社会影响。王卉彤等(2018)利用中国 45 个城市的交通出行和污染数据研究发现,职住分离会加剧城市的雾霾污染。Kahneman 等(2004)的调查结果显示,在包括工作、照顾孩子、做家务等在内的 16 种主要的日常活动中,最令人不快的活动就是上下班通勤。Sandow(2014)的研究结果表明,长期忍受长时间通勤还会对人们的婚姻状况产生影响,与非通勤夫妇相比,长途通勤夫妇的分居率明显更高。美国人力资源咨询公司(Robert Half)于 2019 年的一项调查结果表明,上下班时间增加 20min 带给员工的痛苦程度等同于降薪 19%。

与本书研究直接相关的是通勤时间对个体工作效率的影响。其中,大部分研究认为通勤时间的增加不利于个体工作效率的提升。更长时间和更拥挤的通勤状况会显著降低人们的满意度和幸福感,影响职工的身心健康(Lyons 和 Chatterjee,2008;Hansson 等,2011;符婷婷等,2018;孙斌栋等,2019)。例如,Stutzer 和 Frey(2008)针对德国的实证研究发现,通勤时间越长,人们的主观幸福感越低,并将这种通勤时间延长未必换来相应补偿的效用失衡现象称为"通勤悖论"(commuting paradox)。Ross 和 Zenou(2008)的研究发现,通勤时间的增加会导致"偷懒"行为的发生,使员工的工作效率降低。Ommeren 和 Gutierrez(2011)使用德国的数据研究发现,通勤时间与工人旷工率之间具有显著的正向关系。通勤时间增加带来的睡眠时间的减少和工作满意度的下降也都会影响员工的工作状态和工作效率(Gibson 和 Shrader,2018;Martin 等,2014)。Lu 等(2020)基于北京市两家企业的调研数据研究也发现,通勤条件的改善能够显著降低员工的离职概率,同时能够提高新进入员工的素质。当然,也有研究发现通勤时间增加反而可能提高员工的工作效率,例如,魏翔和刘文霞(2017)考虑了长期通勤时间增加的情况,研究发现,在长期内,通勤时间的增加将会使企业内部偷懒者的数量减少,员工偷懒行为的总体水平降低。王鹏飞和魏翔(2018)通过构建多元有序选择模型,利用全国经济生活大调查数据库进行实证分析发现,当休闲和通勤之间具有互补性时,通勤时间增加能"倒逼"个体提高长期绩效,进而提升长期收入水平。

6.2.2 数据和模型设定

本节实证研究使用 2014 年中国家庭追踪调查(China family panel studies, CFPS)数据,实证考察通勤时间对于个体的微观影响。CFPS2014 年的调查数据覆盖了全国 187 个地级及以上城市,其中就业人数占比为 63.5%,具有较好的代表性。同时,调查中,也直接询问了工作者上下班的单程通勤时间,从而可以更加准确地识别通勤时间与个体行为之间的关系。在实证分析中,我们剔除了当前工作状态为退出劳动力市场和信息不全的观测对象,最终得到有效样本数为 6468 个。根据 CFPS 数据的统计结果,所有观测样本的平均单程通勤时间约为 21min,其中通勤时间超过 30min 的样本占比为 28%,在 20~30min 的样本占 16%,另外 56% 的样本单程通勤时间短于 20min。

为了更加全面地评价通勤时间对个体工作效率的行为可能的影响,我们从工作、休息、休闲和满意度角度选取了 6 个变量,分别为:①每周工作时长;②每周锻炼时长;③工作日睡眠时长;④工作日是否午休;⑤每周看电视/电影时长;⑥工作满意度。为了与通勤时间相匹配,我们将上述变量都转化为每天的时间,单位为分钟(min)。其中,工作时长直接反映了员工的工作量;锻炼时间的长短会通过影响员工的身体健康状况影响其工作效率;睡眠时长和午休会通过精神状态对工作效率产生影响;看电视/电影时长主要用来代表个体的闲暇时光,这会通过精神状态影响员工的工作效率;最后工作满意度是员工对当前工作的综合评价,会通过工作态度影响工作效率。表 6-4 给出了上述各个指标的描述性统计结果。样本的平均工作时间约为 7h,平均每天锻炼时长约为 60min,工作日平均睡眠时长约为 7.5h,48% 的人会在工作日午休,每天观看视频平均时长约为 1.5h,调查对象的平均年龄为 38 岁,月工资 2 万元左右,男性观测值占比 61%。

表 6-4 CFPS 数据变量描述性统计

变量	定义	样本数	均值	标准差
t_{com}	上下班单程时间/min	6468	21.11	22.79
t_{work}	每天工作时间/min	6468	443.27	158.62
t_{sport}	每天锻炼时长/min	2388	55.90	75.85
t_{sleep}	工作日睡眠时长/min	6468	456.33	75.51
r_{noon}	工作日是否午休:1=是,0=否	5943	0.48	0.50
t_{tv}	每天看电视/电影时长/min	6468	90.68	77.91
y_{sat}	工作满意度,取值 1~5 分别表示对工作"非常满意""比较满意""一般""不太满意""非常不满意"	6468	3.46	0.82
X_{male}	性别:1=男,0=女	6468	0.61	0.49
X_{age}	年龄	6468	38.24	11.82

续表

变量	定义	样本数	均值	标准差
X_{mar}	是否已婚：1＝是，0＝否	6468	0.83	0.38
X_{child}	子女数量	6468	1.23	0.94
X_{wage}	月工资/元	6468	20 789	22 987

我们采用模型(6-6)设定来分析通勤时间对个体行为和工作态度的影响：

$$y_{sat \cdot ijk} = \gamma_0 + \gamma_1 t_{com,i} + \beta_2 X_i + \rho_j + \omega_k + \varepsilon_{ijk} \tag{6-6}$$

式中，下标 i 表示个体，j 和 k 分别表示城市和行业，t_{com} 为通勤时间；X 为个体层面的控制变量，包括性别、年龄、婚姻状况、子女数量和工资水平。此外，模型中进一步加入了城市固定效应 ρ_j 和行业固定效应 ω_k，标准误仍然在城市和行业两个维度进行聚类。

6.2.3　通勤时间对个人工作时间的影响效果估计

表6-5是对模型(6-6)的回归结果。可以看出，在所有4个以时间为被解释变量的模型中，通勤时间的系数都显著为负，说明通勤时间的增加会显著挤出员工用于工作、运动、休闲的时间。从影响效果来看，员工每天用于通勤的时间每增加1min，将会挤出工作时间0.31min、运动时间0.19min、睡眠时间0.12min、娱乐时间0.14min；总计挤出的休闲时间（运动时间＋睡眠时间＋娱乐时间）为0.45min。此外，通勤时间的增加还会导致员工的午休时间显著减少，并使得他们对工作的满意程度显著降低。针对其他个体特征变量，我们发现性别、年龄、婚姻状况以及子女数量都会在一定程度上影响人们的时间分配，其中随着年龄增加，工作时间显著减少，这可能是因为随着年龄的增长，体力上无法承受长时间的加班工作，而且他们的岗位级别也上升了，人们更愿意选择闲暇，享受生活，从而导致工作时间减少。随着年龄的增大，睡眠时间显著减少，这可能是年龄增加带来的生理影响；但工资水平对于工作、运动以及休闲时间的支出没有显著影响，并且对于工作满意度的影响也不显著。

表6-5　职住分离对员工工作效率的影响结果

（被解释变量：y_{sat}）

变量	(1) t_{work}	(2) t_{sport}	(3) t_{sleep}	(4) t_{break}	(5) t_{enter}	(6) t_{satis}
t_{com}	−0.306**	−0.189*	−0.121*	−0.001**	−0.142**	−0.001**
	(0.137)	(0.100)	(0.061)	(0.000)	(0.053)	(0.001)
X_{male}	17.716**	1.083	−3.305	0.002	7.066**	0.044
	(6.510)	(3.719)	(1.958)	(0.014)	(2.513)	(0.037)
X_{age}	−0.613*	0.835***	−0.886***	0.005***	0.891***	0.006***
	(0.296)	(0.243)	(0.158)	(0.001)	(0.177)	(0.001)
X_{mar}	4.175	−8.457**	−2.722	0.028	6.958**	−0.011
	(5.092)	(3.826)	(1.921)	(0.025)	(2.998)	(0.037)

续表

变量	(1) t_{work}	(2) t_{sport}	(3) t_{sleep}	(4) t_{break}	(5) t_{enter}	(6) t_{satis}
X_{child}	8.808***	-0.126	1.526	-0.026**	-9.049***	0.004
	(2.393)	(2.701)	(1.812)	(0.011)	(1.561)	(0.013)
$\ln X_{wage}$	-0.873	0.217	-0.052	0.002	0.480	-0.002
	(1.032)	(0.483)	(0.303)	(0.002)	(0.413)	(0.003)
行业固定效应	是	是	是	是	是	是
城市固定效应	是	是	是	是	是	是
常数项	454.441***	30.121***	495.535***	0.313***	57.070***	3.229***
	(17.287)	(8.718)	(6.190)	(0.035)	(5.007)	(0.045)
样本数	6468	2388	6468	5943	6468	6468
R^2	0.129	0.123	0.069	0.125	0.070	0.071

注：括号里为估计系数的异方差稳健标准误，并在城市和行业层面进行聚类调整；*、**、*** 分别表示10%、5%和1%的统计显著性水平。

6.3 结论

6.3.1 轨道交通对企业生产决策的影响

本章前述的分析结果表明，轨道交通建设显著提升了周边企业的生产效率，其中一个重要机制在于，与日益恶化的道路交通相比，轨道交通能够降低员工的通勤成本和改善员工的通勤质量。除此之外，从劳动力出行与企业生产效率的关系来看，轨道交通还可能通过以下两个途径来影响企业的生产效率：第一，降低企业之间以及企业与客户之间面对面交流的成本，促进企业间以及企业与客户之间信息的交流和合作（Eberts 和 McMillen，1999；Graham，2007）；第二，通过连接机场、火车站等城际交通枢纽，方便员工的商务出行，增加跨地区城市的信息传递与合作。

当企业意识到外部环境冲击——轨道交通建设对员工出行效率的提升，给企业生产效率带来的正向影响时，它们也可能通过调整生产策略将这一正向作用放大，以实现利润最大化。根据生产理论，当单位劳动力要素投入带来的产出增加时，企业可以通过增加劳动力需求和减少资本投入比例来增加利润。然而，孙伟增和何磊磊（2021）的研究显示，随着城市平均通勤时间的增加，企业可能已经意识到了生产效率降低的问题，并通过降低生产规模（包括劳动力投入和资本投入）的方式来提高生产效率和生产利润。但是，可能是因为考虑到劳动力通勤时间的变化更多的是由城市空间结构变化导致的，所以企业并没有因此调整劳动力和资本的相对投入比例。

除了调整生产要素投入和生产规模以外，企业还可以通过选址行为来有效地应对城市中的交通网络变化对员工出行效率的影响。例如，Bell（1991）的研究显示，澳大利亚墨尔本的一家大型零售公司——Coles-Myer 公司将原本在城区办公的 1700 名员工统一调度到郊区(员工主要居住地区)办公,员工的通勤时间平均减少了约 10min,这主要是因为,一方面,工作地点离居住地近,通勤距离缩短了;另一方面,人们转向使用更快捷、方便的私人汽车出行,因为,在郊区,交通拥堵问题不严重,而且,雇主可以提供更多的免费停车场,人们更多地转向乘坐更方便、舒适的私人汽车出行,从而缩短出行时间。Cervero 和 Wu(1992)的研究发现,19 世纪 80 年代到 90 年代期间,由于美国旧金山湾区出现多个郊区次中心(如硅谷、普莱森顿等),人们的工作地点向郊区转移,这延长了通勤距离和平均通勤时间,并使得人们更倾向于使用更加方便的私人汽车出行。Vale(2013)指出,当工作地点搬迁到郊区时,通勤距离增加,为了使通勤时间尽量维持在可接受的范围内,人们会更愿意选择更快捷的私人汽车出行,但由于出行习惯的原因,即使一定程度地缩短通勤距离,人们也不会转向使用公共交通出行,因此,要想刺激人们更多地使用公共交通,必须采取一定的辅助措施,例如增加私人汽车出行的成本(如取消免费停车优惠)。

6.3.2 轨道交通对企业劳动力结构的影响

轨道交通对企业生产效率的影响,除了通过直接地影响已有劳动力的出行效率之外,还有可能通过改变企业员工的组成结构影响企业的生产行为。例如,Lu 等(2020)基于北京市两家企业的调研数据研究发现,通勤条件的改善能够显著减少员工的离职风险,同时能够提高新进入员工的素质。Ommeren 和 Gutierrez(2011)使用德国的数据研究发现通勤时间与工人旷工率之间具有显著的正向关系。

除此之外,本书其他章节的研究证实了轨道交通对周边的住房价格、消费活力和空气质量都有显著的正向促进和改善作用。这些环境因素的改变也会改变企业对异质性劳动力的吸引力,影响劳动力的就业选择,从而影响企业的员工结构和生产效率。具体来说,首先,住房价格的提升将会挤出那些支付能力相对较差,但同时对于通勤时间有较高偏好的劳动力。李蕊芳(2007)围绕职住关系等一系列相关因素进行研究发现,城市住宅的可支付性差、住宅用地的供给和就业岗位的需求不匹配是导致居民职住分离和通勤时间增加的两大主要原因。而空间本身作为一种制约因素,不但影响居民的通勤成本,而且影响居民获取相应就业和居住信息的能力,尤其可能加剧低收入者、下岗工人、外来人口等群体的弱势地位,造成更大的社会问题和空间问题,因而构成弱势群体实现就业的空间障碍(Immergluck,1998;Simpson,1992),在一定程度上提高了他们的离职风险。其次,环境污染会通过影响生理健康、个体生产率、人力资本积累等途径影响劳动力就业(Zivin 和 Neidell,2018),因此轨道交通所引致的空气质量提升以及周边消费环境改善将会增加劳动力在企业的就业意愿。尤其当有更多高技能劳动力倾向于在轨道交通周边的企业工作时,高技能人力资本的集聚将会淘汰低技能劳动力,从而间接导致了轨道交通周边区域内人力资本结构的优化。因此,轨道交通将重塑城市人力资本的空间分布格局,对城市经济发展产生重大影响。

参 考 文 献

[1] 柴彦威,张艳,刘志林.职住分离的空间差异性及其影响因素研究[J].地理学报,2011,66(2):157-166.

[2] 符婷婷,张艳,柴彦威.大城市郊区居民通勤模式对健康的影响研究:以北京天通苑为例[J].地理科学进展,2018,37(4):547-555.

[3] 韩会然,杨成凤.北京都市区居住与产业用地空间格局演化及其对居民通勤行为的影响[J].经济地理,2019,39(5):65-75.

[4] 李蕊芳.北京市工作—居住地点不平衡关系研究[C]//中国城市规划学会.和谐城市规划:2007中国城市规划年会论文集,2007:11.

[5] 申犁帆,张纯,李赫,等.大城市通勤方式与职住失衡的相互关系[J].地理科学进展,2018,37(9):1277-1290.

[6] 沈忱,张纯,夏海山,等.大都市圈职住空间关系与就业可达性:交通基础设施的影响[J].国际城市规划,2019,34(2):64-69.

[7] 孙斌栋,吴江洁,尹春,等.通勤时耗对居民健康的影响:来自中国家庭追踪调查的证据[J].城市发展研究,2019,26(3):59-64.

[8] 王卉彤,刘传明,赵浚竹.交通拥堵与雾霾污染:基于职住平衡的新视角[J].财贸经济,2018,39(1):147-160.

[9] 王鹏飞,魏翔.通勤时间对工作绩效的影响[J].城市问题,2018(7):91-103.

[10] 魏翔,刘文霞.通勤与偷懒:交通时间影响工作效果的现场追踪研究[J].财经研究,2017,43(8):4-17.

[11] 郑思齐,张文忠.住房成本与通勤成本的空间互动关系:来自北京市场的微观证据及其宏观含义[J].地理科学进展,2007(2):35-42.

[12] 郑思齐,张晓楠,徐杨菲,等.城市空间失配与交通拥堵:对北京市"职住失衡"和公共服务过度集中的实证研究[J].经济体制改革,2016(3):50-55.

[13] BELL D A. Office relocation-city or suburbs? Travel impacts arising from office relocation from city to suburbs[J]. Transportation,1991,18:239-259.

[14] BERTRAND M,DUFLO E,MULLAINATHAN S. How much should we trust differences-in-differences estimates?[J]. The Quarterly Journal of Economics,2004,119(1):249-275.

[15] CERVERO R,WU K L. Sub-centring and commuting:Evidence from the San Francisco bay area1980-90[J]. Urban Studies,1992,35(7):1059-1076.

[16] CHARNOZ P,LELARGE C,TREVIEN C. Communication costs and the internal organisation of multi-plant businesses:evidence from the impact of the French high-speed rail[J]. The Economic Journal,2018,128(610):949-994.

[17] CHISHOLM M. Location and land use:Toward a general theory of land rent[J]. Economic Geography,1966,42(3):277-279.

[18] CHRISTIAN T J. Trade-offs between commuting time and health-related activities[J]. Journal of Urban Health,2012,89(5):746-757.

[19] DONG X,ZHENG S,KAHN M E. The role of transportation speed in facilitating high skilled

teamwork across cities[J]. Journal of Urban Economics,2020,115:103212.

[20] EBERTS R W,MCMILLEN D P. Agglomeration economies and urban public infrastructure[J]. Handbook of Regional and Urban Economics,1999,3:1455-1495.

[21] GIBBONS S,LYYTIK INEN T,OVERMAN H G,et al. New road infrastructure: the effects on firms[J]. Journal of Urban Economics,2019,110:35-50.

[22] GIBSON M,SHRADER J. Time use and labor productivity: The returns to sleep[J]. Review of Economics and Statistics,2018,100(5):783-798.

[23] GIROUD X. Proximity and investment: Evidence from plant-level data[J]. The Quarterly Journal of Economics,2013,128(2):861-915.

[24] GIULIANO G. Is jobs-housing balance a transportation issue? [J]. Transportation Research Record,1991,1305:305-312.

[25] GRAHAM D J. Variable returns to agglomeration and the effect of road traffic congestion[J]. Journal of Urban Economics,2007,62(1):103-120.

[26] HAMILTON B W,RELL A. Wasteful commuting[J]. Journal of Political Economy,1982,90(5):1035-1053.

[27] HAN H,YANG C,WANG E,et al. Evolution of jobs-housing spatial relationship in Beijing metropolitan area: A job accessibility perspective[J]. Chinese Geographical Science,2015,25(3):375-388.

[28] HANSSON E,MATTISSON K,BJRK J,et al. Relationship between commuting and health outcomes in a cross-sectional population survey in southern Sweden[J]. BMC Public Health,2011,11(1):1-14.

[29] HELSLEY R W, SULLIVAN A M. Urban subcenter formation[J]. Regional Science and Urban Economics,1991,21(2):255-275.

[30] HOLL A. Highways and productivity in manufacturing firms[J]. Journal of Urban Economics,2016,93:131-151.

[31] IMMERGLUCK,D. Job proximity and the urban employment problem: Do suitable nearby jobs improve neighborhood employment rates? [J]. Urban Studies,1998,35(1):7-23.

[32] KAHNEMAN D,KRUEGER A B,SCHKADE D A,et al. A survey method for characterizing daily life experience: The day reconstruction method[J]. Science,2004,306(5702):1776-1780.

[33] KAIN J F. Housing segregation,negro employment,and metropolitan decentralization[J]. The Quarterly Journal of Economics,1968,82(2):175-197.

[34] LEVINSOHN J,PETRIN A. Estimating production functions using inputs to control for unobservables[J]. The Review of Economic Studies,2003,70(2):317-341.

[35] LU K,HAN B,LU F,et al. Urban rail transit in China: Progress report and analysis (2008—2015)[J]. Urban Rail Transit,2016,2(3-4):93-105.

[36] LU Y,SHI X,SIVADASAN J,et al. How does improvement in commuting affect employees? evidence from a natural experiment[J]. SSRN,2020:1-50.

[37] LUCAS R E,ROSSI-HANSBERG E. On the internal structure of cities[J]. Econometrica,2002,70(4):1445-1476.

[38] LUCAS R E. Externalities and cities[J]. Review of Economic Dynamics,2001,4(2):245-274.

[39] LYONS G,CHATTERJEE K. A human perspective on the daily commute: costs, benefits and

trade-offs[J]. Transport Reviews,2008,28(2):181-198.
[40] MARTIN A,GORYAKIN Y, SUHRCKE M. Does active commuting improve psychological wellbeing? Longitudinal evidence from eighteen waves of the British Household Panel Survey[J]. Preventive Medicine,2014,69:296-303.
[41] Mills E S. Studies in the Structure of the Urban Economy[M]. Baltimore:The Johns Hopkins Press,1972.
[42] MUTH R F. Cities and Housing[M]. Chicago:The University of Chicago Press,1969.
[43] MUTH R F. The spatial structure of the housing market[C]//Papers of the Regional Science Association. Springer-Verlag,1961,7(1):207-220.
[44] OMMEREN J V, GUTIERREZ-I-PUIGARNAU E. Are workers with a long commute less productive? An empirical analysis of absenteeism[J]. Regional Science and Urban Economics,2011, 41(1):1-8.
[45] ROSS S L,ZENOU Y. Are shirking and leisure substitutable? An empirical test of efficiency wages based on urban economic theory[J]. Regional Science and Urban Economics,2008,38(5):498-517.
[46] ROSSI-HANSBERG E. Cities under stress[J]. Journal of Monetary Economics,2004,51(5): 903-927.
[47] SANDOW E. Til work do us part:The social fallacy of long-distance commuting[J]. Urban Studies,2014,51(3):526-543.
[48] SIMPSON W. Urban Structure and the Labor Market:Worker mobility, Commuting and Unemployment in Cities[M]. Oxford:Clarendon Press,1992.
[49] STUTZER A,FREY B S. Stress that doesn't pay:The commuting paradox[J]. Scandinavian Journal of Economics,2008,110(2):339-366.
[50] TANG J P. Railroad expansion and industrialization:evidence from Meiji Japan[J]. The Journal of Economic History,2014,74(3):863-886.
[51] VALE D S. Does commuting time tolerance impede sustainable urban mobility? Analysing the impacts on commuting behaviour as a result of workplace relocation to a mixed-use centre in Lisbon[J]. Journal of Transport Geography,2013,32(10):38-48.
[52] VAN OMMEREN J N, GUTI RREZI-PUIGARNAU E. Are workers with a long commute less productive? An empirical analysis of absenteeism[J]. Regional Science and Urban Economics,2011, 41(1):1-8.
[53] ZIVIN J G,NEIDELL M. Air pollution's hidden impacts[J]. Science,2018,359(6371):39-40.

第七章

轨道交通对城市消费活力的带动作用*

公共部门提供的设施(如地铁)与私人部门提供的设施(如餐馆、商店等)共同重塑了城市空间结构,决定着居民的生活质量;这些设施不仅能够激发经济发展的潜在动力、催生更多的就业机会,而且还会推动房地产价值上升以及城市绅士化(gentrification)发展,值得城市规划者和决策者密切关注。

政府进行投资或制定政策有助于改善城市宜居条件,并进一步释放社会乘数效应,带来良性的连锁反应。根据 Helmes(2003)的定义,城市绅士化主要包括两个过程——高收入人群的重新定居和房屋更新。本书第二章和第三章的研究证实了轨道交通对周边房地产价值的提升作用,本章将重点探讨轨道交通对周边消费活力的带动效应,以及由此带来的房地产价值的进一步提升。本章 7.1 节回顾国内外相关研究成果;7.2 节使用 2004—2013 年的大众点评网数据,检验新地铁站开通对其附近的餐馆数量、餐馆多样性以及消费者需求的影响;7.3 节加入房屋租赁数据,深入探讨轨道交通、商业宜居性和物业价值三者之间的关系;7.4 节为本章的结论。

7.1 国内外相关研究进展

围绕城市的绅士化发展问题,Schwartz 等(2003)测算了美国纽约市内犯罪率下降对当地房价上涨的贡献。Kahn 等(2010)分析了美国加利福尼亚海岸线区域的洛杉矶社区的城

---

* 本章核心内容来源:[1]ZHENG S Q,HU X K,WANG J H,et al. Subways near the subway:Rail transit and neighborhood catering businesses in Beijing[J]. Transport Policy,2016,51:81-92. [2]ZHENG S Q,XU Y F,ZHMG X N,et al. Transit development,consumer amenities and home values:Evidence from Beijing's subway neighborhoods[J]. Journal of Housing Economics,2016,33:22-33.

市绅士化进程。Sieg等(2004)的研究发现,洛杉矶实施的"空气清洁法令"(Clean Air Act Regulation)不仅使空气污染程度大幅降低,还显著促进了贫困地区的城市绅士化进程。从轨道交通与城市绅士化的关系来看,政府基础设施投资的直接作用是改善周边居民的生活质量,这会提高住房的价格或租金。在市场竞争和人口自由流动的条件下,该区域将反向选择可以承担高租金的人群。同时,高收入群体的聚集会吸引更高质量的零售商和餐馆等服务行业进入,消费机会质量的提升将进一步吸引更多高技能、高收入的人口在周边居住和就业,由此形成滚雪球效应(Waldfogel,2008)。

关于轨道交通建设对周边房地产价值的影响,国内外已有大量的研究成果。在这些研究的基础上,本书第二章利用中国城市的数据,验证了轨道交通对发展中国家房地产价格的影响效应;第三章也关注了轨道交通建设对周边土地利用开发强度的影响,并且探讨了土地供给弹性等结构化因素带来的轨道交通资本化效应的空间差异。除此之外,学者们还考察了轨道交通对就业等城市其他方面的影响。例如,Giuliano(2004)系统性地回顾了关于美国重要城市轨道系统的研究,包括旧金山的捷运系统(bay area rapid transit,BART)、华盛顿地铁以及1970—2000年的亚特兰大公共运输系统(metropolitan Atlanta rapid transit authority,MARTA)。他通过总结得出,轨道交通对土地使用、土地价值、人口和就业的影响因地域而异,并且不同的轨道线路、不同的站点产生的影响也不同。这些异质性结论的出现主要取决于新地铁站能否在很大程度上改善当地的交通便利性,其中新地铁站的开通对快速扩张且交通拥堵的区域和以汽车为主要出行方式且交通顺畅的区域的影响往往截然不同。Mejia-Dorantes和Lucas(2014)重点分析了英国伦敦地铁银禧线(Jubilee Line)的延伸和西班牙马德里地铁(Madrid Metrosur)的开通对物业价值、开发密度和就业的影响,也得到了与Giuliano类似的研究结论。

相比于对住房价值和土地利用的影响,轨道交通对当地消费者宜居性影响的研究相对较少。相关研究主要集中在对当地零售活动的影响,学者们通常使用的指标包括就业和零售商业数量或密度。这一问题的经济学逻辑是显而易见的:轨道交通降低了周边区域到达城市其他区位的交通成本,同时因为站点区域聚集了更多的工作机会和住房,能够吸引来更多的客流和居民,更高的需求密度和更便捷的交通将有利于提高本地商业的市场活力。因此,根据经典的零售业选址理论,轨道交通将推动沿线零售商业数量和多样性的增加(Berry,1967;Stern,1972;Fischer和Harrington,1996)。

然而在实证研究方面,关于轨道交通对周边消费活动的影响,学者们并没有得到完全一致的结论。Bollinger和Ihlandfeldt(1997)使用1980年和1990年人口普查数据和就业数据构建联立方程,在控制了土地利用形式和社会经济环境之后,研究发现美国亚特兰大公共运输系统MARTA对站点周边的商业就业和总就业均无显著作用,但是MARTA改变了站点周边区域的就业结构。Schuetz(2015)研究了1992—2009年美国加利福尼亚州轨道交通和快速公交(bus rapid transit,BRT)的开通对站点周边1/4英里(0.40km)范围内的商业活动和零售业就业的影响,同样没有发现显著的正向关系。Bollinger和Ihlandfeldt(1997)及

Schuetz(2015)对此做出的解释是,轨道交通并不是亚特兰大或加州地区城市交通的重要组成部分。相反,Bowes 和 Ihlanfeldt(2001)使用 1991—1994 年零售业就业密度面板数据建立随机效应模型,测算结果显示在距离站点 1/4～1/2 英里(0.40～0.81km)范围内的零售业就业密度增长速度最快,并且随着站点与城市中心距离的增加上述效应越显著。Zheng 和 Kahn(2013)利用北京市 2003—2009 年的数据同样证实了轨道交通建设对其周边区域商铺的消费宜居性的带动作用,但是这种影响仅限于较为高端的餐饮业。针对这一发现,他们给出的解释是,在发展中经济体,交通拥堵城市的轨道交通在城市客运中发挥着更为突出的作用。与以汽车为主要交通方式的美国大城市相比,中国城市中各个社会阶级群体乘坐轨道交通的比例都相当大。例如,2005—2009 年,美国加州四大城市中的三个城市搭载轨道交通的通勤者占比仅为 0.5%(Schuetz,2015),而北京地铁承载了全市近 1/3 的通勤者。

7.2 轨道交通对周边消费活跃度的带动效应

7.2.1 背景与数据介绍

本节将围绕北京市 2004—2013 年新地铁站开通对周边区域餐饮业的影响进行分析。北京自 21 世纪初开启了大规模建设地铁网络的进程,2007 年所有运营的地铁均在 2004 年之前建成,2007—2013 年共有 12 条地铁线投入使用,地铁站点由 70 个增加至 274 个。截至 2013 年底,北京地铁线路全长 476km,日均客流量超过 1000 万人次。本节将 2007 年及之后开通的地铁站称为新地铁站。具体来说,本节研究主要使用两个数据集:一个是研究期间新建地铁站的开通时间和空间位置;另一个是北京市每年新增的餐馆数量、餐馆多样性以及新地铁站周边餐馆的在线评论数,以此来度量城市空间中不同区位的消费活力。

1. 新地铁线和地铁周边区域设定

图 7-1 显示的是截至 2013 年 12 月的北京地铁线路图。图中三角形和正方形都代表地铁站,连接正方形的双虚线表示 2004 年以前建成的旧地铁线路,连接三角形的实线表示在研究期间(2004—2013 年)建造的新地铁线路。值得注意的是,新地铁线(实线)至少在旧地铁线(双虚线)3 年后建成。旧地铁站与新地铁站周边的区域之间可能存在一些系统性差异,如人居环境和商业开发的成熟度等。因此,我们将研究样本限制在 154 个新地铁站附近,并且主要关注西城、东城、海淀、朝阳、石景山、丰台这 6 个内城区。

本节主要关注的是地铁周边区域的消费活力在地铁站点开通前后的变化,因此我们以每一个地铁站为圆心,一定距离为半径划出的圆形区域作为具体的空间分析单元。为了确定地铁站的空间作用范围,以及这种影响如何随着距离而变化,我们针对每一个地铁站构建了 3 个范围:地铁站周边 0～<400m 的圆形范围($BUF_{0\sim<400,i}$),地铁站周边 400～<800m($BUF_{400\sim<800,i}$)和 800～1200m($BUF_{800\sim1200,i}$)的两个环状范围。

基于上述定义,我们构建了 2004—2013 年期间,154 个新地铁站周边区域的面板数据。

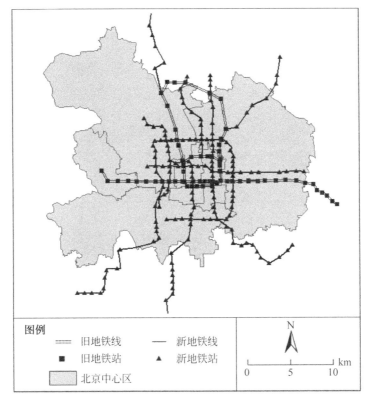

图 7-1　2013 年北京市地铁线路图

其中核心虚拟变量 $y_{\text{open},it}$ 表示在 t 年地铁站 i 开通与否。由于大部分新地铁线路都是在年底开通的,虚拟变量 $y_{\text{open},it}$ 的值从地铁站开通后的第二年开始设为 1。本节还设定了两个不随时间变化的控制变量 X_{popd} 和 d_c,其中,X_{popd} 是指地铁站所在街道 2000 年的人口密度,d_c 是地铁站到市中心(天安门)的距离,用来控制不可观测的区位特征,并捕捉从市中心往外的经济活动的负梯度。在考察地铁站开通对不同地区餐饮活动的影响时,我们将四环以内的城区定义为"内城",以外的城区定义为"外城"。

2. 地铁社区餐饮服务的供需情况

本研究中的餐馆数据来自大众点评网(www.dianping.com)。我们从该网站获得了北京市 86 456 个餐饮场所的详细信息,包括每个餐馆的名称、地址、成立日期、在线评论数量和菜品种类。我们对所有餐饮场所进行空间定位,并构造新增餐馆数量和多样性指标(详见下文描述)。图 7-2 给出了 2004 年和 2013 年北京市餐馆密度的空间分布情况及其与地铁线路的关系。从图中可以看到,新地铁线路周边出现了许多餐饮热点区域。

本节将餐饮场所根据用餐形式分为两类:堂食餐馆和外带餐馆[如美国三明治店赛百味(Subway)]。对于日程紧张的顾客而言,他们的时间机会成本相对较高,更可能倾向于在

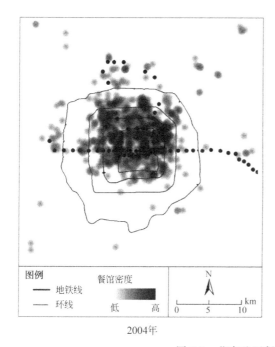 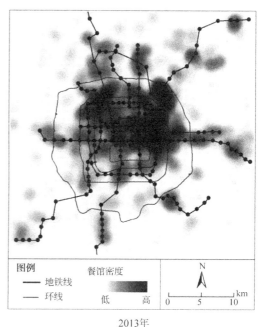

2004年 　　　　　　　　　　　　　　　2013年

图 7-2　北京地区餐饮企业的空间分布

快餐店就餐或者打包一些外带的食物和饮品,然后继续他们的行程。此外,也有部分顾客来到某个地铁站周边是为了与亲朋好友或商业伙伴举杯畅饮、共进美食,在这种情况下,他们通常会为就餐安排更多的时间,并且会在地铁站周边更大的区域范围内选择就餐场所。因此,以方便快捷为导向的外带餐馆在紧邻地铁站的周边区域有更高的需求,而在享受地铁交通便利的同时,可以更好地促进面对面互动的堂食餐厅的需求距离梯度则相对平缓。图 7-3 显示了 2004—2013 年在所研究地铁站周边 0～<400m 圆形范围内外带餐馆与堂食餐馆的占比。可以看出,随着时间的推移,地铁站周边聚集了越来越高比例的外带餐馆。

研究中我们使用新增餐馆数量和餐馆在线评论数来度量新地铁站开通对餐饮业的影响。由于可达性的提高,地铁站的开通会使得附近的消费需求有所增加,我们统计了 0～<400m 圆形范围($RES_{0\sim<400,it}$)、400～<800m 环状范围($RES_{400\sim<800,it}$)和 800～1200m 环状范围($RES_{800\sim1200,it}$)3 个区域的餐馆新增数量。同时,我们还分别计算了前文定义的两种餐饮场所类型(堂食餐馆和外带餐馆)的新增数量。根据假设,不同范围内的新增餐馆数量都与新地铁站的开通直接相关,而现有餐馆数量则可能会受到许多其他历史因素的影响。

当然,新增餐馆数量只能在一定程度上反映餐饮业的更新程度,并不能完全反映餐饮消费规模和受欢迎程度。为此,我们借鉴已有研究,使用在线评论数作为餐馆消费者需求的代理变量(Bakhshi 等,2014)。对于这个度量指标,我们统计了 2004—2013 年 0～<400m 圆

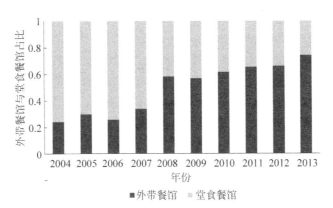

图 7-3 2004—2013 年期间 0～<400m 圆形范围内外带餐馆与堂食餐馆占比

形范围($REV_{0\sim<400,it}$)、400～<800m 环状范围($REV_{400\sim<800,it}$)和 800～1200m 环状范围($REV_{800\sim1200,it}$)内每年的餐馆评论总数和平均评论数。前者代表一定范围内的总需求,后者代表该范围内每个餐厅的平均"客户流动强度"。需要说明的是,并非所有的顾客在就餐后都会在网上进行评论,因此评论数只能被视为客流量的近似值。如果餐馆顾客中的在线评论者比例在不同半径范围、站点附近区域以及随时间的变化相对稳定,则该指标能够较好地反映客户需求的在空间和时间上的相对变化。

除餐馆数量之外,新地铁站开通对餐馆的多样性可能也会产生影响。地铁站的开通扩大了其周边范围餐饮业的市场规模,来自城市更大范围的消费者有机会利用地铁网络提供的便利来光顾这些餐馆。消费者在空间上的临近性扩大了餐馆的市场范围,从而有利于提高消费机会供给的数量和多样性,以满足潜在客户的不同偏好(Schiff,2015)。我们借鉴生物学领域常用的 Shannon 指数和 Gini-Simpson 指数,构造了两个餐馆多样性指标[①]。由于不同时期不同社区的新开业餐馆数量的差异很大,且有时数值很小甚至为零,因此本章将使用既有餐馆数目来得到更具稳健性的多样性指数。

首先,我们参考 Blair(1996)的研究,构造了餐馆多样性的 Shannon 指数。具体来说,地铁站 i 周边范围 k 在 t 年的 Shannon 多样性指数为:

$$\text{DST1}_{ikt} = -\sum_{m=1}^{n} \frac{\text{TN}_{ikmt}}{\text{TN}_{ikt}} \times \ln\left(\frac{\text{TN}_{ikmt}}{\text{TN}_{ikt}}\right) \tag{7-1}$$

其次,我们参考 Simpson(1949)的研究,构造了餐馆多样性的 Gini-Simpson 指数如下:

$$\text{DST2}_{ikt} = 1 - \sum_{m=1}^{n} \left(\frac{\text{TN}_{ikmt}}{\text{TN}_{ikt}}\right)^2 \tag{7-2}$$

---

① 多样性指数最初用于生态学中衡量物种多样性,但很快扩展到其他领域。多样性指数最常用的函数形式是 Shannon 指数、Gini-Simpson 指数和 Berger-Parker 指数,本书采用前两种方法。

在上述两个等式中，TN_{ikt} 是地铁站 i 周边范围 k 在 t 年的餐馆总数，TN_{ikmt} 是地铁站 i 周边范围 k 在 t 年第 m 类餐馆的数量。对于这两个指标，我们均使用了大众点评网中涉及的 49 种不同菜品。若菜品种类越多，并且每种类型占比越均匀，则上述两个多样性指数会越大。此外，同时使用两个多样性指数能够验证实证结果的稳健性。

变量定义与描述性统计如表 7-1 所示。地铁站周边 0~<400m、400~<800m 和 800~1200m 范围内餐馆的平均增量分别为 3.22 个、5.52 个和 2.92 个，相应的标准差分别为 5.99、10.50 和 6.16，这说明每年新增的餐馆数量具有较大的差异性。同时可以看出，在地铁站周边任何一个范围内，外带餐馆的平均增量至少是堂食餐馆的两倍。其中，地铁站周边 400m 范围以内外带餐馆和堂食餐馆的平均增量分别为 2.03 个与 0.84 个，400~<800m 环状范围内平均数量分别为 3.35 个与 1.45 个，800~1200m 环状范围内平均增量分别为 1.69 个与 0.82 个。就评论数而言，地铁站周边餐馆的在线评论总数呈现出明显的离散性分布，0~<400m、400~<800m 和 800~1200m 范围内评论总数分别为 327.01、414.76 和 209.94，对应的标准差分别为 857.96、989.41 和 596.77；0~<400m、400~<800m 和 800~1200m 范围内每家餐馆平均评论数分别为 18.14、17.16 和 12.62，表明到地铁站距离越近，餐馆的平均评论数越多，客流量越大。就多样性指数而言，Shannon 指数和 Gini-Simpson 指数都未发现与地铁站距离有明确的关系，0~<400m、400~<800m 和 800~1200m 范围内的 Shannon 指数分别为 1.09、1.35 和 0.96，Gini-Simpson 指数分别为 0.48、0.56 和 0.41。此外，地铁站所在街道平均人口密度为 1.39 万人/km²，最小人口密度为 0.05 万人/km²，最大人口密度为 4.14 万人/km²；新地铁与市中心的平均距离约为 8.7km，最近距离约为 1.6km，最远距离约为 19.2km。

表 7-1 变量定义及描述性统计

变量		定义	样本数	均值	标准误	最小值	最大值
n_{res}	0~<400m	地铁站周边区域每年新增的餐馆数量	1540	3.22	5.99	0	70
	400~<800m		1540	5.52	10.50	0	143
	800~1200m		1540	2.92	6.16	0	63
n_{onres}	0~<400m	地铁站周边区域每年新增的堂食餐馆数量	1540	0.84	1.67	0	22
	400~<800m		1540	1.45	2.25	0	27
	800~1200m		1540	0.82	1.54	0	12
n_{offres}	0~<400m	地铁站周边区域每年新增的外带餐馆数量	1540	2.03	4.31	0	39
	400~<800m		1540	3.35	7.49	0	95
	800~1200m		1540	1.69	4.35	0	48
n_{rt}	0~<400m	地铁站周边区域餐馆的在线评论总数	1540	327.01	857.96	0	14 777
	400~<800m		1540	414.76	989.41	0	16 572
	800~1200m		1540	209.94	596.77	0	8603

续表

变量		定义	样本数	均值	标准误	最小值	最大值
n_{ra}	0～<400m	地铁站周边区域餐馆平均在线评论数	1540	18.14	30.41	1	370
	400～<800m		1540	17.16	23.09	1	276
	800～1200m		1540	12.62	22.24	1	393
DST1	0～<400m	地铁站周边区域餐馆的多样性（以Shannon指数度量）	1540	1.09	0.98	0	2.93
	400～<800m		1540	1.35	1.03	0	3.10
	800～1200m		1540	0.96	1.02	0	3.11
DST2	0～<400m	地铁站周边区域餐馆的多样性（以Gini-Simpson指数度量）	1540	0.48	0.39	0	0.93
	400～<800m		1540	0.56	0.38	0	0.95
	800～1200m		1540	0.41	0.40	0	0.94
y_{open}		地铁站是否开通使用：是=1；否=0	1540	0.30	0.46	0	1.00
X_{popd}		地铁站所在街道的人口密度/(万人/km²)	1540	1.39	0.92	0.05	4.14
d_c		地铁站到城市中心（天安门）的距离/m	1540	8667	4038	1636	19163
y_{out}		地铁站是否位于外城：是=1；否=0	1540	0.25	0.43	0	1

7.2.2 轨道交通站点与周边区域的消费活跃性

1. 餐馆数量

为了确定新地铁站的开通对其周边区域新增餐馆数量的影响,本书采用双重差分(DID)方法估计如式(7-3)双向固定效应模型：

$$\text{RES}_{ikt} = f(\alpha + \beta_k^0 y_{\text{open},it} + \eta_i + \mu_t + \varepsilon_{ikt}) \quad (7\text{-}3)$$

式中,被解释变量 RES_{ikt} 度量的是地铁站 i 周边范围 k 在 t 年内新增的餐馆数量；μ_t 为所在年份的虚拟变量,用以控制时间趋势；η_i 为地铁站 i 的固定效应,用以控制不随时间变化的不可观测因素导致的地铁周边区域在每年新增餐馆数量上的差异；$y_{\text{open},it}$ 为地铁站是否开通的虚拟变量,处理效应 β_k^0 为地铁站开通前后的新增餐馆数量差减去新增餐馆长期平均趋势数。

模型(7-3)中处理效应 β_k^0 的基本假设为地铁站开通前的样本可视为地铁站开通后样本的反事实事件。虽然已经使用站点固定效应来控制不随时间变化的不可观测变量,但是如果存在与新地铁站开通相关的任何随时间变化的不可观测变量,DID方法仍然会导致 β_k^0 的偏差。为了缓解随时间变化的不可观测变量这个潜在问题,我们将样本限制在2004—2013年期间新建地铁站周边区域,与已经成熟且拥有发达零售业的旧地铁站周边区域相比,这些新地铁站周边区域的同质化程度要更高。

当然,新地铁站周边区域也可能存在选择偏误问题,因为较早开通地铁站与较晚开通地铁站的周边区域情况也会存在差异。例如,为了实现更加平衡的城市发展目标,市政府可能会战略性地决定先在快速增长、出行需求旺盛的区域铺设地铁线路,或者在发展滞后的区域铺设地铁线路。衡量不同时间开通地铁的区域之间的差异非常困难,我们尝试从北京地铁系统建设规划和实施的客观事实出发来减轻这方面的困扰。1993年国务院批准的《北京市区轨道交通线网规划》明确指出,建设地铁线路的主要目的是"连接中心城区和郊区,便于职住分离"。由此可见,大多数新地铁线路的设计是从城市中心出发,延伸到城市边缘。因此,同一条地铁线上不同区域的城市发展程度有着明显的差异。由于同一条地铁线路上的所有车站同时开通,使得政府在进行地铁建设规划时并非将重点完全放在零售业发展需求强劲的地方。与此同时,从20世纪90年代初到研究期间,虽然北京零售活动的空间分布发生了巨大变化,但研究期间建设的11条新地铁线路完全遵循了20世纪90年代初的地铁建设规划。北京城市规划和交通规划局的相关人士表示,近20年来,地铁线路的建设顺序主要取决于北京市政府的交通投资预算。因此,"前定"的地铁建设方案和相对"外生"的施工顺序,都可以缓解潜在的反向因果问题。此外,在将周边区域商业活动与地铁站开通相关联的情况下,使用滞后一期变量也有助于缓解反向因果问题。

针对模型(7-3),由于被解释变量——餐馆数量为离散的非负整数,我们使用计数模型——负二项回归(negative binomial regression)方法来进行估计。在双向固定效应模型中,我们使用了大量的地铁站点和年份固定效应,这导致模型的自由度大量减少。因此,本研究采用另外3个方法进行改进。第一种方法,用"地铁线段"固定效应代替地铁站点固定效应,同时加入地铁站相关的区位属性,包括地铁站所在街道的人口密度(X_{popd})和地铁站到城市中心的距离(d_c)。在研究期内,北京市仍然是一个单中心城市,有多条贯穿内城到外城的环城公路(二至六环路)和辐射形地铁线路。因此,我们利用环城公路对地铁线路进行划分,从而得到"地铁线段",平均每个细分地铁线段上有4.3个地铁站点。第二种方法则是保留了地铁站点固定效应,但用行政区×时间趋势取代年份固定效应,从而控制地铁站所在行政区的时间趋势特征。第三种方法则是使用线性回归方法,从而可以使用随机效应模型——不加地铁站点固定效应来进行分析;由于某些年份部分站点周边没有新餐馆开业,为了保证观测值不丢失,被解释变量采取加1取对数的形式[$\ln(RES+1)$]。

在上述所有方法中,y_{open}的系数β_k^0反映了地铁站开通之后,每年新开业餐馆数的增加量。在所有其他条件相同的情况下,新开业餐馆更可能聚集在地铁可达性更高的区域,因此我们预计该系数为正。通过比较地铁站周边不同范围y_{open}的系数,可以反映新开通的地铁站对新开业餐馆数量的影响是如何随着到地铁站距离的变化而变化,我们预计更多新餐馆将开在离地铁站较近的范围内(如$\beta_{0\sim<400}^d > \beta_{400\sim<800}^d > \beta_{800\sim1200}^d$)。

表7-2报告了使用上述3种方法的回归结果。第1~3列数据为使用第一种方法的估计结果,模型中包含年份固定效应、地铁线段固定效应,以及两个站点属性变量。结果显示,

地铁站开通之后站点周边 800m 范围内的新增餐馆数量明显上升,特别是站点周边 400m 范围内的增长幅度最大。根据负二项回归的定义,β_k^0 的经济含义为,地铁站开通之后,其周边 0~<400m 范围内每年新开的餐馆数比开通地铁站之前增加了 48.1%($e^{0.393}-1$);400~<800m 的环状范围中增加了 26.9%($e^{0.238}-1$),而最远的环状范围(800~1200m)内餐馆数没有显著的增长。

从人口密度和与市中心距离两个变量系数的估计结果来看,地铁站所在街道人口密度与新增餐馆数量成同向变动关系,人口密度平均每增加 1%,0~<400m 圆形范围以及 400~<800m、800~1200m 环状范围新增餐馆数量会分别显著增加 0.35%、0.33%、0.40%。而距市中心距离对地铁站附近区域的新增餐馆数量影响微弱且在统计上不显著。

表 7-2 的第 4~6 列数据报告了使用第二种方法的回归结果,模型中包含站点固定效应和行政区×时间趋势项。此时,地铁站对周边 1200m 区域的消费活力均具有显著的提升效果。地铁站开通之后,由近及远,周边范围的新开餐馆数量平均而言分别增加了 30.0%、38.0%、28.4%。最后,第 7~9 列数据报告了使用线性回归的双重固定效应模型的估计结果,其中包含地铁站点固定效应和年份固定效应,如前所述,自由度的降低使得估计结果变得不显著。

表 7-2 新地铁站开通对周边区域餐馆新增数量的影响

(被解释变量:RES)

变量	(1) 0~<400m	(2) 400~<800m	(3) 800~1200m	(4) 0~<400m	(5) 400~<800m	(6) 800~1200m	(7) 0~<400m	(8) 400~<800m	(9) 800~1200m
y_{open}	0.393***	0.238**	-1.37×10^{-5}	0.262***	0.322***	0.250***	0.015	0.081	−0.059
	(0.110)	(0.095)	(0.130)	(0.082)	(0.065)	(0.074)	(0.080)	(0.064)	(0.076)
$\ln d_c$	−0.052	0.024	0.129						
	(0.170)	(0.160)	(0.240)						
$\ln X_{popd}$	0.354***	0.328***	0.401***						
	(0.065)	(0.068)	(0.069)						
常数项	−1.783	−1.106	−1.928	−442.700***	−422.300***	−428.000***	−1.942***	−0.524**	−0.371*
	(1.721)	(1.553)	(2.379)	(45.440)	(33.430)	(39.180)	(0.477)	(0.209)	(0.223)
年份固定效应	是	是	是	否	否	否	是	是	是
地铁站点固定效应	否	否	否	是	是	是	是	是	是
地铁线段固定效应	是	是	是	否	否	否	否	否	否
行政区×年份固定效应	否	否	否	是	是	是	否	否	否

续表

变量	(1) 0~ <400m	(2) 400~ <800m	(3) 800~ 1200m	(4) 0~ <400m	(5) 400~ <800m	(6) 800~ 1200m	(7) 0~ <400m	(8) 400~ <800m	(9) 800~ 1200m
样本数	1540	1540	1540	1540	1540	1540	1540	1540	1540
alpha	0.941	0.821	1.639	0.941	0.821	1.639	0.271	0.144	0.097
LR 检验 (alpha=0)	2005.240	3694.330	2918.090	2005.240	3694.330	2918.090	419.290	374.410	94.860
Prob>chi2	0.000	0.000	0.000	0.000	0.000	0.000	0.000	0.000	0.000

注：括号内报告的是稳健标准误，并在地铁站所在行政区层面进行聚类调整；*、**、*** 分别表示10%、5%和1%的统计显著性水平。

接下来，表7-3报告了新地铁站开通对堂食餐馆和外带餐馆新增数量的不同影响，如前所述，这种差异主要来源于两类餐馆顾客的时间价值。表7-3A和表7-3B为负二项回归模型的估计结果。其中表7-3A控制了年份和地铁线段固定效应，结果表明，地铁站开通之后堂食餐馆新增数量在站点周边400m范围内显著上升，外带餐馆新开业数量在800m范围内明显增加，特别在站点周边400m范围内的增长幅度更大。正如第1~2列数据所示，地铁站开通后，堂食餐馆的新开业数量在站点周边400m范围内比地铁站开通之前增加了35.9%($e^{0.307}-1$)；外带餐馆新开业数量增加了58.1%($e^{0.458}-1$)。第3~4列数据显示，外带餐馆的新增数量在400~<800m环形范围内显著增加了24.2%($e^{0.217}-1$)，堂食餐厅增加了18.2%($e^{0.167}-1$)，但在统计上不显著。第5~6列数据表明，堂食餐厅和外带餐厅的新增数量在最远的环形范围(800~1200m)内均没有显著的增长。从人口密度和与市中心距离两个变量系数的估计结果来看，地铁站所在街道人口密度与新增餐馆数量成正相关关系，人口密度平均每增加1%，堂食餐馆新增数量在0~<400m圆形范围以及400~<800m、800~1200m环状范围内会分别显著增加0.3%、0.3%、0.4%，外带餐馆新增数量分别会显著增加0.3%、0.3%、0.5%。与表7-2结果相同，距市中心距离对地铁站周边区域的新增餐馆数量影响微弱且在统计上不显著。

表7-3B控制了地铁站点固定效应和行政区×时间趋势项。结果显示，地铁站开通之后外带餐馆的新增数量在0~<400m圆形范围以及400~<800m、800~1200m环状范围内平均而言分别显著上升了25.0%、26.9%、20.2%，而堂食餐馆的新增数量上升幅度较小且在统计上不显著。表7-3C为随机效应模型的结果。比较开通地铁站对两类餐馆的影响结果，可以很容易发现新地铁站开通对外带餐馆的增加量影响更大且更显著，特别是在地铁站周边800m以内上述效应更显著。具体而言，地铁站开通之后，外带餐馆的新开业数量在由近及远的3个范围内分别显著增加了39.8%、32.2%、11.7%，堂食餐馆的新开业数量仅在站点周边400m范围内显著增加了9.1%，而在两个环形范围内均无明显增长且在统计上不显著。

上述结果表明，新地铁站开通引起的市场需求增加主要来自于重视交通便利性和快捷服务的行程紧张顾客。

表 7-3　新地铁站开通对周边区域堂食餐馆及外带餐馆新增数量的影响

7-3A　负二项回归结果Ⅰ（被解释变量：$X_{onres,offres}$）

变量	(1) n_{onres} 0~<400m	(2) n_{offres} 0~<400m	(3) n_{onres} 400~<800m	(4) n_{offres} 400~<800m	(5) n_{onres} 800~1200m	(6) n_{offres} 800~1200m
y_{open}	0.307**	0.458***	0.167	0.217**	0.048	−0.092
	(0.151)	(0.120)	(0.116)	(0.107)	(0.153)	(0.134)
$\ln d_c$	0.151	−0.270	−0.023	−0.147	−0.120	0.160
	(0.225)	(0.196)	(0.185)	(0.183)	(0.273)	(0.288)
$\ln X_{popd}$	0.310***	0.324***	0.295***	0.342***	0.384***	0.455***
	(0.083)	(0.072)	(0.069)	(0.083)	(0.083)	(0.080)
常数项	−3.429	−1.025	−0.761	−0.996	0.661	−4.140
	(2.334)	(1.940)	(1.867)	(1.781)	(2.669)	(2.812)
年份固定效应	是	是	是	是	是	是
地铁站点固定效应	否	否	否	否	否	否
地铁线段固定效应	是	是	是	是	是	是
行政区×年份固定效应	否	否	否	否	否	否
样本数	1540	1540	1540	1540	1540	1540
alpha	1.033	0.978	0.789	0.893	1.522	1.792
LR 检验(alpha=0)	406.880	1186.400	538.900	2309.040	880.350	2657.610
Prob>chi2	0.000	0.000	0.000	0.000	0.000	0.000

注：括号内报告的是稳健标准误，并在地铁站所在行政区层面进行聚类调整，** 和 *** 分别表示 5% 和 1% 的统计显著性水平；Prob>chi2 表示 Hausman 检验的 p 值。

7-3B　负二项回归结果Ⅱ（被解释变量：$X_{onres,offres}$）

变量	(1) n_{onres} 0~<400m	(2) n_{offres} 0~<400m	(3) n_{onres} 400~<800m	(4) n_{offres} 400~<800m	(5) n_{onres} 800~1200m	(6) n_{offres} 800~1200m
y_{open}	0.099	0.223**	0.028	0.238***	0.056	0.184*
	(0.114)	(0.093)	(0.091)	(0.080)	(0.104)	(0.102)
常数项	−44.010	−755.800***	−11.840	−735.300***	−11.040	−743.700***
	(62.690)	(54.740)	(42.300)	(45.210)	(51.290)	(52.370)
年份固定效应	否	否	否	否	否	否
地铁站点固定效应	是	是	是	是	是	是
地铁线段固定效应	否	否	否	否	否	否
行政区×年份固定效应	是	是	是	是	是	是

续表

变量	(1) n_{onres} 0~<400m	(2) n_{offres} 0~<400m	(3) n_{onres} 400~<800m	(4) n_{offres} 400~<800m	(5) n_{onres} 800~1200m	(6) n_{offres} 800~1200m
样本数	1540	1540	1540	1540	1540	1540
alpha	0.314	0.249	0.126	0.238	0.075	0.171
LR 检验(alpha=0)	87.770	165.200	34.130	391.080	6.100	86.460
Prob>chi2	0.000	0.000	0.000	0.000	0.007	0.000

注：括号内报告的是稳健标准误，并在地铁站所在行政区层面进行聚类调整；*、**、*** 分别表示10%、5%和1%的统计显著性水平；Prob>chi2 表示 Hausman 检验的 p 值。

表 7-3C 随机效应线性回归（被解释变量：$X_{onres, offres}$）

变量	(1) n_{onres} 0~<400m	(2) n_{offres} 0~<400m	(3) n_{onres} 400~<800m	(4) n_{offres} 400~<800m	(5) n_{onres} 800~1200m	(6) n_{offres} 800~1200m
y_{open}	0.087*	0.335***	0.040	0.279***	0.002	0.111*
	(0.046)	(0.070)	(0.053)	(0.077)	(0.038)	(0.061)
$\ln d_c$	−0.154**	−0.208**	−0.080	−0.040	0.123	0.178*
	(0.061)	(0.085)	(0.084)	(0.106)	(0.078)	(0.096)
$\ln X_{popd}$	0.103***	0.125***	0.178***	0.243***	0.146***	0.172***
	(0.026)	(0.039)	(0.038)	(0.048)	(0.036)	(0.043)
常数项	1.734***	2.024***	1.265*	0.558	−0.712	−1.474*
	(0.554)	(0.766)	(0.748)	(0.953)	(0.702)	(0.861)
年份固定效应	是	是	是	是	是	是
地铁站点固定效应	否	否	否	否	否	否
样本数	1540	1540	1540	1540	1540	1540
Prob>chi2	0.658	0.653	0.708	0.998	1.000	1.000

注：括号内报告的是稳健标准误，并在地铁站所在行政区层面进行聚类调整；*、**、*** 分别表示10%、5%和1%的统计显著性水平；Prob>chi2 表示 Hausman 检验的 p 值。

我们关注的另外一个问题是不同区位的地铁对于消费活力带动作用的异质性。表 7-4 展示了新地铁站开通对内城（四环内）和外城（四环外）餐馆新增数量的影响。我们在模型 (7-3) 的基础上加入了地铁站是否开通虚拟变量和地铁站是否位于外城虚拟变量的交叉项 $X_{open \times out}$。该交叉项的系数是我们关注的重点，系数为正表明四环外地铁站的开通使新增餐馆数量增加得更多；反之表明四环以内地铁站开通对新增餐馆的影响更大。首先，第 1~3 列数据中用地铁线段固定效应替代地铁站点固定效应，并加入地铁站相关的区位属性。结果显示，位于外城的新地铁站的开通使得餐馆的新增数量比内城多增加 47.3%~151.0%；其中，地铁站周边 400m 以及 400~<800m、800~1200m 范围内新开的餐馆数量分别多增 151.0%（$e^{0.921}-1$）、47.8%（$e^{0.391}-1$）、47.3%（$e^{0.378}-1$）。第 4~9 列数据进一步控制了地铁站点固定效应，并省略了 y_{out} 虚拟变量。第 4~6 列数据加入了年份与地铁站所在行政区的交叉项，系数值显示位于外城的新地铁站的开通使餐馆新增数量比内城

多增加 39.4%～165.4%。第 7～9 列数据使用线性回归模型也得到了十分相近的结果：位于外城的新地铁站的开通使餐馆新增数量比内城多增加 36.3%～160.4%。

表 7-4　新地铁站开通对内城及外城餐馆新增数量的影响
（被解释变量：RES）

变量	(1) 0～<400m	(2) 400～<800m	(3) 800～1200m	(4) 0～<400m	(5) 400～<800m	(6) 800～1200m	(7) 0～<400m	(8) 400～<800m	(9) 800～1200m
y_{open}	0.270**	0.180*	−0.073	0.120	0.212***	0.169**	−0.116	0.006	−0.132*
	(0.116)	(0.101)	(0.135)	(0.083)	(0.066)	(0.081)	(0.080)	(0.067)	(0.080)
y_{out}	−1.909***	0.328	1.921***						
	(0.540)	(0.402)	(0.543)						
$X_{\text{open}\times\text{out}}$	0.921***	0.391**	0.378**	0.976***	0.612***	0.332***	0.957***	0.454***	0.310***
	(0.219)	(0.152)	(0.164)	(0.187)	(0.127)	(0.132)	(0.171)	(0.109)	(0.107)
$\ln d_c$	−0.051	0.016	0.127						
	(0.169)	(0.158)	(0.243)						
$\ln X_{\text{popd}}$	0.360***	0.328***	0.403***						
	(0.064)	(0.069)	(0.069)						
常数项	−0.527	−1.580	−4.011*	−437.2***	−408.3***	−422.0***	−2.624***	−0.807***	−0.544**
	(1.528)	(1.475)	(2.226)	(45.01)	(32.69)	(38.60)	(0.461)	(0.193)	(0.218)
年份固定效应	是	是	是	否	否	否	是	是	是
地铁站点固定效应	否	否	否	是	是	是	否	否	否
地铁线段固定效应	是	是	是	否	否	否	否	否	否
行政区×年份固定效应	否	否	否	是	是	是	是	是	是
样本数	1540	1540	1540	1540	1540	1540	1540	1540	1540
alpha	0.932	0.819	1.637	0.295	0.189	0.170	0.260	0.144	0.094
LR 检验（alpha=0）	1996.50	3681.40	2911.61	456.27	565.62	191.86	405.43	374.41	90.08
Prob>chi2	0.000	0.000	0.000	0.000	0.000	0.000	0.000	0.000	0.000

注：所有模型均采用负二项回归；括号内报告的是稳健标准误，并在地铁站所在行政区层面进行聚类调整；*、**、*** 分别表示 10%、5% 和 1% 的统计显著性水平；Prob>chi2 表示 Hausman 检验的 p 值。

2. 餐馆评论量

接下来，我们使用线性回归模型来考察地铁开通对周边餐馆评论数量的影响，具体的模型设定如下：

$$\ln n_{rt,ikt} = \alpha + \beta_k^r y_{\text{open},it} + \eta_i + \mu_t + \varepsilon_{ikt} \tag{7-4}$$

式中，$n_{rt,ikt}$ 为地铁站 i 周边区域 k 在 t 年的餐馆评论总数，用来近似地反映地铁站周边范围当年的客流量。在固定效应模型中控制地铁站点固定效应 η_i 或者地铁线段固定效应。在随机效应模型中,使用由地铁站所在街道人口密度的对数和站点到市中心的距离来代替 η_i 的影响。与之前类似,我们预计 y_{open} 系数 β_k^r 为正值,即更靠近地铁站的餐馆在站点开通后可能会迎来更多的顾客(即 $\beta_{0\sim<400}^r > \beta_{400\sim<800}^r > \beta_{800\sim1200}^r$)。同样地,我们使用餐馆平均在线评论数来考察"客户流量强度"是否存在一致的趋势。

表 7-5 报告了对模型(7-4)的回归结果。其中表 7-5A 中的被解释变量为每个范围内餐馆的在线评论总数,表 7-5B 中则为每家餐馆的在线评论数的平均值。对于每个空间范围,我们同时给出了固定效应和随机效应模型的回归结果。首先,新地铁站的开通对增加周边 400m 范围内的在线评论数存在显著影响,其中该范围内评论总数在地铁开通后显著增加 64.1%,平均每家餐馆的在线评论数在地铁开通后显著增加 28.5%。其次,距离地铁站点 400~<800m 范围内的评论数也有所增加,但数量上略小于 400m 范围内的,评论总数和平均评论数分别增加了 49.9% 和 19.6%。而最外围的环状范围(800~1200m)的在线评论数在地铁开通后没有出现显著变化。

结合表 7-2 和表 7-5 的结果可以发现,新地铁站开通对餐馆新增数量和客流量的影响主要集中在距离地铁站点 800m 以内的范围。当餐馆数量由于新地铁站开通而增加时(如表 7-2 结果所示),顾客数量(由在线评论数近似得到)也相应增加(如表 7-5A 所示)。此外,表 7-5B 中平均每家餐馆的顾客需求强度结果也证实了这一结论。

表 7-5　新地铁站开通对周边区域餐馆在线评论数的影响

7-5A　餐馆在线评论总数[被解释变量:$\ln(n_{rt}+1)$]

变量	0~<400m		400~<800m		800~1200m	
	固定效应	随机效应	固定效应	随机效应	固定效应	随机效应
	(1)	(2)	(3)	(4)	(5)	(6)
y_{open}	0.641***	0.705***	0.499***	0.532***	0.065	0.077
	(0.155)	(0.160)	(0.141)	(0.145)	(0.149)	(0.153)
$\ln d_c$		−1.118***		−0.429		0.754*
		(0.356)		(0.320)		(0.408)
$\ln X_{\text{popd}}$		0.847***		1.052***		0.780***
		(0.168)		(0.161)		(0.183)
常数项	0.715***	10.76***	1.014***	4.913*	0.566***	−6.127*
	(0.131)	(3.195)	(0.123)	(2.870)	(0.134)	(3.649)
年份固定效应	是	是	是	是	是	是
地铁站点固定效应	是	否	是	否	是	否
样本数	1540	1540	1540	1540	1540	1540
R^2	0.564		0.545		0.531	
Prob>chi2	0.007	0.007	0.082	0.082	0.999	0.999

注:括号内报告的是稳健标准误,并在地铁站所在行政区层面进行聚类调整;* 和 *** 分别表示 10% 和 1% 的统计显著性水平;Prob>chi2 表示 Hausman 检验的 p 值。

7-5B 餐馆平均在线评论数[被解释变量：$\ln n_{ra}$]

变量	0~<400m		400~<800m		800~1200m	
	固定效应(1)	随机效应(2)	固定效应(3)	随机效应(4)	固定效应(5)	随机效应(6)
y_{open}	0.285***	0.328***	0.196**	0.225***	0.0337	0.0442
	(0.089)	(0.091)	(0.083)	(0.084)	(0.093)	(0.095)
$\ln d_c$		−0.646***		−0.348**		0.428*
		(0.206)		(0.176)		(0.225)
$\ln X_{popd}$		0.497***		0.533***		0.417***
		(0.100)		(0.087)		(0.105)
常数项	0.385***	6.194***	0.521***	3.666**	0.279***	−3.520*
	(0.080)	(1.846)	(0.074)	(1.585)	(0.080)	(2.013)
年份固定效应	是	是	是	是	是	是
地铁站点固定效应	是	否	是	否	是	否
样本数	1540	1540	1540	1540	1540	1540
R^2	0.435		0.513		0.531	
Prob>chi2	0.058	0.058	0.068	0.068	0.998	0.998

注：括号内报告的是稳健标准误，并在地铁站所在行政区层面进行聚类调整；*、**、*** 分别表示10%、5%和1%的统计显著性水平；Prob>chi2 表示 Hausman 检验的 p 值。

7.2.3 轨道交通站点与周边区域的消费多样性

采用类似的模型设定形式，这一部分将主要关注轨道交通站点对周边区域消费多样性的影响：

$$\mathrm{DST}_{ikt} = \alpha + \beta_k^d y_{open,it} + \eta_i + \mu_t + \varepsilon_{ikt} \tag{7-5}$$

式中，DST_{ikt} 指的是基于49种菜品得到的地铁站 i 周边范围 k 第 t 年的 Shannon 指数或 Gini-Simpson 指数。基于7.2.2节的研究结论，我们预期 y_{open} 的系数（β_k^d）为正，同时 $\beta_{0\sim<400}^d > \beta_{400\sim<800}^d > \beta_{800\sim1200}^d$。与模型(7-4)类似，在随机效应模型中将使用地铁站所在街道人口密度的对数和站点到市中心的距离来代替地铁站点固定效应，相关变量均采用对数形式。

表7-6报告了对模型(7-5)的回归结果。其中，表7-6A 和表7-6B 分别以 Shannon 指数和 Gini-Simpson 指数为被解释变量，回归结果与表7-2、表7-5的结果趋势一致。随着新地铁站的开通，代表周边区域餐饮多样性的 Shannon 指数和 Gini-Simpson 指数在0~<400m 和 400~<800m 的范围内都有显著提高，且与站点距离越近，多样性指数的增加越多。具体来说，新地铁站开通后，Shannon 指数在0~<400m 和 400~<800m 的范围内分别提高了0.27和0.18，相当于在均值水平上提高了24.5%和13.3%。假设各菜品类型占比相等，Shannon 指数的增加相当于菜品种类在0~<400m 和 400~<800m 的范围内从10个

分别增加到 19 个和 15 个。Gini-Simpson 指数也呈现出高度一致的结果,在 0~<400m 和 400~<800m 的范围内分别提高了 0.48 和 0.56,相当于分别增加了 17.7% 和 7.9%。此外,与市中心的距离对菜品多样性的影响只有在 400m 以内范围显著,距离平均每增加 10%,Shannon 指数会显著降低 0.04,Gini-Simpson 指数降低 0.02。地铁站所在区域人口密度增大会显著提高菜品的多样性,人口密度增大 10%,400m 以内圆形范围、400~<800m 环状范围、800~1200m 环状范围的 Shannon 指数分别增加 0.02、0.04、0.03,Gini-Simpson 指数则增加 0.01 左右。

表 7-6 新地铁站开通对周边区域餐馆多样性的影响

7-6A Shannon 指数(被解释变量:DST1)

变量	0~<400m		400~<800m		800~1200m	
	固定效应	随机效应	固定效应	随机效应	固定效应	随机效应
	(1)	(2)	(3)	(4)	(5)	(6)
y_{open}	0.242***	0.266***	0.165**	0.180**	0.0393	0.0454
	(0.069)	(0.071)	(0.069)	(0.070)	(0.064)	(0.066)
$\ln d_c$		−0.401***		−0.125		0.242
		(0.104)		(0.120)		(0.153)
$\ln X_{popd}$		0.247***		0.355***		0.276***
		(0.055)		(0.057)		(0.069)
常数项	0.300***	3.896***	0.481***	1.615	0.320***	−1.830
	(0.042)	(0.926)	(0.042)	(1.078)	(0.045)	(1.370)
年份固定效应	是	是	是	是	是	是
地铁站点固定效应	是	否	是	否	是	否
样本数	1540	1540	1540	1540	1540	1540
R^2	0.620		0.632		0.543	
Prob>chi2	0.116	0.116	0.510	0.510	0.995	0.995

注:括号内报告的是稳健标准误,并在地铁站所在行政区层面进行聚类调整;** 和 *** 分别表示 5% 和 1% 的统计显著性水平;Prob>chi2 表示 Hausman 检验的 p 值。

7-6B Gini-Simpson 指数(被解释变量:DST2)

变量	0~<400m		400~<800m		800~1200m	
	固定效应	随机效应	固定效应	随机效应	固定效应	随机效应
	(1)	(2)	(3)	(4)	(5)	(6)
y_{open}	0.072**	0.085***	0.034	0.044	0.001	0.005
	(0.029)	(0.029)	(0.030)	(0.029)	(0.027)	(0.027)
$\ln d_c$		−0.162***		−0.045		0.098
		(0.041)		(0.042)		(0.060)

续表

变量	0～<400m		400～<800m		800～1200m	
	固定效应	随机效应	固定效应	随机效应	固定效应	随机效应
	(1)	(2)	(3)	(4)	(5)	(6)
$\ln X_{popd}$		0.102***		0.132***		0.104***
		(0.022)		(0.021)		(0.027)
常数项	0.173***	1.627***	0.252***	0.664*	0.171***	−0.699
	(0.019)	(0.361)	(0.020)	(0.375)	(0.020)	(0.539)
年份固定效应	是	是	是	是	是	是
地铁站点固定效应	是	否	是	否	是	否
样本数	1540	1540	1540	1540	1540	1540
R^2	0.482		0.456		0.407	
Prob>chi2	0.112	0.112	0.206	0.206	0.991	0.991

注：括号内报告的是稳健标准误，并在地铁站所在行政区层面进行聚类调整；*、**、***分别表示10%、5%和1%的统计显著性水平；Prob>chi2 表示 Hausman 检验的 p 值。

7.3 消费活力对房地产价格提升的乘数效应

7.3.1 数据介绍

自 20 世纪 90 年代后期的城市土地和住房改革以来，为了满足日益增长的市场需求，中国城市进行了大规模的住房建设。蓬勃发展的城市房地产市场为开展一系列相关的经济和社会问题，特别是与消费者空间偏好相关问题的研究提供了宝贵机会（Wang 和 Wang，2012；Chen 和 Han，2015；Zheng 等，2006；Zheng 和 Kahn，2008 年）。本节研究将使用房地产交易中介公司"我爱我家"（www.5i5j.com）提供的数据来进行实证分析。

本节重点关注新地铁线路开通对可达性和内生宜居性的影响，因此使用住房租金价格而不是住房销售价格来进行研究，从而可以规避房价预期效应带来的住房价格变化。在北京，绝大多数住房都位于住宅小区内，每个小区包含多个中高层公寓楼。通常，在同一小区内既有出租房屋也有自住房屋①，由于位于同一小区内，这意味着出租房屋和自住房屋拥有相同的区位属性，其物理属性也非常相似。当然，与自住者相比，租者一般更年轻，结婚和有车的可能性较小，从而对公共交通的依赖性更强，外出用餐的频率更高。由此可以推测，新地铁站的开通对房租的正向影响可能会超过房屋售价。此外，与住房销售相比，租赁交易

---

① 许多高密度城市，如中国大陆、中国台湾以及许多其他亚洲城市，它们的住房开发是大规模和高度同质化的。通常集中建设在一个住宅小区内，每个建筑群由数栋建筑物组成，共有几百套甚至几千套房屋，这些房屋都基本具有相同的位置、建筑设计、结构和装修。

(包括许多重复租赁交易)在样本规模和交易频率上也要更大,有助于提高对关键参数估计的准确度。

本研究使用的住房交易样本包含了北京 2006—2012 年约 273 000 次租赁交易数据,其中有 13 640 个出租房屋位于地铁附近区域内。图 7-4 显示了北京城区房屋租赁交易的空间分布情况。对于每笔交易,我们都获取了其交易日期、租金(r)和地址,物理属性包括房屋面积(s_h)、楼龄(A)、装修水平(h_d)以及是否位于顶层(y_{top})等。样本中每套住房的不同交易时间能够帮助我们在控制总体市场趋势的同时,识别每个地铁站周边区域的租金变化。

通过对所有住房样本进行空间化处理,我们进一步计算了每个住宅小区的若干区位属性,包括到市中心的距离(d_c)、到最近的重点小学(d_e)和三甲医院(d_h)的距离。考虑到同小区内住房租金的相关性,我们在实证估计时对标准误在小区层面进行聚类调整。

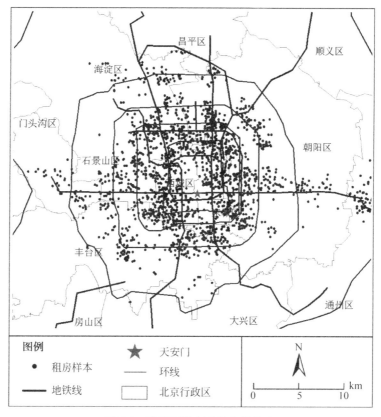

图 7-4　房屋租赁交易的空间分布

表 7-7 报告了住房租赁样本相关变量的描述性统计结果。首先,表 7-7 的第一部分介绍了地铁附近区域属性,包括餐馆新开业的数量、多样性指标和其他周边区域属性变量。研究期内,地铁站点周边 0～<400m、400～<800m 和 800～1200m 范围的每年新增餐馆数量

分别为 4.63、6.72 和 2.87,相应的标准差分别为 9.07、13.26 和 7.84,显示出每年新增餐馆量具有较大的离散性特征。地铁站附近的菜品数量也呈现出差异化的分布,0～<400m、400～<800m 和 800～1200m 范围的菜品数量分别为 4.10、5.22 和 2.68,标准差分别为 4.65、5.33 和 3.68。可以看出,400～<800m 环状范围的新增餐馆数量与菜品种类比其他两个范围都更为丰富。其次,表 7-7 列出了地铁周边区域出租房样本的物理和区位属性。从物理属性来看,房屋每月平均租金为 47.62 元/m²,最高为 600 元/m²,最低为 8.31 元/m²;房屋的平均面积为 68.95m²,最大为 191m²,最小为 10m²;租期平均为 11.75 个月,即 1 年左右,最短租期为 0.13 个月,即短租天数至少为 1 个月;平均装修水平为中等装修水平。从区位属性来看,本研究所使用的住房样本到城市中心的距离平均为 9.47km,最远的为 23.97km,最近为 2.23km;到邻近重点小学和三甲医院的平均距离分别为 2.58km 和 2.42km。

表 7-7 变量定义及描述性统计

变量名	定义		样本数	均值	标准误	最小值	最大值
y_{open}	地铁站是否开通使用:是=1;否=0		1503	0.335	0.472	0	1
X_{ms}	地铁站开通后通过地铁网络获得的市场潜力		1503	2.42	3.14	0	11.55
n_{no}	地铁站附近区域每年新增的餐馆数量	0～<400m	1503	4.63	9.07	0	116
		400～<800m	1503	6.72	13.26	0	157
		800～1200m	1503	2.87	7.84	0	128
DST	地铁站附近区域的菜品数量	0～<400m	1503	4.10	4.65	0	21
		400～<800m	1503	5.22	5.33	0	25
		800～1200m	1503	2.68	3.68	0	22
X_{popd}	车站所在附近区域的人口密度/(万人·km^{-2})		1503	1.00	0.97	0.02	3.98
d_c	地铁站距市中心距离/km		1503	15.31	7.92	1.31	36.75
r	房屋月度租金/(元·m^{-2})		13 640	47.62	24.75	8.31	600.00
s_h	房屋面积/m²		13 640	68.95	34.98	10	191
l	租期/月		13 640	11.75	4.00	0.13	76.10
h_d	房屋装修水平(4=精装;1=毛坯)		13 640	2.76	1.23	1	4
A	房龄/年		13 640	10.91	7.71	0	34

续表

变量名	定义	样本数	均值	标准误	最小值	最大值
y_{top}	房屋是否位于顶层(是＝1；否＝0)	13 640	0.12	0.32	0	1
d_c	房屋到市中心(天安门)距离/km	13 640	9.47	4.4	2.23	23.97
d_e	房屋到最近"重点"小学距离/km	13 640	2.58	2.369	0.3	12.6
d_h	房屋到最近三甲医院距离/km	13 640	2.42	2.02	0.26	10.43
y_{open}	距离最近的地铁站是否开通使用(是＝1；否＝0)	13 640	0.45	0.5	0	1
X_{ms}	通过地铁网络获得的市场潜力	13 640	3.58	3.26	0	11.28

7.3.2 研究方法

我们首先构建住房租金的特征价格模型,用来估计消费者对地铁和餐饮的支付意愿。具体模型设定如式(7-6):

$$\ln r_{k,ijt} = \beta_0 + \beta_1 Z_{k,t} + \beta_2 y_{open,jt} + \mu_t + \eta_{ij}(\text{or } \eta_j) + \mu_{k,ijt} \quad (7\text{-}6)$$

式中,$r_{k,ijt}$ 是指 t 年位于地铁线 j 地铁站 i 周边区域出租房屋 k 的租金;$Z_{k,t}$ 包含了出租房屋 k 的物理属性(s_h、A、h_d 和 y_{top})和区位属性(d_c、d_e 和 d_h);$y_{open,jt}$ 为地铁线路是否开通的虚拟变量,若地铁线路 j 在 t 年全年运行,则 $y_{open,jt}$ 等于1;μ_t 为年份固定效应;η_{ij} 是地铁站 i 的固定效应,由于单个地铁站附近区域内出租房屋的样本量通常很小,因此在部分模型中我们使用 η_j 控制地铁线段固定效应。

式(7-6)中 y_{open} 的系数(β_2)度量了新地铁站对其周边区域房租上涨的影响。这里包含两个影响途径,一个是直接效应,即地铁站开通后居民对可达性提高的支付意愿,另一个为地铁站开通后所增加的内生宜居性要素带来的间接效应,即居民对周边内生生活质量上升的支付意愿。我们在式(7-7)通过加入餐馆数量和餐馆多样性变量来检验宜居性特征变化是否部分解释了新增地铁站开通后的租金上涨。

$$\ln r_{k,ijt} = \beta_0 + \beta_1' Z_{k,t} + \beta_2' y_{open,jt} + \beta_3' \ln n_{no,ijt} +$$
$$\beta_4' \ln DST_{ijt} + \mu_t + \eta_{ij}(\text{or } \eta_j) + \varepsilon_{k,ijt} \quad (7\text{-}7)$$

我们预期餐馆新增数量和多样性变量的系数都为正,即二者作为区位宜居性特征,能够促进住房价值的提升。此外,在加入了餐馆新增数量和多样性变量两个变量后,将把地铁对房价影响的间接效应从总效应中分离出来,因此可以预期方程(7-7)中 y_{open} 系数值(β_2')将会减小。尽管如此，由于餐馆只是新地铁站开通带来的内生宜居性的一部分，式(7-7)中的 y_{open} 系数仍然可能包含了其他宜居性要素的间接影响，如商店和娱乐设施。

为了考虑不同地铁站点的异质性，我们进一步用通过地铁网络获得的市场潜力的连续变量 X_{ms} 替换式(7-6)和式(7-7)中的 0-1 变量 y_{open}。X_{ms} 是针对每一个已经开通的地铁站，将与其通过地铁相连的其他所有地铁站周边一定范围之内的人口，按照地铁通行时间进行反向加权。同时我们还比较了 3 个不同范围(0～<400m、400～<800m、800～1200m)的结果，从而分析与新地铁站不同距离区域的情况。考虑到房屋租金在住宅小区内可能存在的相关性，本文在实证估计时对标准误在小区层面进行聚类调整。

7.3.3 数据分析

表 7-8 报告了对模型(7-6)和模型(7-7)的回归结果。其中第 1～4 列数据仅关注地铁站附近 400m 范围内的住房交易样本。第 1 列数据中控制了地铁站点固定效应和年份固定效应，y_{open} 的系数在统计上不显著，这主要是因为地铁站附近区域范围较小导致的：每年平均每个站点周边区域只有 5 笔交易。因此，在第 2～7 列数据中我们仅控制了地铁线段固定效应。具体来看，第 2 列数据中 y_{open} 的系数显著为正，估计值为 0.238 表示住房租金在地铁开通后上涨了 23.8%。第 3 列数据通过在回归中加入表征消费活力的两个餐馆指标来分解新地铁站对住房租金的总体影响。结果显示，餐馆新增数量和餐馆多样性的系数均为正，且后者在统计上显著，说明消费类宜居性要素存在溢价效应。同时，y_{open} 的系数从 0.238 下降到 0.169，这意味着由于地铁开通后消费活力提高而导致的房租提高约占地铁站资本化效应的 30%。第 4 列数据和第 5 列数据使用连续变量 X_{ms} 替换虚拟变量 y_{open} 来反映地铁可达性。通过比较第 5 列数据和第 4 列数据中 $\ln X_{ms}$ 的系数估计值的变化可以看出，新地铁站开通后通过促进其附近餐饮设施增加带来的租金上涨占到了地铁资本化效应的约 41%。最后，第 6 列数据和第 7 列数据将样本空间范围扩展到地铁站点周边 800m 范围内。此时，在加入了消费活力指标后，y_{open} 的系数下降了约 22%，比从第 2 列数据到第 3 列数据下降的 30% 要少，这表明离站点越远，餐馆数量变化所带来的房租变化在地铁开通所带来的总体变化中占比越小。

总结来看，表 7-8 的结果表明，由于新地铁站开通而带来的周边餐馆数量增加对物业租金溢价贡献了 20%～40%。这说明轨道交通建设带来的内生消费宜居性十分重要。特别是考虑到本研究仅考虑了餐饮业，以及估计的结果仅为短期影响，如果同时考虑商店等其他消费类设施和更长期数据，用于观察地铁站附近宜居性要素的自我增强(self-reinforcement)，那么地铁导致的消费类宜居性的改变所带来的物业溢价可能会更高。

表 7-8 地铁社区租金的特征价格回归结果

变量	站点附近 400m 以内				站点附近 800m 以内		
	(1)	(2)	(3)	(4)	(5)	(6)	(7)
y_{open}	−0.007	0.238***	0.169***			0.103**	0.080**
	(0.037)	(0.086)	(0.048)			(0.042)	(0.039)
$\ln X_{ms}$				0.061***	0.036***		
				(0.018)	(0.011)		
$\ln n_{no}$			0.007		0.012		0.038**
			(0.016)		(0.016)		(0.016)
$\ln DST$			0.149***		0.136***		−0.004
			(0.027)		(0.028)		(0.046)
常数项	−0.007	0.238***	0.169***			0.103**	0.080**
	(0.037)	(0.086)	(0.048)			(0.042)	(0.039)
物理和区位属性	是	是	是	是	是	是	是
年份固定效应	是	是	是	是	是	是	是
地铁线段固定效应	否	是	是	是	是	是	是
地铁站点固定效应	是	否	否	否	否	否	否
聚类	小区	小区	小区	小区	小区	小区	小区
样本数	2467	2467	2467	2467	2467	11 170	11 170
R^2	0.607	0.492	0.552	0.499	0.550	0.483	0.488

注:模型包括房屋面积(s_h)、房屋年龄(A)、房屋装修水平(h_d)和房屋是否位于顶层(y_{top})等物理属性,以及距市中心距离(d_c)、距最近的重点小学距离(d_e)和距最近的三甲医院距离(d_h)等区位属性,上述属性的估计系数与预期一致,但未在表中报告;括号内报告的是稳健标准误,并在房屋租赁所在小区做聚类异方差分析;** 和 *** 分别表示 5% 和 1% 的统计显著性水平。

7.4 结论

本章基于城市内部相匹配的地铁站点和餐馆数据,详细研究了城市轨道交通发展对周边消费活力的影响。通过分析 2004—2013 年北京市地铁建设数据和地铁站周边的餐馆数据,我们的研究发现:第一,新地铁站的开通对其周边餐馆新增数量、多样性和消费者需求有着明显的积极影响,且距离站点越近,影响效果越大,但这种效果仅在站点周边 800m 范围内统计意义上显著。第二,上述影响存在显著的空间异质性,与靠近市中心的内城相比,位于外城的地铁站的开通会使周边餐馆数量增加得更多。第三,新地铁站的开通对不同类型餐馆的影响不同,随着新地铁站的开通,外带餐馆的增长幅度大于堂食餐馆。本研究的总体结果与 Bowes 和 Ihlanfeldt(2001)以及 Zheng 和 Kahn(2013)的研究结论基本一致,但涉及了更广泛的方面(如餐馆多样性和消费者需求)以及更多关于异质性的细节。我们认为,与美国大多数城市相比,这些具体的细节的设定可能更适用于亚洲的特大密集型城市。

本章随后研究了城市轨道交通发展如何影响内生宜居性要素,以及由基础设施变化所引致的消费机会如何反映在消费者支付意愿中。在原有数据的基础上,通过加入地铁站周边住房租赁交易数据进行分析发现,地铁站点开通所导致的内生宜居性改善将进一步转化为物业价值,即"社会乘数效应"。研究结果显示,新地铁站开通后,其周边餐馆数量的增加对物业溢价的贡献占 20%~40%。正如实证结果所展示的,公共交通投资和私人企业提供的消费机会相辅相成,共同提高了城市居民生活质量。

参 考 文 献

[1] BAKHSHI S, KANUPARTHY P, GILBERT E. Demographics, weather and online reviews: a study of restaurant recommendations[C]// Proceedings of the 23rd international conference on World wide web. International World Wide Web Conferences Steering Committee, 2014: 443-454.

[2] BERRY B J L. Geography of market centers and retail distribution[M]. Englewood Cliffs: Prentice-Hall, 1967.

[3] BLAIR R B. Land use and avian species diversity along an urban gradient[J]. Ecological applications, 1996, 6(2): 506-519.

[4] BOLLINGER C R, IHLANFELDT K R. The impact of rapid rail transit on economic development: The case of Atlanta's MARTA[J]. Journal of Urban Economics, 1997, 42(2): 179-204.

[5] BOWES D R, IHLANFELDT K R. Identifying the impacts of rail transit stations on residential property values [J]. Journal of Urban Economics, 2001, 50(1): 1-25.

[6] CHEN J, HAN X. The evolution of the housing market and its socioeconomic impacts in the post-reform people's republic of china: a survey of the literature[J]. China's Economy: A Collection of Surveys, 2015, 28: 63-82.

[7] FISCHER J H, HARRINGTON JR J E. Product variety and firm agglomeration[J]. The RAND Journal of Economics, 1996: 281-309.

[8] GIULIANO G. Land use impacts of transportation investments[J]. The Geography of Urban Transportation, 2004, 3: 237-273.

[9] HELMS A C. Understanding gentrification: An empirical analysis of the determinants of urban housing renovation[J]. Journal of Urban Economics, 2003, 54(3): 474-498.

[10] KAHN M E, VAUGHN R, ZASLOFF J. The housing market effects of discrete land use regulations: Evidence from the California coastal boundary zone[J]. Journal of Housing Economics, 2010, 19(4): 269-279.

[11] MEJIA-DORANTES L, LUCAS K. Public transport investment and local regeneration: A comparison of London's Jubilee Line Extension and the Madrid Metrosur[J]. Transport Policy, 2014, 35: 241-252.

[12] SCHIFF N. Cities and product variety: evidence from restaurants[J]. Journal of Economic

Geography,2015,15(6):1085-1123.

[13] SCHUETZ J. Do rail transit stations encourage neighbourhood retail activity?[J]. Urban Studies,2015,52(14):2699-2723.

[14] SCHWARTZ A E,SUSIN S,VOICU I. Has falling crime driven New York City's real estate boom?[J]. Journal of Housing Research,2003:101-135.

[15] SIEG H,SMITH V K,BANZHAF H S,et al. Estimating the general equilibrium benefits of large changes in spatially delineated public goods[J]. International Economic Review,2004,45(4):1047-1077.

[16] SIMPSON E H. Measurement of diversity[J]. Nature,1949,163(4148):688-688.

[17] STERN N. The optimal size of market areas[J]. Journal of Economic Theory,1972,4(2):154-173.

[18] WALDFOGEL J. The median voter and the median consumer:Local private goods and population composition[J]. Journal of Urban Economics,2008,63(2):567-582.

[19] WANG H,WANG K. What is unique about Chinese real estate markets?[J]. Journal of Real Estate Research,2012,34(3):275-290.

[20] ZHENG S Q,FU Y,LIU H. Housing-choice hindrances and urban spatial structure:Evidence from matched location and location-preference data in Chinese cities[J]. Journal of Urban Economics,2006,60(3):535-557.

[21] ZHENG S Q,HU X,WANG J,et al. Subways near the subway:Rail transit and neighborhood catering businesses in Beijing[J]. Transport Policy,2016,51:81-92.

[22] ZHENG S Q,KAHN M E. Land and residential property markets in a booming economy:New evidence from Beijing[J]. Journal of Urban Economics,2008,63(2):743-757.

[23] ZHENG S Q,XU Y,ZHANG X,et al. Transit development,consumer amenities and home values:Evidence from Beijing's subway neighborhoods[J]. Journal of Housing Economics,2016,33:22-33.

[24] ZHENG S Q, KAHN M E. Does government investment in local public goods spur gentrification? Evidence from Beijing[J]. Real Estate Economics,2013,41(1):1-28.

第八章

轨道交通对沿线地区空气质量的改善作用*

中国的高速城镇化在取得巨大经济成就的同时,也使得诸多城市问题在短时间内集中爆发。交通拥堵和环境污染是其中最为突出的两大问题,不仅严重损害了城市居民日常生活的质量,也对城市政府的治理能力提出了严峻的挑战。道路交通被认为是全球空气污染的主要来源之一。根据美国环境保护署的研究报告显示,2011年美国道路交通排放的一氧化碳和氮氧化物分别约占到两种污染物总排放量的34%和38%[①],是最主要的排放源。而在发展中国家,其庞大的车辆使用量和有限的道路通行能力,进一步加剧了汽车尾气的排放。中国正经历快速经济增长和城市化发展的时期,居民汽车保有量持续增加,交通拥堵也在不断加剧。汽车尾气更是"贡献"了城市地区63%的CO、37%的NO_x和超过20%的$PM_{2.5}$排放(Li和Yin,2012)。

通常认为,公共交通能够一定程度地缓解交通拥堵及其所造成的空气污染和健康问题。近期出现了一系列评估公共交通是否真的减少了交通堵塞并改善了空气质量的研究,但不是所有研究结果都认为公共交通能够带来正外部效应(例如,Chen和Whalley,2012;Goel和Gupta,2013)。本章8.1节将首先考察轨道交通与道路交通的替代与互补关系;8.2节利用DID方法实证测算轨道交通对沿线地区空气污染的改善作用;8.3节总结及相应的政策建议。

---

* 本章核心内容来源:[1]ZHANG Y J,ZHENG S Q,SUN C,et al. Does subway proximity discourage automobility? Evidence from Beijing[J]. Transportation Research Part D,2017,52:506-517. [2]张英杰,郑思齐,王锐. 轨道交通建设能否真正促进"绿色"出行?——基于北京市微观调查样本的实证研究[J]. 世界经济文汇,2015(3):77-88. [3]ZHENG S Q,ZHANG X N,SUN W Z,et al. The effect of a new subway line on local air quality:A case study in Changsha[J]. Transportation Research Part D,2019,68:26-38.

① 美国环境保护署(Environmental Protection Agency,EPA),2015,"室外一氧化碳污染",www.epa.gov/airquality/carbonmonoxide/.

8.1 轨道交通与道路交通的替代与互补关系

关于"轨道交通是否能够减少机动车的拥有量和使用量"这一问题,目前在理论上并没有一致的结论。一方面,轨道交通提供了一种竞争性的替代汽车的出行方式;但另一方面,轨道交通的推广减少了地面道路拥堵状况,这可能促使更多人选择开车。因此,对这一问题的解答就需要依赖实证研究,结合特定的城市发展特点来进行分析。在这一过程中需要克服的关键问题是,即使研究发现了地铁站附近居民的汽车拥有率较低,也无法确定是因为更喜欢地铁的人自行选择住在地铁站附近,还是因为邻近地铁确实改变了居民购买和使用汽车的行为。为此,本节将利用中国独特的城市住房政策构造居民选址行为的外生变量,来更加准确地识别轨道交通建设对居民汽车使用情况的影响。

8.1.1 国内外相关研究进展

本部分实证分析的重点是检验轨道交通可达性的提高对城市居民的私家车购买和使用行为的影响。因此,在相关文献评述部分,我们围绕居民私家车购买和使用行为的影响因素的相关研究开展综述。在这方面,已有研究表明,居民出行方式选择的影响因素大致可以分为家庭特征、价格因素和城市空间特征三大类。下文将首先分别综述每一类别中的相关研究。另外,因为本书所关注的轨道交通可达性属于第三类型因素,本研究也定位于深化"人居环境对于居民行为的影响"(built environment and household behavior)这一主题的相关研究。因此,我们会在综述中着重针对这一主题的相关文献加以评述。

在家庭特征中,收入水平被认为是最为重要的因素。学者的实证研究结果表明:收入水平越高的家庭,其购买私家车的概率越大,且购买私家车后使用强度也往往越高。其中,经济学家对于居民私家车购买和使用的收入弹性研究,在世界各地都已经取得相当丰富的成果。尽管收入弹性的具体数值可能有所差异,但普遍的规律是收入对私家车的购买和使用具有显著的正向作用。Ingram 和 Liu(1999)对 20 世纪 60 年代后期的相关研究进行了较为全面的综述和总结,发现汽车拥有水平的长期收入弹性大于 1,即人均长期收入增长 10%,汽车拥有水平增长率将超过 10%(一般是应用跨国截面数据分析所得的结论),短期收入弹性小于 1(通常是基于时间序列数据的分析)。因为在不同的地域尺度上存在着不同的交通出行模式之间的竞争,不同层面的研究所得参数并不相同。此外,研究发现私家车使用的收入弹性一般都小于 1,这也就意味着伴随着居民收入的增长,私家车使用情况的增长要慢于私家车的拥有数量增长。例如,Kahn(2007)发现私家车拥有率的收入弹性为 0.91,即人均收入每增长 10%,私家车拥有率则相应增长 9.1%。而在价格因素方面,汽车及燃油的价格也有着非常重要的影响。特别是在燃油价格方面,已有实证研究确认,尽管燃油价格对于私家车的购买行为影响并不十分明显,但燃油价格的提高确实会显著降低私家车的使用情况。不过,无论是私家车的拥有还是使用,从弹性的绝对值来看,收入弹性依然大于燃油价格弹性,也就是说,收入对私家车的拥有和使用的影响大于燃油价格的影响(Ingram 和 Liu,1999)。

通常认为国家和城市的公共道路基础设施与机动化密切相关,然而,由于政府的基础设施投资决策与区域交通需求增长之间存在内生关系,因此,很难说明机动化是如何受道路供给影响的。Duranton 和 Turner(2011)利用更加合理的外生变量(1947 年洲际公路计划,1898 年铁路线和 1898—1950 年的主要勘探路线)分析了洲际公路供给对美国 1983—2003 年城市交通的影响。他们认为市区洲际公路车辆行驶里程(km)对道路长度(km)的弹性为 1.03,即城市公路的延伸量与城市交通量几乎成比例增加。

城市空间结构特征(即城市经济活动的空间分布特点,特别是居住地的就业可达性和城市设施可达性)也会对居民的出行行为有着不容忽视的影响。相关研究集中在"人居环境对居民行为的影响"这一核心主题上,这也正是城市和交通领域学者们的研究重点。学者们致力于通过更合理的城市规划设计来解决日益严重的交通拥堵及其引发的环境和健康问题(诸如能源短缺、空气污染和缺乏身体锻炼的不健康生活习惯等)。这一领域已经有了相当多高质量的综述文章,如 Crane(2000)、Ewing 和 Cervero(2001)、Brownson 等(2009)以及 Ewing 和 Cervero(2010)。学者们普遍认为,紧凑型的城市空间结构形式以及混合型的土地利用模式,因其内部居民居住地与就业地及公共服务设施之间的空间匹配程度较高,有利于减少居民的私家车拥有率及使用强度(Stead 和 Marshall,2001;Handy,2005;Ewing 和 Rong,2008;Zegras,2010)。例如,Glaeser 和 Kahn(2008)对美国的研究发现:居住在城市郊区要比居住在城市中心区的家庭更容易选择私家车出行。在中国城市的研究方面,霍燚等(2010)对北京市的研究发现:随着居住地与城市就业中心空间距离的增加(居住地的就业可达性也随之下降),居民购买私家车的可能性显著提高。

不过,该领域的实证研究仍然需要进一步的探索和完善。根本原因在于,已有研究大多数是在截面数据的基础上论证人居环境与居民行为之间的相关性存在,并没有从严格意义上证明因果关系。一个重要的影响因素就是居住选址的内生性问题,人们会根据自己对出行方式的偏好选择居住地,因此在统计上呈现相关性。例如,如果偏好公共交通的居民都居住在地铁可达性好的区位,那么空间上邻近地铁站点的居民就更少购买和使用私家车,但这并非是轨道交通可达性提高之后所带来的结果,即因果关系不成立。当然,近年来已经有学者开始尝试应用一系列更为复杂的计量分析方法来应对这种群分行为或者其他的遗漏变量问题,典型研究如 Guo 和 Chen(2007),以及 Mokhtarian 和 Cao(2008),但是这些研究发现仍然缺乏足够的信服力,而且彼此之间的结论也并不一致(TRB,2009;Guo,2009)。

世界上有许多城市都在投资建设轨道交通,但这是否能有效减少道路拥堵和汽车造成的空气污染仍未有定论。实证中的一个关键挑战是,家庭选址和出行选择通常是同时决定的,即存在出行者的选址自选择问题——家庭选址受到出行和偏好的影响(参见 Guo 和 Chen,2007;Mokhtarian 和 Cao,2008;Brownson 等,2009;TRB,2009;Ewing 和 Cervero,2010)。因为选址不是外生的,所以我们不能清楚地识别轨道交通对其附近家庭的汽车拥有情况和出行行为的影响。

此外,从国际已有的研究来看,多数实证研究的关注对象是发达国家的城市人居环境及其居民行为,对于发展中国家的研究相对较少。针对中国城市的相关研究同样以相关性讨论为主,也鲜有研究能很好地克服居住选址的内生性带来的影响[①]。究其原因,一方面是研究数据有限,另一方面是没有找到很好的实证策略来解决这一问题。因此,本文利用中国独特的城市住房政策和北京城市轨道交通的快速扩张,采用了与早期研究不同的实证策略(即识别外生性选址的城市住户的子样本),针对城市轨道交通对家庭汽车拥有和使用量的影响进行稳健估计。

8.1.2 政策背景、数据与描述性发现

1. 北京市住房市场改革

从计划经济到市场经济的转变,以及中国经济的快速增长,使得中国城市的住房市场变得复杂。大部分自有住房单元可分为以下3类:自由市场交易的商品住房、以往单位福利分房后进行私有化改制的房改房和城市更新带来的拆迁安置房。可参考 Chen 和 Han (2014)对改革后中国城市住房市场的详细研究。

在计划经济体制下,城市用地按工作单位进行分配。一个工作单位通常使用其部分土地来建造住房单元,根据职位、工作经验等将其分配给雇员,并收取较低的租金(Fu 等,2000),因此大多数的城市工人并不是自己选择居住地点。而20世纪90年代初的住房改革一方面建立了住房市场,另一方面将国有单位住房私有化,以非常低的补贴价格为本单位的职工提供住房。这种私有化的单位住房就是所谓的房改房,但不允许转售或出租给原工作单位以外的其他人。换句话说,与商品房居民不同,居住在房改房中的家庭不能自由选择居住的位置。

自中国城市土地和房地产市场建立以来,许多城市在旧城区进行了城市更新和重建,以最大限度地提高土地价值和利用率。拆除房屋和重新安置原住民的过程称为"拆迁",导致原有土地使用者(包括企业和家庭)的搬迁。在很多情况下,政府将向被拆迁户提供安置房,以实现城市重建或更新。虽然安置房的规模和条件往往好于被拆迁房屋,但安置房的位置通常是通过复杂的特殊规划程序确定的,有的安置房会靠近原址,有的距离很远。在很多情况下,安置房与商品房混在一起,因为有时按政府要求或得到政府补贴,商品房开发企业会预留一些专门用于安置户的住房单位。因此,安置房的居民很难控制居住地点,即他们无法自由选择居住地。

总结而言,由于中国城市住房市场的特殊性,只有居住在商品房的居民可以通过住房市场自由选择居住地,而居住在房改房或安置房的居民则不能自由选择。这种独特的住房情况为我们提供了一个解决住房自选择问题的自然实验,同时可无偏地估计邻里特征(例如,

---

[①] 侧重于空间相关性分析的典型研究(如 Wang 等,2011),而这类内生性问题一般见于交通领域的研究,学者们一般通过构建居住选址和出行方式的联合选择模型来进行分析,典型研究如李霞等(2010)、杨励雅等(2012)。杨励雅等(2011)针对这种内生性问题有过探讨,但在实证研究中并没有深入分析。

地铁邻近度)对家庭出行行为的影响。

2. 微观调查数据及描述性统计

1) 微观调查数据的基本情况

本文的数据来自清华大学房地产研究所于 2009 年 9 月针对北京居民开展的"家庭出行能耗与居住环境"调查数据。该调查的微观数据共覆盖了 38 个居住小区,最终获得有效样本 826 个,其中拆迁安置房家庭样本 107 个。

该调查以北京市住宅社区的家庭为调研对象,采用配额抽样的方法获取样本①。实际调研的操作过程中,我们通过调研员入户访谈的方式获得家庭信息;而社区信息,则是直接从居委会、建设部门、物业公司获取。调查发现,入户访谈中所获取的家庭信息反映出存在一定比例的拆迁安置房居民家庭,分布于普通住宅小区中。这实际上与北京市所施行的拆迁安置房政策密切相关,除了集中建设专门的"拆迁安置房"小区之外,也有一定数量的"拆迁安置房"分散于其他普通住宅小区内部。图 8-1 显示出了这 826 户微观样本所在的 38 个住

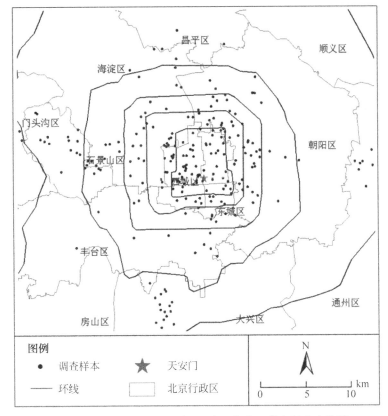

图 8-1　826 户样本家庭所在 38 个居住小区的空间分布情况

---

① 有关该项问卷调研的设计细节,可参考郑思齐和霍燚(2010)。

宅小区的空间分布情况。该微观数据涵盖了每个样本的家庭特征（家庭规模和户主年龄）、收入水平、采用何种交通出行方式进行日常通勤以及私家车拥有情况等基本信息。其中，对于拥有私家车的居民家庭，也获取了其私家车的使用强度（我们以月均汽油消费支出反映其每月的汽油消耗水平），以及汽油花销是否可以报销等信息。结合当时北京市轨道交通站点的空间分布，我们测算了每个样本家庭居住地周边的轨道交通可达性水平——以样本家庭所在居住小区距离最近轨道交通站点的直线距离进行测度。本研究所关注主要变量的描述性统计情况如表8-1所示。其中，在全样本中，有48%的家庭拥有私家车，而在拆迁安置房子样本中，私家车拥有率为30%。

表8-1 变量定义及描述性统计

主要类别	变量名	定义	全样本（样本量：826）		拆迁安置房子样本（样本量：107）	
			均值	标准差	均值	标准差
私家车拥有情况	y_{car}	该家庭是否拥有私家车（1代表有；0代表没有）	0.48	0.50	0.30	0.46
家庭汽油消耗	$\ln X_{gas}$	有车家庭的每月汽油支出的对数	6.59	0.77	6.36	0.87
家庭社会经济特征	$\ln X_{income}$	家庭年收入的对数值	11.39	0.77	10.93	0.56
	X_{hhsize}	家庭规模/人	3.13	1.10	3.18	1.05
	A_{owner}	户主的年龄/岁	46.50	13.80	52.14	11.94
	y_{re}	哑元变量：有车家庭的汽油花费是否可以报销（是为1；否为0）	0.17	0.38	0.22	0.42
城市空间特征	$\ln d_s$	居住地距离最近地铁站点距离的对数值	7.51	1.18	7.10	1.23
	$\ln d_c$	居住地距离城市中心（天安门广场）距离的对数值	9.30	0.66	9.26	0.66

2）家庭私家车拥有水平与居住地周边的轨道交通可达性关系密切

就整体而言，比较不同通勤出行方式的比例（图8-2），我们可以发现，首先驾驶私家车上下班的居民在全样本中的占比接近1/3，是所有通勤方式中最主要的，这也符合北京市早晚高峰较为严重的道路拥堵情况的客观事实；其次是公交车出行，占比约为21%；最后则是自行车出行,在全样本中占比为14%,而搭乘地铁通勤居民仅占12%[①],与步行的居民占比一致,其余9%的家庭采用"其他方式"通勤。

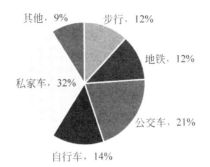

图 8-2　样本家庭采用不同通勤方式的比例

数据来源:北京居民"家庭出行能耗与居住环境"调查,清华大学房地产研究所,2009年9月。

进一步,我们重点关注居住区周边的轨道交通可达性水平与居民家庭私家车拥有水平的相关性。如图8-3所示,从直观的空间分布规律来看,一个很明显的特征就是居住地距离地铁站点越近的家庭,其私家车拥有率越低。居住地距离地铁站点1000~1500m的家庭,其私家车的拥有水平为56%;居住在地铁站点周边500~<1000m的家庭,其私家车拥有率则降低为46%;而距离地铁站点最近的城市居民(居住在地铁站点周边500m范围内),其私家车的拥有率则降低为38%。这一现象非常符合我们的直观判断,但因为上文所述的居住选址内生性问题,其背后的因果关系并不明确——一种原因是我们所期望确认的,因为轨道交通的建设提高了居民居住区周边的轨道交通可达性,所以影响了居民的私家车购买行为,使得居民倾向于不买车;另外一种原因则是,喜欢乘坐地铁出行的居民主动选择居住在地铁站点周边,并非是地铁建设真正对居民的购买私家车行为造成了影响。下文的计量分析将尝试解决这一内生性问题,以识别真正的因果关系。

8.1.3　实证研究设计

1. 模型设计

我们研究的问题是:轨道交通可达性的提高是否影响了居民私家车的购买和使用行为。这一问题可以细分为两个层面:第一个层面是针对所有居民的私家车购买行为,轨道

---

① 造成这一现象的主要原因是在调查时点(2009年9月),北京市内实际投入运行的轨道交通线路仍比较有限,这一数字的增长高峰期是2010—2012年。2009年9月以前,除机场专线外只有7条日常轨道交通线路运行,而仅仅3年后的2012年底,北京市就新开通了10条轨道交通线路(详见 http://zh.wikipedia.org/wiki/%E5%8C%97%E4%BA%AC%E5%9C%B0%E9%93%81,同一地铁线路的分期工程按照不同线路计算)。这意味着,随着城市轨道交通的不断发展,搭乘地铁通勤的居民占比也会逐渐提高,这也为本书的实证研究提供了现实基础。

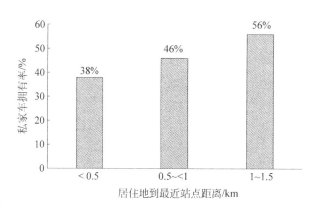

图 8-3 地铁站周边居民的私家车拥有水平

数据来源:北京居民"家庭出行能耗与居住环境"调查,清华大学房地产研究所,2009 年 9 月。

交通可达性的提高是否会影响家庭的私家车购买决策?第二个层面是针对已经拥有私家车居民的汽车使用行为,对于拥有私家车的居民而言,轨道交通可达性的提高是否会影响其汽车的使用?不过,我们的截面数据并不能支撑我们度量某个区位上轨道交通可达性的变化,而是在空间上比较居住区周边地铁可达性不同的居民家庭,其私家车的拥有水平和使用情况之间的差异。

针对第一个问题,我们采用如式(8-1)所示的二元离散选择模型(Probit 模型)来进行实证分析。方程左侧的被解释变量是表征家庭是否拥有私家车的哑元变量,在方程右端的解释变量中,我们在控制家庭特征(家庭收入水平、家庭规模和户主年龄等因素)和其他城市空间特征 $\ln d_c$(居民居住地距离城市中心的距离)之后,重点关注居民居住地周边的轨道交通可达性是否会显著影响居民家庭拥有私家车的概率。我们预期变量 $\ln d_s$ 显著为正,即随着居住地轨道交通可达性的提高(居民距最近地铁站点的距离缩短),居民购买私家车的概率显著降低。

$$私家车拥有概率 = f_1(家庭特征, \ln d_s, \ln d_c) \tag{8-1}$$

$$汽油消耗 = f_2(家庭特征, y_{re}, \ln d_s, \ln d_c) \tag{8-2}$$

针对第二个问题,我们的实证方程如式(8-2)所示,方程的被解释变量是拥有私家车家庭的汽车使用强度,而方程自变量中,我们同样控制了与式(8-1)解释变量中保持一致的家庭特征以及居民居住地距离城市中心的距离,并且重点引入了一个新的哑元变量(y_{re})——家庭的汽油花销是否可以报销作为一个关键的控制变量,我们预期该变量显著为正,即报销会鼓励居民的私家车使用。类似地,我们在式(8-2)中依然最关注轨道交通可达性 $\ln d_s$ 的影响,我们预期轨道交通可达性的提高对于有车居民的私家车使用情况也具有抑制作用,即该变量的估计结果显著为正。当然,如果分别对全样本进行简单的私家车拥有与否的二元离散选择模型,同时针对私家车拥有使用强度估计一个基本的 OLS 多元回归模型,则可能存在样本选择性偏误问题。鉴于此,我们应用经典的 Heckman 两步法进行估计:第一步,基于式(8-1)建立居民私家车拥有情况的 Probit 二元离散选择模型;第二步,在第一步的基础之上,基于式(8-2)针对已经购买私家车的家庭再进行分析。

为了应对居住选址的内生性问题,我们选用了拆迁安置房家庭的子样本单独分析以对因果关系加以确认。拆迁安置房是在城市更新的过程中,因对原有老旧城区进行拆迁改造,或对低密度的优势区位进行再开发,针对旧址原居民的一种补偿性住房。从北京市的具体情况来看,这类城市更新及拆迁安置工作一般是由城市政府主导完成的。而这类拆迁安置住房在供应的过程中,其选址由政府部门确定,在建成之后直接提供给待补偿的被拆迁居民家庭。因此,拆迁安置房的位置对于居住其中的居民家庭而言具有显著的外生性,与普通商品住房市场上居民可以自由选址具有明显差异。由此,我们尝试利用拆迁安置房家庭子样本——在居住区位外生的情况下,重新应用上述实证分析框架,来确认轨道交通可达性对于居民私家车购买和使用行为的影响。

2. 私家车购买选择及使用强度的 Heckman 两步估计结果

1) 居住区周边的地铁可达性对于家庭的私家车购买概率具有显著影响

本文 Heckman 两步估计的实证回归结果列示于表 8-2 中,其中第 1 列数据和第 2 列数据是针对全样本的基本分析结果。

在影响私家车购买决策方面,如表 8-2 的第 1 列数据所示,方程(8-1)的结果表明家庭特征和城市空间特征共同对居民的私家车购买决策具有非常显著的影响——控制变量均在 1% 的水平下显著。其中,在家庭特征方面,家庭的收入水平和家庭规模对其私家车购买决策具有显著的正向影响——伴随着家庭收入的增长以及家庭成员的增加,居民会更加倾向于购买私家车。而户主年龄与是否购买私家车的关系,则呈现出了显著的"倒 U 形"关系,户主年龄在 40 岁左右时,家庭的私家车购买可能性最高。而在城市空间结构特征方面,我们发现居住郊区化确实显著提高了居民购买私家车的概率。居民居住地距离城市中心越远,其家庭购买私家车的可能性越大。

在控制家庭特征和其他城市空间特征的基础上,我们重点关注的核心变量——居住区周边轨道交通可达性 $\ln d_s$ 的系数估计结果为正,并在 5% 的水平下显著,符合我们的预期。这意味着,更高的居住区周边轨道交通可达性,确实会显著降低家庭购买私家车的可能性。

2) 居住区周边的轨道交通可达性对于家庭私家车的使用强度并没有显著影响

Heckman 两步估计的第二步,在克服了样本选择性偏误问题的基础上,我们针对已经拥有私家车的家庭,分析了各种因素对其私家车使用强度(家庭每月汽油花费)的影响,式(8-2)的估计结果列于表 8-2 中的第 2 列数据。

对于有车家庭的私家车使用情况来说,家庭收入水平、家庭规模以及户主年龄等家庭特征的影响不再显著。而居住地距离城市中心的距离则依旧具有较为显著的影响,变量

$\ln d_{cbd}$ 的系数估计结果在 5% 的水平下显著为正,这也证实了居住郊区化确实也会增加居民的私家车使用强度——居住地距离城市中心越远,居民的私家车使用强度越大。此外,我们新引入的关于家庭汽油花费是否能够报销的控制变量的估计结果为正并且在 1% 的水平下显著,这说明一些单位对于职工汽油支出的补贴政策显著地鼓励了这些家庭的私家车使用。

表 8-2 居民私家车拥有及使用强度的 Heckman 两步估计结果

变量	全样本		拆迁安置房家庭子样本	
	第一步:y_{car}	第二步:$\ln X_{gas}$	第一步:y_{car}	第二步:$\ln X_{gas}$
	(1)	(2)	(3)	(4)
$\ln X_{income}$	0.887***	0.199	0.989***	−0.490
	(11.613)	(1.026)	(3.196)	(−0.579)
X_{hhsize}	0.147***	−0.028	0.248	−0.087
	(3.266)	(−0.554)	(1.591)	(−0.357)
A_{owner}	0.075***	−0.029	−0.104	−0.055
	(3.075)	(−1.022)	(−1.399)	(−0.602)
A_{owner}^2	−0.001***	0.000	0.001	0.001
	(−3.418)	(0.789)	(1.163)	(0.801)
$\ln d_c$	0.249***	0.173**	0.971**	−0.079
	(3.232)	(2.110)	(2.784)	(−0.106)
$\ln d_s$	0.089**	0.025	0.282*	0.017
	(2.068)	(0.640)	(1.746)	(0.068)
y_{re}		0.250**		0.353
		(2.437)		(0.967)
常数项	−15.101***	3.297	−20.119***	14.492
	(−10.811)	(0.866)	(−3.757)	(0.851)
样本数	818	385	107	32

注:括号内报告的是 t 统计量;***、**、*分别表示 1%、5% 和 10% 的统计显著性水平。

不过,对于我们最为关注的轨道交通可达性变量而言,在这一步骤的估计中,其回归系数虽然依旧为正,但并不显著。这意味着,居住区位周边的轨道交通可达性对于有车家庭的私家车使用强度并没有显著的影响。

3)控制内生性:拆迁安置房家庭子样本单独回归

为了解决居住区位的内生性问题,确认上述实证发现的因果关系,我们单独针对拆迁安置房家庭的子样本进行了 Heckman 两步估计,所得实证结果列示于表 8-2 第 3 列和第 4 列数据中。

在私家车的购买决策方面,针对子样本的式(8-1)估计结果如第 3 列数据所示:对于拆迁安置房家庭子样本而言,第一,家庭收入依旧非常显著地影响购车决策①,但家庭规模和户主年龄的影响不再显著;第二,居住地与城市中心的距离对于家庭购车决策依然表现出了非常显著的影响;第三,尽管显著性水平有所降低(在10%的水平下显著),但居住区周边的轨道交通可达性这一核心变量的估计结果依然显著为正,支持上述基于全样本的实证结论。

值得注意的是,从系数估计值的大小来看,轨道交通可达性对于私家车拥有率的影响效应在子样本中更大(子样本中该系数估计值为0.282,而全样本估计结果中该值为0.089)。我们判断,这可能是因为北京市的富裕群体同时更偏好于驾驶私家车,也更倾向于居住在地铁周边②,而调研问卷中单纯的收入指标无法覆盖那些不可观测的反映家庭收入和财富的变量。这就导致这类富裕群体(同时拥有较高的私家车拥有率,以及较高的轨道交通可达性)的自由选址使得全样本估计中轨道交通可达性的影响效应被低估,因此 $\ln d_s$ 的系数估计值较小。当我们将居住选址控制为外生后,这些不可观测的变量就不再与轨道交通相关,因此上述低估问题得到缓解,系数估计值更大。在私家车的使用强度方面,针对子样本的式(8-2)估计结果列示于表8-2的第4列数据中。非常遗憾的是,因为拆迁安置房家庭的子样本容量本身相对较少(只有107个家庭),而其中拥有私家车的样本家庭数量仅为32个,因此这一列的回归结果实际上无法支撑我们得出任何有效的结论(回归结果本身也表明,各个变量均不显著)。不过,基于第1~3列数据的实证发现,这一问题也并不会影响到本文的主要结论。

综上所述,我们可以判断:城市中居民居住区位周边轨道交通可达性的提高,确实能够显著降低家庭的私家车购买概率;不过,对于已经拥有私家车的家庭而言,我们并没有发现轨道交通可达性对其私家车使用强度的显著影响。

8.1.4 小结

中国城市正面临着日益严重的交通拥堵及其引发的环境污染等"城市病"的困扰,许多大城市正在开展大规模的轨道交通投资和建设,以期促进居民选择更加"绿色"的出行方式,通过降低居民对私家车的使用率来缓解城市交通拥堵问题。不过,轨道交通投资所带来的

---

① 在此需要特别说明的是,从直觉经验或者统计描述来看,拆迁安置房家庭子样本的平均收入水平低于全样本,读者可能会担心因为低收入家庭本身更倾向使用轨道交通而不买车的情况存在,会对我们的分析结果造成一定的影响。不过,通过核对子样本和全样本的收入分布情况可以发现,二者的收入分布有相当高的重合程度,造成二者的平均收入在统计上有一定差异的根本原因是子样本没有覆盖到全样本收入最高的5%群体。由此可见,二者的收入分布并没有显著差异,即并不会对我们的实证分析结果造成影响。

② 关于富裕群体在自由选址时更加倾向于居住在地铁站周边这一现象,Zheng 和 Kahn(2013)已经在实证研究中证明——在新地铁开通后,周边居民的平均收入和平均受教育年限都有明显的提高。这是因为新地铁站点所带来的不仅仅是轨道交通可达性的提高,其周边一般都会有新建商品住宅的开发,而且也会配套建设较为充足的商业设施及公共服务设施,这就使得这些区域能够快速聚集"人气",具有更好的居住氛围,因此更加吸引富裕群体。

轨道交通可达性的提高,是否真的会促进城市居民的"绿色"出行——更少的私家车购买和使用行为,目前尚缺乏微观层面的实证结论。

借助北京市2009年一项覆盖826个居民家庭的微观调查数据,本文针对上述问题进行了实证分析。通过构建居民私家车购买及使用的Heckman两步估计模型,分别量化估计了居民居住区周边轨道交通可达性对于家庭私家车购买决策,以及私家车使用强度的影响。研究发现,居住区周边轨道交通可达性的提高确实可以在家庭的私家车购买决策环节发挥影响——居住区周边的轨道交通可达性越高,居民购买私家车的可能性越低。这意味着,大规模的轨道交通投资在提高轨道交通可达性的同时,确实有助于减缓城市私家车拥有水平的快速上升,进而辅助实现改善城市交通的目的。除此之外,我们还发现居住郊区化以及收入的提高都会显著地促进家庭购买私家车;而一些单位实行的对职工汽油花费的补贴政策也显著地鼓励了家庭的私家车使用行为。

特别指出,为了克服居民居住选址的内生性问题,论证轨道交通可达性提高与居民私家车购买行为之间的因果关系,本文尝试了一种新的解决方案——借助于城市更新过程中拆迁安置房选址的外生性特征,选取居住在拆迁安置房中的居民家庭子样本单独进行回归分析,进一步验证了轨道交通可达性的提高的确影响了居民的私家车购买行为。在相关的城市研究和分析中,学者们一直在寻找不同的工具变量或者实证策略,以解决居住群分(residential sorting)对因果关系分析带来的内生性问题。我们希望本研究所提出的借助选址外生的拆迁安置房居民家庭子样本这一尝试,可以为城市领域的学者提供一个有价值的备选方案。

8.2 轨道交通对沿线地区空气污染的影响效应

8.2.1 国内外相关研究进展

已有大量研究分析了公共交通对道路交通和拥堵的影响(Arnott和Yan,2000;Winston和Langer,2006;Winston和Maheshri,2007;Pels和Verhoef,2007;Nelson等,2007;Duranton和Turner,2011;Anderson,2014),以及交通和空气质量之间的关系(Friedman等,2001;Levy等,2010;Currie和Walker,2011)。Beaudoin等(2015)回顾了自2000年以来的研究,指出公共交通供给与交通拥堵之间的关系尚未有统一意见。但是大多数研究都认可道路交通拥堵会导致更多的尾气排放、空气质量恶化以及由此带来的健康问题。

近期的实证研究试图估计公共交通服务供给对空气质量的影响,且大部分研究发现公共交通有助于改善空气质量。Chen和Whalley(2012)采用断点回归(regression discontinuity,RD)方法考察了中国台北新轨道交通系统对空气质量的影响;他们的研究发现,在地铁开通后空气中的CO(汽车尾气中的主要污染物)浓度急剧下降了5%~15%,但

对 O_3 没有显著影响。Silva 等（2012）利用巴西圣保罗市 2003 年和 2006 年发生的 2 次罢工事件作为自然实验，通过比较罢工前后的空气质量表现，测算了圣保罗地铁对城市空气污染的影响；他们的结果表明，罢工期间的空气污染物浓度有明显增加，从而证实了地铁运行对空气质量的改善作用。Lalive 等（2013）估算了 1994—2004 年德国铁路服务增加对道路交通事故、空气质量和婴儿死亡率的影响；他们的研究结果显示，地铁显著减少了道路交通事故和拥堵，同时减少了一氧化氮（NO）和二氧化氮（NO_2）的空气污染，但对一氧化碳（CO）的影响较小，且没有发现其对二氧化硫（SO_2）和臭氧（O_3）存在显著影响，这与地铁通过减少道路交通拥堵从而改善空气质量的假设一致。Goel 和 Gupta（2014）利用每次地铁扩张时客流量的不连续跳跃考察了印度前首都德里地铁对城市内空气污染的影响；他们的研究发现，公共交通显著降低了 2 种主要的汽车尾气 NO_2 和 CO 的浓度。Liang 和 Xi（2016）使用准实验方法估计了中国 14 个城市 45 个新开通的地铁线路对大气污染的影响，研究发现，新地铁线路开通后由汽车造成的空气污染明显减少；此外，他们还发现轨道交通在缓解空气污染方面具有规模效应，即地铁线越长，减污减排越多。当然，并非所有的研究都发现公共交通对环境有积极影响。例如，Beaudoin 和 Lawell（2016）的研究中没有发现增加公共交通供给可以改善空气质量，相反地，他们发现轨道交通似乎导致了整体空气质量的小幅恶化（包括 CO、Pb、NO_2、O_3、$PM_{2.5}$ 和 SO_2 等污染物浓度升高）。Rivers 等（2020）比较了加拿大公共交通罢工期间的附近污染水平与没有罢工区域的情况，也没有发现公共交通对空气质量有稳健的改善作用。

交通经济学的理论分析也认为公共交通对空气污染的最终影响效应是不明确的（Vickery，1969；Mohring，1972）。这种影响取决于两种相反的影响途径的较量，即创造交通效应和分流效应。创造交通效应主要是由于城市内交通发达带来的经济活动增加，这可能会进一步增加交通流量和相关的空气污染物排放。分流效应是指本来由私家车出行的旅客，在改善公共交通供给后可能转为公共交通出行；由于公共交通的人均污染物排放量低于私人汽车的，因此空气污染将减少。在实证中，学者通常对分流效应非常感兴趣，他们通过控制公共交通供给改善所带来的经济活动来分析分流效应。同时，他们通过两种方法对影响机制进行检验，其中较为直接的方法是通过观测交通流量或道路拥堵情况来估算公共交通对道路交通的影响（如 Lalive 等，2013）。另一种间接方法，也是较为常用的方法，是检验公共交通供给的异质性影响。例如，许多研究发现在经济活动较多的地区（如 Chen 和 Whalley，2012），或者在有更多出行需求的时间段（如早上高峰时段），公共交通的减排效应更加显著，这就为地铁与道路之间的替代机制理论提供了支持（Liang 和 Xi，2016）。

总结来看，目前已有很多基于新增公共交通供给的研究，而随着高频的空气污染数据可得性的提高，公共交通的环境效应评价成为一个有研究前景的方向，并且有助于解决潜在的内生性问题。为将公共交通对环境的影响与其他影响源区分开来，如其他经济活动或天气变化，目前被使用较多的实证方法是 RD 方法，其基本假设是，如果没有公共交通的改变，则空气污染将随时间平缓变化。然而，这个方法不能估计长期均衡效应（Beaudoin 等，2015）。

另外,大多数现有文献都集中在估计城市层面的空气质量变化上,这可能是空气污染的全球影响导致的,但这往往会忽略城市内部的空间异质性。事实上,空气质量的本土化属性在其他经济研究中一直受到广泛关注,例如关于空气质量对资产价值的资本化效应的研究(如 Zheng 和 Kahn,2008;Zheng 等,2012)以及空气污染对健康的不利影响(如 Chay 和 Greenstone,2003;Currie 等,2005)等。本研究将使用 DID 的方法,着眼于比较城市内与地铁线距离远近不同的地区,来研究轨道交通对沿线地区空气污染的影响效应。

8.2.2 样本背景、模型设定与数据描述

1. 样本背景

本文选取的研究城市是中国湖南省的省会长沙。长沙市位于中国中南部,城区面积为 2000 多 km^2。截至 2014 年年底,长沙市总人口为 304 万人,平均每平方千米约有 1520 人,约为北京市人口密度的一半。2014 年长沙人均 GDP 约为 17 000 美元,约为世界平均水平的 1.5 倍,是美国的 1/3[①]。近年来,长沙汽车拥有量迅速增长,到 2014 年私家车拥有量已达到 129 万辆,由此带来的交通拥堵和空气污染问题也越发严重。从 2014 年 3 月起,人民网对中国 36 个城市(包括直辖市、省会城市和特别行政区)的污染情况进行排名,并列出了污染最严重的前十名城市。在第一周的排名中,长沙连续 7 天上榜,空气质量不佳。另外,根据中国主要城市的交通分析报告,长沙在 2014 年第一季度名列十大拥堵城市之一。

长沙高速轨道交通的建设规划于 2009 年获国务院批准,首条地铁线路 2 号线在同一年开始建设。4 年后,2 号线成功完成了第一次测试,然后经历了为期 5 个月的试运行,最后于 2014 年 4 月 29 日正式运营,成为长沙地铁第一线。长沙也是中国第 23 座有地铁的城市。长线地铁系统的第二条线是 2 号线的西延线,自 2015 年 12 月 28 日起投入使用,也就是 2 号线运行 1 年多后才开通。在这期间没有其他地铁线路建设,这就给我们提供了一个很好的机会能够无干扰地检验长沙市第一条地铁线(2 号线)对空气质量的影响。

如图 8-4 所示,蓝线表示 2014 年 4 月 29 日长沙开通的第一条地铁线——2 号线,总里程 22.3km,共有 19 个站点。它是长沙市东西方向的核心线,连接长沙西客站、长沙火车站和长沙南站 3 大客运站。其运行时间为每天上午 6 点 30 分至下午 23 点,运行间隔为 5.5min。在定价方面,票价随距离而变,单程 2~7 元不等。

2. 模型设定

本研究实证分析主要采用双重差分方法,具体的模型设定如式(8-3):

$$C_{it} = \alpha_0 + \alpha_1 y_{\text{near},i} \times y_{\text{open},t} + \alpha_2 X_t + \eta_i + w_t + \varepsilon_{it} \tag{8-3}$$

式中,C_{it} 表示空气质量监测站 i 在 t 时间的空气污染物浓度对数值;虚拟变量 $y_{\text{near},i}$ 表示空气质量监测站 i 在地铁线附近时为 1,否则为 0;虚拟变量 $y_{\text{open},t}$ 在 2 号线开通后所有时

---

① 数据来源于世界银行《WORLD-DEVELOPMENT-INDICATORS 2014》。

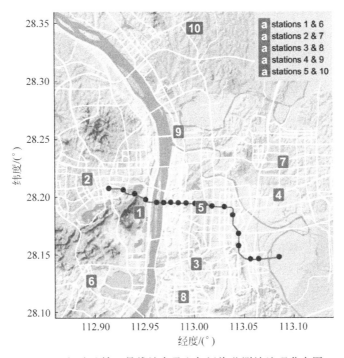

图 8-4 长沙地铁 2 号线站点及空气污染监测站地理分布图

间里为 1,之前为 0;控制变量 X_t 主要为其他可能影响空气质量的气象条件,包括了温度、风速和降水量;η_i 是空气质量监测站的固定效应;w_t 为时间固定效应,包括了月份、每月中的每天、每周中的每天、每天中的每时固定效应;ε_{it} 是误差项。

在 DID 估计中,我们使用了 2 号线开通前后 1 年的数据,以避免空气质量的季节性变化对结果的影响;由此我们也可以考察地铁运营对空气质量的中期影响。该实证设计背后的逻辑较为直接,其核心假设是,如果没有地铁线路运行,地铁线附近区域和远离地铁线的区域空气质量将会有相同的趋势,地铁的开通是促使空气质量趋势改变的唯一原因。

在模型(8-3)中,我们最关心的系数是 α_1,它反映了长沙地铁 2 号线对附近空气质量的影响。轨道交通对空气质量的影响关键取决于汽车出行者对地铁开通之后的行为反应。如果地铁线能吸引汽车出行者转向地铁出行,那么地铁线附近的空气污染缓解效果会更大,此时 α_1 应为负值;相反,如果地铁线路同时创造了新的交通需求,这意味着它吸引了以前没有出行打算的人,这就会导致我们观测到的地铁对空气质量的影响不大。

实证估计时还需要注意一些细节。首先,由于我们使用的是面板数据,因此观测值在站点内部以及不同时点都可能存在一定的相关性。为了解决这个问题,我们将标准误在空气质量监测站和月份两个维度进行聚类调整。其次,我们尝试使用其他形式的模型设定方式来检验结果的稳健性,包括空间计量模型、使用与地铁距离的连续变量来代替 $y_{\text{near},i}$、考虑地铁开通前后不同时间段等。最后,由于缺乏具体的汽车或其他出行方式的高频数据,因此无法单独量化我们希望识别的确切的替代效应。为此,本研究通过间接方式来对这一影响机制进行推断——比较不同时段和不同天气条件下的地铁对空气质量的影响。

3. 数据

本研究使用的空气污染数据来自美国环境保护署(EPA)公布的每小时的空气质量监测数据。出于监测目的,EPA 的空气质量检测网络覆盖了全中国,拥有超过 1400 个监测站,其中在长沙共有 10 个监测站。自 2013 年以来,这些监测站共记录了 6 种污染物(CO、NO_2、O_3、SO_2、PM_{10}、$PM_{2.5}$)每小时的浓度数据。我们通过站点名称查询了它们的经纬度坐标,然后进行空间化处理,具体的分布情况如图 8-4 所示。表 8-3 列出了每个监测站的名称及其与最近地铁站点的距离。我们根据监测站点与最近地铁站点的距离,以及每个监测站点周边的区位特征设置了实验组和对照组。举例来说,1 号站(湖南师范大学站)和 6 号站(湖南中医药大学站)都在大学附近,2 号站(高新区环保局)和 7 号站(经济技术开发区环境保护局)都在开发区附近,等等。这种类似的地点匹配可以有效缓解监测站点周边居民的不同出行偏好带来的潜在内生性问题。

表 8-3　监测站最近地铁站的名称和距离列表

监测站号	名称	到最近地铁站点的距离/km	监测站号	名称	到最近地铁站点的距离/km
1	湖南师范大学	1.39	6	湖南中医药大学	9.08
2	高新区环保局	2.28	7	经济技术开发区环境保护局	7.02
3	雨花区环保局	4.62	8	天心区环保局	7.17
4	马坡岭	4.94	9	伍家岭	6.82
5	新火车站	0.47	10	沙坪	17.87

由于本书的主要目的是检验地铁能否减轻道路交通造成的空气污染,所以我们选取 CO 浓度作为主要的被解释变量,这主要是考虑到 CO 的主要来源是汽车尾气。然后,选择 O_3 和 $PM_{2.5}$ 浓度作为稳健性检验,因为它们与道路交通污染没有密切关系。如图 8-5 所示,2013 年 1 月—2015 年 1 月,各监测点的 CO、O_3 和 $PM_{2.5}$ 日平均浓度在一年中呈现不同的时间趋势,CO 和 $PM_{2.5}$ 浓度在上半年一直下降而在下半年逐渐上升。尤其在地铁开通后(虚线右侧),CO 浓度的增长趋势相比于上一年同期明显放缓。相比之下,O_3 浓度的趋势在研究期内没有出现明显的变化。

本研究样本期是长沙地铁 2 号线开通前后 1 年(2013 年 4 月 29 日—2015 年 4 月 29 日),样本包含了这 2 年的所有观测值。使用该样本可以检验地铁对空气质量的中期影响。

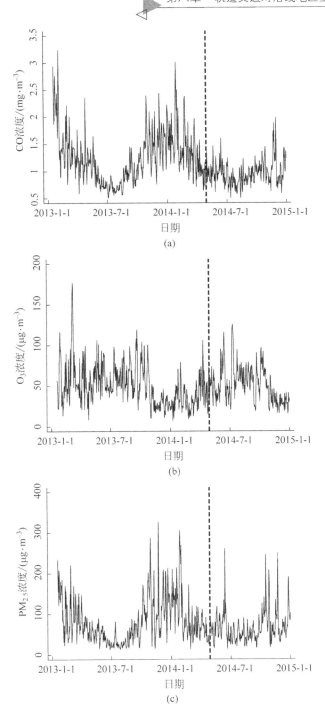

图 8-5　CO、O_3 和 $PM_{2.5}$ 的时间趋势

注：三幅图分别显示 2013 年 1 月—2015 年 1 月长沙市 CO、O_3、$PM_{2.5}$ 的每日浓度。所有监测站的小时数据整合成以天为单位的数据。垂直虚线处为长沙地铁 2 号线开通的日期。

此外,两个整年的数据也可以更好地控制空气质量的季节性变化。但由于长时间内可能会有其他事件影响空气质量,因此本研究中还将使用地铁线开通前后 8 个月的样本进行稳健性检验。

本研究使用的气象数据来自美国国家海洋和大气管理局(National Oceanic and Atmospheric Administration,NOAA)的气象监测站日度观测数据,我们收集了与长沙监测站空气污染数据同期的天气数据,包括温度、风速和降水量。由于大气条件对空气质量的影响很大,将天气变量作为控制变量可以消除地铁开通后特殊天气导致空气质量变化的疑虑,从而有助于更准确地识别地铁开通对空气污染的影响。

表 8-4 给出了空气质量和气象数据的描述性统计量。样本包括了 10 个监测站 2 年每小时空气质量数据,观测值总数为 175 200 个。其中部分观测数据缺失导致每个变量的观测值有所差异,但整体上数据仍然比较完整,样本观测值均在 14 万个以上。从统计数据来看,CO 的平均浓度为 $1.02\,\text{mg/m}^3$,最大值为 $4.10\,\text{mg/m}^3$;O_3 的平均浓度为 $41.05\,\mu\text{g/m}^3$;最大值为 $225.00\,\mu\text{g/m}^3$。$PM_{2.5}$ 的平均浓度为 $66.49\,\mu\text{g/m}^3$,最大值为 $363.00\,\mu\text{g/m}^3$。

表 8-4 空气质量和天气数据的描述性统计

变量	含义	观测值	平均值	标准差	最小值	最大值
X_{CO}	CO 小时浓度/(mg·m^{-3})	143 245	1.02	0.45	0.00	4.10
X_{O_3}	O_3 的小时浓度/(μg·m^{-3})	140 511	41.05	34.62	1.00	225.00
$X_{PM_{2.5}}$	$PM_{2.5}$ 小时浓度/(μg·m^{-3})	145 105	66.49	45.21	1.00	363.00
T_{temp}	平均气温/℃	163 903	19.05	8.93	−1.20	36.20
V_{wind}	平均风速/(m·s^{-1})	163 903	7.39	3.19	2.20	23.80
P_{rain}	总降雨量/mm	145 190	3.84	10.25	0.00	87.90

8.2.3 轨道交通对沿线空气污染的影响效应测算

1. 平均影响效应

表 8-5 报告了对模型(8-3)的估计结果。首先,第 1 列 CO 模型中 DID 变量 $y_{\text{open}\times\text{near}}$ 的系数值显著为负,说明地铁开通显著降低了其周边区位的 CO 浓度。从具体的系数值估计结果来看,与远离地铁站点的区位相比,地铁站点周边区位的 CO 浓度在地铁开通后显著减少了 18.1%。其次,第 2 列数据和第 3 列数据的回归表明,在地铁开通后,$PM_{2.5}$ 和 O_3 的浓度在地铁站点周边以及远离地铁站点的区位没有统计学意义上的显著差别,即长沙地铁二号线的开通对 $PM_{2.5}$ 和 O_3 的浓度影响不大。由于 $PM_{2.5}$ 和 O_3 的来源与道路交通并不是密切相关的,这个结果在一定程度上说明了地铁减轻空气污染是通过减少道路交通的使用实现的。

表 8-5　轨道交通对沿线空气污染的影响效应（DID 方法）

变量	(1) $\ln X_{CO}$	(2) $\ln X_{PM_{2.5}}$	(3) $\ln X_{O_3}$
$y_{open \times near}$	-0.181^{***}	0.028	0.058
	(0.039)	(0.020)	(0.102)
天气控制变量	是	是	是
时间哑元变量	是	是	是
站点固定效应	是	是	是
常数项	-0.199^{**}	3.578^{***}	2.285^{***}
	(0.088)	(0.085)	(0.185)
样本数	111 035	114 166	108 135
R^2	0.424	0.465	0.416

注：括号内报告的是标准误，并在月度的站点层面进行聚类调整；天气控制变量包括风速、温度、降水量；以每小时空气质量作为观测对象；观测区间为地铁开通前后各一年的时间；*** 和 ** 分别表示 1% 和 5% 的统计显著性水平。

DID 估计结果的有效性依赖于平行趋势假设，即实验组和对照组样本观测值的趋势在地铁开通前没有显著差异。具体来说，我们通过估计模型（8-4）来进行平行趋势检验：

$$C_{it} = \alpha_0 + \sum_{n=-11}^{12} \varphi_n t(n) + \sum_{n=-11}^{12} \rho_n t(n) \times y_{near,i} + \alpha_2 X_t + \eta_i + w_t + \varepsilon_{it} \quad (8-4)$$

式中，$t(n)$ 为哑元变量，若观测值所在的月份 t 减去地铁开通月份等于 n 时 $t(n)$ 取值为 1，否则为 0。例如，在 2014 年 4 月，即地铁的开通月份，$t(0)$ 取值为 1 而其他 $t(n)(n \neq 0)$ 取值为 0。w_t 包括每月内 1～31 日的固定效应（31 个哑元变量）和每周内星期一到星期日的固定效应（7 个哑元变量）。模型中，系数值 φ_n 反映了对照组监测站每月的空气质量变化趋势，ρ_n 反映了实验组和对照组监测站月度空气质量的差异。$\varphi_n + \rho_n$ 反映了实验组监测站的空气质量相对于地铁开通时点的变化趋势。基于对式（8-4）的估计，可以得出两组监测站空气质量的月时间趋势，如图 8-6 所示，系数 ρ_n 的估计结果如表 8-6 所示。

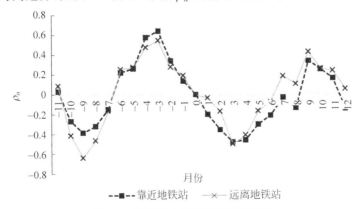

图 8-6　监测站空气质量的时间趋势

表 8-6 平行趋势检验：近站与远站的差异

2号线开通前的月份	$\Delta \ln X_{CO}$	标准差	2号线开通后的月份	$\Delta \ln X_{CO}$	标准差
−11	−0.052	0.086	1	−0.167*	0.089
−10	0.146	0.132	2	−0.183***	0.068
−9	0.254**	0.102	3	0.018	0.064
−8	0.144	0.164	4	−0.052	0.117
−7	0.019	0.144	5	−0.136	0.152
−6	−0.029	0.121	6	−0.136	0.133
−5	−0.014	0.095	7	−0.215*	0.128
−4	0.112	0.090	8	−0.241**	0.104
−3	0.098	0.104	9	−0.091	0.101
−2	0.064	0.136	10	−0.006	0.099
−1	−0.055	0.119	11	−0.075	0.123
0	0	0	12	−0.0790	0.162

注：第3列数据和第6列数据是标准误，并在月度的站点层面进行聚类调整；天气控制变量包括风速、温度、降水量；以小时空气质量作为观测对象；观测区间为地铁开通前后各一年的时间；***、**、*分别表示1%、5%和10%的统计显著性水平。

从表8-6的回归结果来看，地铁开通前（−11到−1）的系数值整体上较小，除了地铁开通前第9个月以外，在其他时期都不显著，这表明在地铁通车前，实验组和对照组监测站的空气污染趋势较为相似，即通过了平行趋势检验。因此，本研究所选择的（距离地铁站较远的）监测站可以作为实验组（距离地铁站较近的）监测站的反事实对照组。进一步看，地铁开通后月份虚拟变量的系数几乎都是负值，与总体结果一致。并且从地铁开通后的第一个月起，系数就显著为负，说明地铁对周边空气污染的改善作用是即时发生的，并且在后续的时间里持续发挥作用。

2. 考虑空间相关性

不同监测站的空气质量在空间可能存在相关性，这可能导致基于OLS模型的估计结果存在偏差或无效。对此，我们采用面板数据的空间回归来验证结果的有效性。为了确保结果的稳健性，我们同时汇报了3种空间模型的估计结果：空间误差模型（SEM）、空间自回归模型（SAR）和空间杜宾模型（SDM）。由于每小时数据的样本量太大，无法有效估计空间模型，因此我们将样本整合到日度层面进行估计，同时控制了日度固定效应。表8-7分别报告了OLS、SDM、SAR和SEM的估计结果。可以看出，采用不同的空间自回归过程假设得到的结果没有显著差异，并且与OLS估计结果较为相近。这表明使用OLS得到的结果不存在显著偏差。

表 8-7　轨道交通对沿线地区空气污染的影响效应：空间自相关

被解释变量：$\ln X_{CO}$

变量	估计方法			
	OLS	SDM	SAR	SEM
$y_{open \times near}$	−0.237***	−0.232***	−0.213***	−0.247***
	(0.049)	(0.059)	(0.041)	(0.046)
日固定效应	是	是	是	是
站点固定效应	是	是	是	是
常数项	0.099*			
	(0.058)			
ρ		−0.773***	−0.798***	
		(0.061)	(0.062)	
λ				−0.760***
				(0.064)
$\sigma2\_e$		0.059***	0.060***	0.0596***
		(0.004)	(0.004)	(0.004)
样本数	6870	7860	7860	7860
R^2	0.669	0.041	0.027	0.051

注：天气控制变量包括风速、温度、降水量；观测站点每天的情况；观测区间为地铁开通前后各一年的时间；括号内是标准误，并在月度的站点层面进行聚类调整；*** 和 * 分别表示 1% 和 10% 的统计显著性水平。

3. 连续距离

尽管我们根据地理位置将监测站划分为了实验组和控制组，但是站点的稀疏性可能会影响结果的稳健性。在本节中，我们使用连续变量 d_s（与最近地铁站的距离）来检验空气质量的改善是否随着与地铁距离的增加而减少。具体的回归结果如表 8-8 所示。第 1 列数据中 $open \times \ln d_s$ 的系数显著为正，表明地铁线路开通后，距离地铁站点越近的区位，CO 浓度下降得越多（或者上升得越少），这与使用 DID 模型得到的结论一致。同时，在第 2 列和第 3 列的 $PM_{2.5}$ 和 O_3 模型中的数据，交叉项的系数较小且在统计上不显著，即地铁开通对不同区位 $PM_{2.5}$ 和 O_3 浓度的影响没有显著差异。

表 8-8　轨道交通对沿线地区空气污染的影响效应：连续距离

	(1)	(2)	(3)
	$\ln X_{CO}$	$\ln X_{PM_{2.5}}$	$\ln X_{O_3}$
$y_{open} \times \ln d_s$	0.057***	0.019	−0.055
	(0.021)	(0.012)	(0.034)
天气控制变量	是	是	是
时间固定效应	是	是	是
站点固定效应	是	是	是

续表

	(1) $\ln X_{CO}$	(2) $\ln X_{PM_{2.5}}$	(3) $\ln X_{O_3}$
常数项	-0.337***	3.582***	2.377***
	(0.089)	(0.087)	(0.153)
样本数	111 035	114 166	108 135
R^2	0.434	0.465	0.417

注：括号内报告的是标准误，并在月度的站点层面进行聚类调整；天气控制变量包括风速、温度、降水量；以每小时空气质量作为观测对象；观测区间为地铁开通前后各一年的时间；*** 表示 1% 的统计显著性水平。

4. 未观测到的随时间变化因素

在基准模型设定下，可能存在一些与模型残差项相关的、未观察到的随时间变化的因素，从而导致 OLS 的估计有偏。例如，本书第七章中提到的地铁周边商业活动的增加，可能也会影响道路交通及其对应的空气污染物排放。在这种情况下，由于地铁站附近的空气污染同时受到地铁开通带来的负向冲击和商业互动活动增加带来的正向冲击，这就会导致本章前面得到的地铁对空气污染的改善作用被低估。为了解决这一问题，我们在模型(8-3)的基础上，用每个监测站与月份交乘的固定效应替代原有的站点固定效应，从而可以控制不同监测站点周边随月份变化的特征。从表 8-9 的回归结果可以看出，在加入了更加细致的固定效应后，DID 变量系数的估计结果仍然显著为负，且系数大小与主回归结果非常接近（-0.182 对比 -0.181），表明这种潜在的未观测到的随时间变化的因素对 DID 模型的估计结果影响不大。

表 8-9 稳健性检验：控制不同监测站点周边随月份变化的特征

变量	(1) $\ln X_{CO}$	(2) $\ln X_{PM_{2.5}}$	(3) $\ln X_{O_3}$
$y_{open \times near}$	-0.182***	0.031	0.068
	(0.039)	(0.021)	(0.106)
天气控制变量	是	是	是
时间固定效应	是	是	是
监测站与月份交乘的固定效应	是	是	是
常数项	0.130	3.225***	4.174***
	(0.090)	(0.125)	(0.170)
样本数	111 035	114 166	108 135
R^2	0.485	0.469	0.451

注：括号内报告的是标准误，并在月度的站点层面进行聚类调整；天气控制变量包括风速、温度、降水量；以每小时空气质量作为观测对象；观测区间为地铁开通前后各一年的时间；*** 表示 1% 的统计显著性水平。

5. 不同时间窗口

在主回归中，使用了两年的窗口时间来检验地铁对当地空气质量的中期影响。为了避免较长时间内,可能会存在影响空气质量其他因素,我们将研究期限定在地铁开通前后的 8 个月时间范围,回归结果如表 8-10 所示。结果显示,地铁线路的开通导致距地铁较近区位的 CO 浓度比较远区位显著降低了 14.2%。而对 $PM_{2.5}$ 和 O_3 浓度的影响仍然不显著。

表 8-10　稳健性检验：8 个月的时间窗口

变量	(1) $\ln X_{CO}$	(2) $\ln X_{PM_{2.5}}$	(3) $\ln X_{O_3}$
$y_{open \times near}$	−0.142***	0.028	−0.009
	(0.051)	(0.027)	(0.099)
天气控制变量	是	是	是
时间固定效应	是	是	是
站点固定效应	是	是	是
常数项	−0.839***	2.788***	2.785***
	(0.146)	(0.151)	(0.284)
样本数	39 254	41 915	38 014
R^2	0.524	0.391	0.478

注：括号内报告的是标准误,并在月度的站点层面进行聚类调整；天气控制变量包括风速、温度、降水量；以每小时空气质量作为观测对象；观测区间为地铁开通前后各 4 个月的时间；*** 表示 1% 的统计显著性水平。

然而,选择 8 个月的时间窗口可能存在潜在的季节性问题。例如,在冬季和夏季,人们的出行行为可能会有很大差异。所以我们首先针对 2013 年的样本,假设地铁开通的时间提前一年到 2013 年 4 月,考察在这种假设下,地铁开通对周边空气污染的影响,作为安慰剂检验(placebo test)。回归结果如表 8-11 所示,此时 DID 变量的系数不再显著,说明在 2013 年的同期并没有出现 CO 浓度下降的情况。

表 8-11　稳健性检验：8 个月的时间窗口下的安慰剂检验

变量	(1) $\ln X_{CO}$	(2) $\ln X_{PM_{2.5}}$	(3) $\ln X_{O_3}$
$y_{open \times near}$	0.104	−0.024	0.018
	(0.068)	(0.025)	(0.047)
天气控制变量	是	是	是
时间固定效应	是	是	是
站点固定效应	是	是	是
常数项	−1.331***	2.732***	2.264***
	(0.184)	(0.139)	(0.275)
样本数	35 202	34 286	36 284
R^2	0.592	0.632	0.311

注：括号内报告的是标准误,并在月度的站点层面进行聚类调整；天气控制变量包括风速、温度、降水量；以每小时空气质量作为观测对象；观测区间为地铁开通前后各 4 个月的时间；*** 表示 1% 的统计显著性水平。

6. 不同时间点和气候条件下的异质性影响

本节之前的研究结果表明,地铁开通对长沙市,特别是 2 号线地铁沿线地区的空气污染具有显著的负向影响。在这一部分我们将通过异质性分析检验地铁对周边空气污染的影响路径。表 8-12 报告了针对式(8-3)的不同子样本的回归结果,表中仅列出了 DID 变量系数的估计值。

首先,我们根据地铁的运行时间分成地铁运行期(7:00—23:00)和非地铁运行期两组,然后分别进行回归。结果显示,在不同时间段,地铁开通前后空气污染的变化有显著差异。在地铁运行时间段,其周边区域空气质量的改善更加明显。其次,我们将工作日的时间分为高峰时段和非高峰时段,高峰时段为 8:00—9:00 和 17:00—19:00。分样本的回归结果显示,在高峰时段,地铁对周边区域 CO 浓度的影响要大于非高峰时段,这与地铁鼓励开车上班的乘客乘坐地铁,从而降低高峰时段的 CO 浓度的推论相一致。最后,我们考查了地铁开通前后,工作日和非工作日的空气质量差异。结果显示地铁对空气质量的改善作用在工作日更为显著。

在此基础上,我们还检验了在不同天气条件下的影响异质性。通常来说,在环境相对恶劣的情况下,旅客更愿意选择私人交通以避免在室外的暴露,这就会导致地铁对道路交通的影响减小。表 8-13 报告了在极端天气和正常天气情况下,地铁开通对沿线空气污染影响的异质性结果。我们根据研究期内风速/温度/降水的 90 分位数作为极端天气的划分依据,将样本分为极端天气和非极端天气,然后进行子样本回归。与预期的一致,在极端天气,地铁开通对周边空气质量的改善作用要相对较小。

总结上述异质性的检验结果,在工作日、早晚高峰期和地铁运营时间内,地铁对空气污染的减少作用更为显著;而在极端天气如强风、暴雨和烈日的日子,地铁对空气污染的影响相对较小。这些结果从侧面验证了地铁开通主要是通过分流效应减少道路交通需求,进而减少了沿线地区的空气污染物排放量,推动空气质量改善。

表 8-12 不同时间的子样本实证结果

(被解释变量:$\ln X_{CO}$)

运行时间	非运行时间	差 值
−0.186***	−0.168***	−0.018*
(0.039)	(0.041)	p 值=0.068
高峰时间	非高峰时间	差值
−0.199***	−0.184***	−0.015*
(0.040)	(0.040)	p 值=0.051
工作日	非工作日	差值
−0.199***	−0.160***	−0.039*
(0.040)	(0.042)	p 值=0.073

注:括号内报告的是标准误,并在月度的站点层面进行聚类调整;天气控制变量包括风速、温度、降水量;以每小时空气质量作为观测对象;观测区间为地铁开通前后各一年的时间;*** 和 * 分别表示1%和10%的统计显著性水平;第3列数据给出了邹氏检验的结果。

表 8-13　不同天气的子样本实证结果

（被解释变量：$\ln X_{CO}$）

强　风	非强风	烈　日	非烈日	暴　雨	非暴雨
−0.144**	−0.185***	−0.147	−0.158***	−0.148***	−0.184***
(0.055)	(0.039)	(0.127)	(0.037)	(0.051)	(0.040)

注：括号内报告的是标准误，并在月度的站点层面进行聚类调整；天气控制变量包括风速、温度、降水量；以每小时空气质量作为观测对象；观测区间为地铁开通前后各一年的时间；*** 和 ** 分别表示 1% 和 5% 的统计显著性水平。

8.3　总结及政策建议

本研究在现有研究的基础上，用实证分析的方法检验了公共交通对空气质量的影响。与以往的研究不同，首先，本研究着眼于比较城市内部，地铁对与其距离远近不同的地区的影响效果。其次，本书使用了一种不同的计量经济学方法——DID 方法，来解决内生性问题，从而得到中期效应而非短期效应。

本研究对长沙新地铁开通对空气质量的影响进行了实证检验，研究结果表明，轨道交通对沿线地区的空气质量有明显改善作用。主回归结果表明，地铁开通后一年内，与离地铁较远地区相比，离地铁较近地区的 CO（主要汽车尾气排放成分）浓度减少了 18.1%。通过对不同年份的估计，表明该影响仅发生在地铁开通后，且全年持续。同时也发现，地铁对颗粒物质和臭氧浓度没有显著影响。异质性检验结果表明，在早晚高峰时段、地铁运营时段和工作日期间，地铁对空气污染的改善效果更显著，但在强风、下雨和炎热等极端天气情况下效果相对较弱。总体而言，地铁促使人们从私人出行转向公共出行，从而导致空气质量改善。但由于监测站有限，不能观察到所有受影响的地区，这是未来研究需要注意的地方。

空气污染已成为极具影响的社会问题，因此，决策者在评估公共投资（尤其是对公共交通的投资）有效性时，不应当只从财务结果的角度评价，而应当充分考虑其对环境的影响。近年来，随着经济的发展，空气质量大幅度恶化，同时中国城市的公共交通系统迅速扩张。研究表明，公共交通有助于减缓空气质量恶化的进程，这一研究结果可能会帮助决策者更合理地对公共交通投资领域进行资源分配，因为尽管公共交通的建设和运营成本很高，但如果考虑到其在缓解拥堵和改善空气质量方面的社会效益，公共交通的投资效益可能超过其成本。因此，适当地加大对公共交通的投入力度有利于促进社会整体福利水平的最大化。

参 考 文 献

[1] 霍燚,郑思齐,杨赞.低碳生活的特征探索：基于 2009 年北京市"家庭能源消耗与居住环境"调查数据的分析[J].城市与区域规划研究,2010,3(2)：55-72.

[2] 李霞,邵春福,曲天书,等.基于网络广义极值模型的居住地和通勤方式同时选择模型研究[J].北京

大学学报(自然科学版),2010,46(6):926-932.
- [3] 杨励雅,李霞,邵春福.居住地、出行方式与出发时间联合选择的交叉巢式LOGIT模型[J].同济大学学报(自然科学版),2012,40(11):1647-1653.
- [4] 杨励雅,邵春福,李霞.城市居民出行方式选择的结构方程分析[J].北京交通大学学报,2011,35(6):1-6.
- [5] 张英杰,郑思齐,王锐.轨道交通建设能否真正促进"绿色"出行:基于北京市微观调查样本的实证研究[J].世界经济文汇,2015(3):77-88.
- [6] 郑思齐,霍燚.低碳城市空间结构:从私家车出行角度的研究[J].世界经济文汇,2010(6):50-65.
- [7] ANDERSON M L. Subways, strikes, and slowdowns: The impacts of public transit on traffic congestion[J]. American Economic Review,2014,104(9):2763-2796.
- [8] ARNOTT R, YAN A. The two-mode problem: Second-best pricing and capacity[J]. Review of Urban and Regional Development Studies,2000,12(3):170-199.
- [9] BEAUDOIN J, FARZIN Y H, LAWELL C Y C L. Public transit investment and sustainable transportation: A review of studies of transit's impact on traffic congestion and air quality[J]. Research in Transportation Economics,2015,52:15-22.
- [10] BEAUDOIN J, LAWELL C Y C L. Is public transit's "green" reputation deserved: Evaluating the effects of transit supply on air quality[R]. University of California at Davis Working Paper,2016.
- [11] BROWNSON R C, HOEHNER C M, DAY K, et al. Measuring the built environment for physical activity: state of the science[J]. American Journal of Preventive Medicine,2009,36(4):S99-S123.
- [12] CHAY K Y, GREENSTONE M. The impact of air pollution on infant mortality: evidence from geographic variation in pollution shocks induced by a recession[J]. The Quarterly Journal of Economics,2003,118(3):1121-1167.
- [13] CHEN J, HAN X. The evolution of housing market and its socio-economic impacts in post-reform China: A survey of the literature[J]. Journal of Economic Survey,2014,28(40):652-670.
- [14] CHEN Y, WHALLEY A. Green infrastructure: The effects of urban rail transit on air quality[J]. American Economic Journal: Economic Policy,2012,4(1):58-97.
- [15] CRANE R. The influence of urban form on travel: an interpretive review[J]. Journal of Planning literature,2000,15(1):3-23.
- [16] CURRIE J, NEIDELL M. Air pollution and infant health: what can we learn from California's recent experience?[J]. The Quarterly Journal of Economics,2005,120(3):1003-1030.
- [17] CURRIE J, WALKER R. Traffic congestion and infant health: Evidence from E-ZPass[J]. American Economic Journal: Applied Economics,2011,3(1):65-90.
- [18] DURANTON G, TURNER M A. The fundamental law of road congestion: Evidence from US cities[J]. American Economic Review,2011,101(6):2616-52.
- [19] EWING R, CERVERO R. Travel and the built environment: A meta-analysis[J]. Journal of the American Planning Association,2010,76(3):265-294.
- [20] EWING R, CERVERO R. Travel and the built environment: A synthesis[J]. Transportation Research Record,2001,1780(1):87-114.
- [21] EWING R, RONG F. The impact of urban form on US residential energy use[J]. Housing Policy Debate,2008,19(1):1-30.
- [22] FRIEDMAN M S, POWELL K E, HUTWAGNER L, et al. Impact of changes in transportation and

commuting behaviors during the 1996 Summer Olympic Games in Atlanta on air quality and childhood asthma[J]. Jama,2001,285(7): 897-905.
[23] FU Y,TSE D K, ZHOU N. Housing choice behavior of urban workers in China's transition to a housing market[J]. Journal of Urban Economics,2000,47(1): 61-87.
[24] GLAESER E L,KAHN M. The greenness of cities[J]. Rappaport Institute for Greater Boston/Taubman Center,2008: 1-12.
[25] GOEL D,GUPTA S. The effect of metro rail on air pollution in Delhi[R]. Centre for Development Economics,2013.
[26] GUO J Y,CHEN C. The built environment and travel behavior: making the connection[J]. Transportation,2007,34(5): 529-533.
[27] GUO Z. Does the pedestrian environment affect the utility of walking? A case of path choice in downtown Boston[J]. Transportation Research Part D: Transport and Environment,2009,14(5): 343-352.
[28] HANDY S. Smart growth and the transportation-land use connection: What does the research tell us? [J]. International Regional Science Review,2005,28(2): 146-167.
[29] INGRAM G K,LIU Z. Determinants of motorization and road provision[R]. Washington: The World Bank,1999.
[30] KAHN M E. Green cities: urban growth and the environment [M]. Washington: Brookings Institution Press,2007.
[31] LALIVE R,LUECHINGER S,SCHMUTZLER A. Does supporting passenger railways reduce road traffic externalities? [R]. University of Zurich Working Paper No. 110,2013.
[32] LEVY J I,BUONOCORE J J, VON STACKELBERG K. Evaluation of the public health impacts of traffic congestion: a health risk assessment[J]. Environmental Health,2010,9(1): 1-12.
[33] LI W,YIN S. Analysis on cost of urban rail transit[J]. Journal of Transportation Systems Engineering and Information Technology,2012,12(2): 9-14.
[34] LIANG R,XI P. Heterogeneous effects of rail transit on air pollution: An empirical study with RDID[J]. China Ind. Econ,2016,3(007).
[35] MOHRING H. Optimization and scale economies in urban bus transportation[J]. The American Economic Review,1972,62(4): 591-604.
[36] MOKHTARIAN P L, CAO X. Examining the impacts of residential self-selection on travel behavior: A focus on methodologies[J]. Transportation Research Part B: Methodological,2008, 42(3): 204-228.
[37] NELSON P,BAGLINO A, HARRINGTON W,et al. Transit in Washington,DC: Current benefits and optimal level of provision[J]. Journal of Urban Economics,2007,62(2): 231-251.
[38] PELS E,VERHOEF E T. Infrastructure pricing and competition between modes in urban transport [J]. Environment and Planning A,2007,39(9): 2119-2138.
[39] RIVERS N,SABERIAN S, SCHAUFELE B. Public transit and air pollution: Evidence from Canadian transit strikes[J]. Canadian Journal of Economics/Revue canadienne d'Âconomique,2020, 53(2),496-525.
[40] SILVA C B,SALDIVA P H,AMATO-LOUREN O L F,et al. Evaluation of the air quality benefits of the subway system in São Paulo,Brazil[J]. Journal of Environmental Management,2012,101:

191-196.

[41] STEAD D, MARSHALL S. The relationships between urban form and travel patterns. An international review and evaluation[J]. European Journal of Transport and Infrastructure Research, 2001,1(2): 113-141.

[42] Transportation Research Board(TRB). Driving and the built environment: The effects of compact development on motorized Travel, energy use, and CO_2 emissions—special report 298 [M]. Washington: National Academies Press,2009.

[43] VICKREY W S. Congestion theory and transport investment[J]. The American Economic Review, 1969,59(2): 251-260.

[44] WANG D,CHAI Y, LI F. Built environment diversities and activity—travel behaviour variations in Beijing,China[J]. Journal of Transport Geography,2011,19(6): 1173-1186.

[45] WINSTON C, LANGER A. The effect of government highway spending on road users' congestion costs[J]. Journal of Urban Economics,2006,60(3): 463-483.

[46] WINSTON C,MAHESHRI V. On the social desirability of urban rail transit systems[J]. Journal of Urban Economics,2007,62(2): 362-382.

[47] ZEGRAS C. The built environment and motor vehicle ownership and use: Evidence from Santiago de Chile[J]. Urban Studies,2010,47(8): 1793-1817.

[48] ZHANG Y J, ZHENG S Q, SUN C, et al. Does subway proximity discourage automobility? Evidence from Beijing[J]. Transportation Research Part D: Transport and Environment,2017,52: 506-517.

[49] ZHENG S Q,KAHN M E. Land and residential property markets in a booming economy: New evidence from Beijing[J]. Journal of Urban Economics,2008,63(2): 743-757.

[50] ZHENG S Q,WU J, KAHN M E,et al. The nascent market for "green" real estate in Beijing[J]. European Economic Review,2012,56(5): 974-984.

[51] ZHENG S Q,ZHANG X N, SUN W Z,et al. The effect of a new subway line on local air quality: A case study in Changsha[J]. Transportation Research Part D: Transport and Environment,2019,68: 26-38.